INDOCUMENTADOS

INDOCUMENTADOS

Cómo la inmigración se volvió ilegal

AVIVA CHOMSKY

CRÍTICA

Diseño de portada: José Luis Maldonado
Diseño de interiores: Víctor Ortiz Pelayo - www.nigiro.com

Título original: *Undocumented*

Publicado mediante acuerdo con Beacon Press, Estados Unidos

© 2014, Aviva Chomsky

Derechos mundiales exclusivos en español

© 2014, Ediciones Culturales Paidós, S.A de C.V.
Bajo el sello editorial CRÍTICA M.R.
Avenida Presidente Masarik núm. 111, 2o. piso
Colonia Chapultepec Morales
C.P. 11570, México, D.F.
www.paidos.com.mx

Primera edición: septiembre de 2014
ISBN: 978-607-9377-85-4

Impreso en los talleres de Edamsa Impresiones, S.A. de C.V.
Av. Hidalgo núm. 111, Col. Fracc. San Nicolás Tolentino, México, D.F.
Impreso en México – *Printed in Mexico*

A las personas sin documentos
en todo el mundo.

ÍNDICE

PRÓLOGO

Al dar entrevistas y charlas sobre mi libro ¡*Nos quitan nuestros trabajos!* *y 20 mitos más sobre la inmigración*, publicado en 2007, me convencí cada vez más de que uno de los problemas clave, uno de los problemas centrales que limitan a quienes promovemos los derechos de los migrantes es no tener la posibilidad de decir sencillamente "los derechos de los migrantes son derechos humanos". La migración simple y sencillamente no debe ser ilegal. Ningún político ni comentarista se va a arriesgar a decirlo, pero nosotros sí debemos hacerlo.

Creo firmemente en mis argumentos sobre los mitos que deconstruyo en el libro (¡Los migrantes NO toman los trabajos de los estadounidenses! ¡Los migrantes SÍ pagan impuestos! ¡Los migrantes SÍ están aprendiendo el idioma!), pero también, en el fondo, creo que estos argumentos no dan en el blanco. Los migrantes son seres humanos a quienes, de manera arbitraria, se les clasifica como poseedores de un estatus legal distinto al resto de los habitantes de Estados Unidos. Lo único que separa a los migrantes de todos los demás es el hecho de que se les niegan derechos elementales que los demás sí tenemos. No hay razón humanamente aceptable para determinar que un grupo de personas es diferente ni para negarle sus derechos.

¿Cómo podemos decir que estamos en contra de la discriminación basada en el país de origen cuando todo nuestro aparato legal y de ciudadanía está fundado en la idea del país de origen? Cuando la gente me pregunta, "¿por qué no hacen el trámite para ser ciudadanos?", o "¿por qué no entran al país legalmente?", revelan un desconocimiento elemental sobre nuestras leyes de migración y ciudadanía. La gente no solicita la ciudadanía ni obtiene los documentos adecuados para entrar al país porque la ley lo prohíbe. Sí: la ley les prohíbe entrar a Estados Unidos o solicitar la ciudadanía. La ley de migración en Estados Unidos está basada en un sistema de cuotas y preferencias. Si usted resulta no ser uno de los afortunados que cae dentro de las categorías preferentes o de las cuotas, básicamente no tiene cómo obtener permiso legal para migrar. Si ya está dentro de Estados Unidos sin la documentación adecuada, nunca, jamás, podrá solicitar la ciudadanía.

Si existiera otra opción, nadie decidiría arriesgar su vida caminando a través del desierto para entrar al país de manera ilegal, y nadie elegiría el miedo constante, la discriminación y la amenaza de deportación que forman parte de vivir sin documentos. Claro que todos los que entran a Estados Unidos preferirían entrar de manera legal, y todos los indocumentados preferirían tener documentos. ¡Si tan sólo la ley se los permitiera!

El propósito de este libro es desnaturalizar la ilegalidad. Quiero mostrarla como la construcción social que es. Quiero mostrar cuándo, cómo y por qué se convirtió en un hecho socialmente aceptado. Quiero mostrar cómo opera y qué propósito cumple. O quizá, los propósitos de quién. Mi objetivo es develar la naturaleza compleja, inconsistente y a veces perversa de la ley de migración estadounidense que transforma a algunas personas en ilegales.

INTRODUCCIÓN

Cuando la gente dice "¿Qué parte de 'ilegal' no entiendes?", insinúan que, de hecho, ellos lo entienden todo. Para ellos la ilegalidad es algo elemental: existe una ley, alguien quiebra esa ley, entonces hace algo ilegal. Obvio, ¿verdad?

En realidad, la ilegalidad es mucho más complicada que eso. Las leyes las crean y las hacen cumplir los seres humanos en contextos históricos y por razones particulares. Cambian con el tiempo y con frecuencia se crean y se modifican para cumplir con los intereses de algunos grupos –generalmente los de los poderosos y los privilegiados– sobre otros.

La mayoría de los ciudadanos que presume que sus ancestros llegaron aquí "por la vía correcta", asumen cosas basados en su ignorancia. Asumen que sus ancestros "pasaron por el proceso" y obtuvieron visas, como se exige a la gente hoy en día. De hecho, la mayoría llegó antes de que existiera proceso legal alguno –antes de que existiera el concepto de "ilegalidad"–.

La invención de la ilegalidad

La ilegalidad como la conocemos hoy surgió a partir de 1965. En las décadas anteriores, los medios rara vez hablaban de la migración en términos negativos. Ni el público ni el Congreso la consideraban un problema que requiriera legislación. Para la década de los setenta, sin embargo, la demonización de los migrantes –en particular de mexicanos y latinos– y el problema de la "migración ilegal" se convirtieron en temas urgentes.[1]

Hay ciertas razones históricas que explican estos cambios. Algunas son económicas. Tanto la economía global como la doméstica sufrieron cambios estructurales elementales al final del siglo XX, cambios que conocemos como "globalización".

Algunos analistas han dicho que la globalización hace que el mundo sea más "plano", y que el avance de las conexiones, la tecnología y la comunicación disolverá las viejas inequidades.[2] Otros han creído que las nuevas inequidades se han acentuado, que imponen un "*apartheid* global", que separa al Norte Global del Sur Global, a los ricos de los pobres, a los ganadores en la nueva economía global de los perdedores.[3] Me adentraré más en estos cambios y mostraré cómo han contribuido a que la ilegalidad sea una *necesidad* en el nuevo orden mundial.

El segundo grupo de cambios es ideológico y cultural. Como los grandes cambios económicos, los cambios ideológicos y culturales son un proceso. Su origen no puede ser trazado a una fecha o un año particular. Utilizo el año de 1965 por conveniencia, porque es cuando sucedieron algunos de los cambios más importantes en la ley de migración estadounidense que contribuyeron a crear la ilegalidad. Pero estos cambios respondían, y contribuían, a los cambios ideológicos y económicos de largo plazo que estaban aconteciendo.

En el ámbito cultural, el racismo explícito pasaba de moda. Los movimientos de derechos civiles en el país y los movimientos anticoloniales en el extranjero derrumbaron la legitimidad de la exclusión racial y la discriminación. A pesar de que el *apartheid* continuó en Sudáfrica hasta la década de los ochenta, incluso éste había perdido su legitimidad internacional. En Estados Unidos, el régimen segregacionista había sido desmantelado y las nuevas leyes y programas se enfocaban en crear una equidad racial, por lo menos en el papel. Para la llegada del nuevo siglo, la gente comenzó a hablar de la sociedad estadounidense como una sociedad "posracial". Al mismo tiempo, sin embargo, aparecían nuevas leyes que endurecían los regímenes migratorios y la discriminación en contra de los migrantes en Estados Unidos y en otros lugares.

Los verdaderos refugiados de las guerras fronterizas

Antes de adentrarnos en la naturaleza confusa, y algunas veces irracional, de la ley de migración, es útil considerar lo que está sucediendo a ras de tierra. Tuve la oportunidad de atestiguar de primera mano, en marzo de 2010, la tragedia humana que ha resultado del régimen migratorio, cuando participé como parte de una delegación humanitaria con la organización No Más Muertes, una de varias que realizan acciones directas en la frontera entre México y Estados Unidos.

Los voluntarios de estas organizaciones intentan brindar ayuda humanitaria al dejar agua en estaciones a lo largo de los caminos que usan los migrantes, y ofrecen primeros auxilios en campamentos en el desierto, entre otras cosas. Del lado mexicano de la frontera, mi grupo estaba registrando los testimonios de los migrantes que habían sido capturados y deportados.

Durante esa semana conocí a varias centenas de ellos. Habían sido arrestados por un crimen que ningún ciudadano estadounidense puede cometer: entrar a Estados Unidos sin permiso oficial. Sólo las personas que no son ciudadanos estadounidenses necesitan permiso oficial para entrar al territorio estadounidense.

Nogales, Sonora, en la frontera da la sensación de ser una zona de guerra. Cada tantas horas, un camión de los servicios privados de seguridad Wackenhut llega al lado estadounidense de la frontera lleno de aspirantes a migrantes, la mayoría de ellos de las zonas pobres del sur de México; fueron capturados por la Patrulla Fronteriza en algún lugar del desierto de Arizona. "Antes intentaban capturarnos cerca de la frontera", me contó un migrante cansado. "Ahora, hacen sus patrullajes a dos o tres días caminando hacia el norte de la frontera. Nos quieren hallar cuando estemos deshidratados, exhaustos, ampollados, para que no podamos correr".

Primero, los conductores sacan las pertenencias de la parte de abajo del autobús –algunas mochilas, pero sobretodo bolsas de plástico transparente con la frase "Homeland Security" que les da la Patrulla Fronteriza–. Después de una media hora, los migrantes bajan del autobús en pequeños grupos. Vigilados por guardias armados, los que tienen suerte pueden recoger sus paquetes y atravesar la frontera caminando para ser procesados por las autoridades mexicanas. Muchos han perdido todo en su caminata por el desierto, al ser atacados por ladrones, al separarse de su grupo o al intentar huir de la Patrulla Fronteriza.

Procesarlos toma quince minutos. Los migrantes reciben una hoja de papel que atestigua que son deportados. El papel confirma que son elegibles para recibir los dispersos servicios sociales que el gobierno mexicano y varias organizaciones de la Iglesia católica ofrecen a los migrantes en Nogales: una llamada, la mitad del pasaje en autobús a casa, tres noches en un albergue, y, generosamente, quince días de comidas gratis dos veces al día en el comedor que dirige el Proyecto Kino, apoyado por las arquidiócesis mexicana y estadounidense de la Iglesia católica.

Después de ser procesados, los migrantes salen del lado mexicano de la frontera. Taxistas y vendedores ambulantes los acosan mientras ellos caminan aturdidos y abrumados. "Todos quieren fingir que son migrantes, para conseguir los servicios", me dijo un proveedor. "Tienes que fijarte en sus zapatos. Si tienen agujetas, no son migrantes. Seguridad Nacional les quita las agujetas para que no…" Hizo el gesto de cortarse la garganta y soltó una risa cómplice. Así que los migrantes andan a tropezones porque sus pies están heridos por caminar en el desierto, y porque no tienen agujetas en sus zapatos raídos.

Si tienen suerte, una de las primeras personas a las que se encontrarán es a Sal, que trabaja para la compañía Transportes Fronterizos, contratada por el gobierno mexicano para dar servicios de transporte a los deportados. Sal fue deportado. De veintitantos años, habla inglés con una tonada chicana perfecta. No es raro: llegó a Estados Unidos con sus padres cuando tenía tres años y creció y se graduó de una preparatoria en Arizona. "¿Cómo fue que te deportaron?", le pregunté; pronto me di cuenta de que era mejor comunicarnos en inglés, su idioma de preferencia, y no en español. "No quieres saberlo", dijo con una mueca. "Por cruzar la calle en un lugar prohibido".

¿Había sido víctima de persecución criminal por su raza? La policía lo detuvo por cruzar la calle donde no había paso peatonal, le solicitó sus documentos y lo arrestó. En Arizona, la policía local tiene el poder de ejercer las leyes de migración.

Sal puede decirle a los migrantes dónde encontrar comida y alojamiento gratuito, y cómo acceder a los servicios de transporte que ofrece Grupo Beta, una agencia del gobierno mexicano a cargo de alejar a los migrantes de la frontera para prevenir que vuelvan a intentar cruzar. Mantiene su cabina abierta desde las 10 de la mañana hasta las 6 de la tarde, cuando sale el último autobús hacia el albergue. Los migrantes que son deportados más tarde tienen que dormir en las calles.

La mayoría de los migrantes dejan sus casas en México con documentos de identificación, dinero e incluso con familiares u otros compañeros de viaje. La mayoría son deportados solos y pueden pasar días o semanas intentando localizar a esposos, esposas, hijos o primos. Muchos han perdido sus documentos y su dinero. Los autobuses llegan cada par de horas, todo el día y toda la noche. Los migrantes dejados ahí, los que tienen que caminar por las calles de Nogales, son los verdaderos refugiados de las guerras fronterizas.

En la puerta del comedor del Proyecto Kino, la larga fila para el desayuno comienza a formarse alrededor de las 8:30 de la mañana. Algunos migrantes llegan en autobús de los albergues, otros caminando después de pasar la noche en la calle o en el cementerio. Los cien o más hombres forman una fila a la derecha y las diez a veinte mujeres a las que se les sirve primero, una fila a la izquierda. Para entrar al comedor que abre a las 9 a.m., al primer turno de desayunos, todos tienen que mostrar su documento de deportación. El documento que prueba que fueron cazados, capturados y deportados por no tener los documentos adecuados para entrar a Estados Unidos, se convierte en un boleto para recibir comida gratis.

Los servicios disponibles para los migrantes son magros comparados con sus necesidades. "Mi esposa, mis hijas grandes y nuestros dos nietos adoptados están en California", me dijo desesperado un hombre de unos cincuenta años. Me mostró los documentos de adopción. Los Servicios de Protección Infantil se llevaron a los hijos de su hija, de dos y tres años y ciudadanos estadounidenses, cuando ella comenzó a usar drogas. Él y su esposa se convirtieron en sus padres de acogida y luego los adoptaron. "Tuve que prometer que me haría cargo de ellos y que cuidaría de ellos. ¿Cómo puedo hacer eso si no puedo regresar a su lado?". Me pidió utilizar mi teléfono celular para llamar a su esposa y luego me puso el teléfono en la mano: "Hable con ella", me pidió. "Dígale que estoy aquí. Dígale que estoy intentando regresar".

Un joven pasó tres días esperando afuera del puerto de salida. Él y su esposa fueron separados durante el proceso de deportación. "Su nombre es Brenda. Vestía unos *pants* grises y una playera verde", le decía a todos los que lo escuchaban. Con cada autobús que llegaba, él se paraba con una angustia desesperada, mirando a los deportados salir lentos, buscando un rostro familiar.

Como parte de No Más Muertes, yo sólo podía ofrecer a estas personas unas pequeñas muestras de ayuda: una llamada a sus parientes, ropa y calcetines donados, una barra de granola o una bebida para rehidratarse. Les podía rogar que compartieran sus historias con nosotros, para poder contarlas en Estados Unidos y así tratar de cambiar nuestras políticas migratorias. Al final de la jornada, caminábamos de regreso a Nogales, Arizona, atravesando con pies ligeros la frontera que había dividido y destruido sus vidas.

Las cortes juegan su papel

En Tucson, Arizona, la Corte federal procesa a setenta migrantes diarios gracias al programa Operación Streamline, alrededor de cuatro por ciento de los migrantes capturados. El programa empezó a operar en Tucson en 2008 después de inaugurarse en Texas como programa piloto en 2005. Entre Tucson y Yuma, el otro distrito de Arizona que también utiliza el programa, alrededor de treinta mil migrantes son enviados a Streamline cada año.

Contrario a los demás deportados, los migrantes que pasan por Streamline son acusados criminalmente y encarcelados. Las audiencias diarias parecen ser una mezcla entre una farsa y una subasta de esclavos. Los migrantes están esposados de pies, manos y cintura, y se sientan en hileras que ocupan la mitad del juzgado. El juez los llama en grupos de diez y sus abogados agobiados corren para acompañarlos.[4] Casi todos estos migrantes han sido capturados en el desierto y están heridos, exhaustos, desorientados y deshidratados cuando los encierran en las celdas. Los que entrevistamos después, en Nogales, explicaron que les quitan sus pertenencias y sus chamarras para que se queden tiritando bajo el aire acondicionado; cuentan que encierran a setenta y ochenta personas en celdas diseñadas para cuatro o cinco. No hay lugar ni para sentarse, mucho menos para recostarse. Sólo reciben un pequeño jugo y un paquete de galletas con queso en dos días.

Los diez migrantes esposados se ponen de pie ante el juez, mientras que los demás observan. Los abogados caminan cerca de sus clientes. El juez pregunta: "Señor, ¿entiende la acusación en su contra y la pena máxima? ¿Entiende que tiene derecho a un juicio? ¿Está dispuesto a declinar ese derecho y declararse culpable? ¿De qué país es ciudadano? ¿En o cerca del 18 de marzo de este año, entró al sur de Arizona desde México? ¿Lo hizo por algún puerto de entrada?".

La mayoría responde que son ciudadanos mexicanos, aunque el día que acudí a una de esas audiencias, había varios hondureños y ecuatorianos. Un intérprete de la corte repite simultáneamente las preguntas en español y los acusados escuchan por medio de unos audífonos que ni siquiera pueden tocar porque tienen las manos esposadas a la cintura. Si tartamudean en sus respuestas, sus abogados los animan a responder. La mayoría responde que sí a todo y el intérprete lo traduce obedientemente; todo, salvo a la pregunta sobre el puerto de entrada, a la que se supone que deben responder que no. Algunos responden sin emoción, mirando al piso; algunos responden con voces fuertes, mirando al juez. A algunos se les saca de la sala porque no hablan español y no hay intérpretes en la corte para las lenguas indígenas de México. Algunos no hacen caso de los audífonos y responden en inglés.

De vez en cuando, algún acusado rompe el patrón. Uno respondió que sí a la pregunta sobre si entró por un puerto de entrada. La juez se molestó visiblemente. "¿Entró por un puerto de entrada?", le pregunta. "Déjeme decirlo de nuevo: ¿Entró por algún puerto de entrada?". Lo preguntó varias veces más hasta que el abogado convenció a su cliente de responder que no. Otro acusado se exaltó cuando la juez empezó a interrogarlo: "¡Soy culpable! ¡Soy culpable!", exclamó. "Sé que es culpable", respondió la juez con impaciencia. "Aun así tengo que hacerle estas preguntas y tiene que responderlas".

"¿Cómo se declara ante la acusación de entrada ilegal, culpable o inocente?", era la última pregunta de la juez. Cada prisionero respondía puntualmente: *culpable*. La mayoría eran sentenciados a tiempo cumplido y los preparaban para ser deportados a Nogales, México. Dejarían el país, después de haber sacrificado tanto para entrar en él, con antecedentes criminales y con la amenaza de pasar hasta veinte años en la cárcel si volvían a entrar de nuevo. Estarán entre los que llegan a Nogales sin un centavo, perdidos y desorientados.

Lo que vimos fue sólo una parte del panorama. El viaje a la frontera puede ser tan peligroso como el cruce y la travesía por el lado estadounidense. Cada año, miles de migrantes son secuestrados al atravesar México. Los migrantes son blancos fáciles para las bandas y los traficantes de drogas, que cuentan con que conocidos o parientes en Estados Unidos que ya han juntado miles de dólares para pagar el viaje, podrán pagar más como rescate. Con el incremento de la violencia en la región fronteriza, cada vez más los migrantes se convierten en víctimas. Si sus familias no pagan el rescate, o si ellos se niegan a trabajar para las bandas, pueden ser asesinados, algunas veces en masacres en las que pierden la vida docenas de seres humanos.

Algunos antecedentes

La gran cantidad de intereses en pugna en el desarrollo de la ley, y las políticas y las ideologías en torno a los indocumentados, provocan que el panorama sea confuso y cambiante. Para entender los cambios sucedidos hacia finales del siglo XX, tenemos que comprender cómo funcionaba el sistema que había antes. Desde el siglo XVIII, y especialmente en el siglo XIX, Estados Unidos se benefició de su posición en la economía industrial global, y los blancos en Estados Unidos se aprovecharon de su ubicación en el orden racial. Apareció un mercado de trabajo dual en el que algunos trabajadores comenzaron a ascender y a disfrutar de los beneficios de la sociedad industrial, mientras que otros estaban tanto legal como estructuralmente atrapados en el fondo.

Este sistema dual se reproducía tanto al interior del país como internacionalmente, y la raza jugaba un gran papel en él. Se crearon sistemas legales para justificar y mantenerlo. Alrededor del mundo, el sistema se manifestó por medio del colonialismo. Los europeos colonizaron a la gente de color alrededor del mundo y se beneficiaron de su labor forzada y de sus recursos. En Estados Unidos, la esclavitud tuvo un papel muy importante al mantener este sistema de trabajo dual, en el que los blancos podían ascender pero los negros no.

Estados Unidos también adquirió colonias hacia finales del siglo XIX, como Filipinas, Cuba y Puerto Rico. Pero las compañías y los ciudadanos se beneficiaban además del sistema de trabajo dual cuando las compañías estadounidenses como la United Fruit fundaron plantaciones en Centroamérica y comercializaban plátano aprovechando la mano de obra barata. Se beneficiaron cuando los brasileños dueños de esclavos o los plantadores de café alemanes en Guatemala utilizaban mano de obra forzada para hacer llegar café barato a los mercados estadounidenses.

México tuvo un papel importante en el mercado de trabajo dual en Estados Unidos, tanto a nivel doméstico como internacional. Las empresas mineras estadounidenses operaban en los dos países desde finales del siglo XIX, y en ambos empleaban abiertamente un sistema de sueldos diferenciados. Los mexicanos recibían un sueldo "mexicano", más bajo, mientras que los ciudadanos estadounidenses recibían un sueldo llamado "de oro", o sueldo estadounidense.[5]

Dentro de Estados Unidos, los mexicanos eran bienvenidos como trabajadores migrantes mientras la inversión estadounidense en el suroeste avanzaba después de haberle quitado el territorio a México en 1848 y 1853. La dependencia de trabajadores mexicanos, quienes aportan su mano de obra a las empresas estadounidenses –pero a quienes se les niegan los beneficios que la ley en Estados Unidos le garantiza a sus ciudadanos– ha formado la base de la economía desde hace más de un siglo. Con el paso del tiempo, distintos mecanismos legales y estructurales han sido utilizados para mantener este sistema. Al principio se hacía mediante la distinción legal entre los inmigrantes y los trabajadores. Los inmigrantes eran los europeos que llegaban a Ellis Island; los trabajadores eran los mexicanos y los chinos que construían las vías del ferrocarril y sembraban los alimentos que sostenían el asentamiento blanco en el recién conquistado Oeste del país. De los trabajadores no se esperaba que se asentaran, que se quedaran ni que se convirtieran en ciudadanos. La ciudadanía, después de todo, –hasta un poco después de la Guerra Civil– estaba reservada para las personas catalogadas como blancas.

La ley de migración de Estados Unidos trataba a los mexicanos como migrantes temporales que entraban al país para trabajar, y no como a inmigrantes que buscaban asentarse. El sentimiento antiinmigrante estaba dirigido contra los europeos recién llegados, no contra los mexicanos. El racismo antimexicano también era común, pero se dirigía contra los mexicanos como supuesta categoría racial y no contra su estatus migratorio o su ciudadanía.

Hasta 1924, la nueva frontera entre Estados Unidos y México permaneció prácticamente libre de vigilancia, y la migración fluía con libertad. Hasta 1965, los mexicanos estaban exentos de las restricciones migratorias hechas ley. Dado que no se les consideraba inmigrantes, los mexicanos eran deportables por definición y, de hecho, se les deportó en masa durante las décadas de los treinta y los cincuenta. El estatus de no inmigrantes de los trabajadores mexicanos durante todo este tiempo subraya la aparente paradoja que existe en Estados Unidos entre su imagen como un supuesto país de inmigrantes y su xenofobia y sus políticas migratorias restrictivas.

La creación de la ciudadanía por nacimiento por medio de la Enmienda Catorce de la Constitución de 1868 se enfocaba en remediar la exclusión histórica de los afroamericanos. Pero también creó una aparente paradoja, ya que otras personas que no eran blancas –como los chinos– podían convertirse en ciudadanos por nacimiento. El Congreso remedió rápidamente esto al restringir la entrada de mujeres chinas en 1873 y la de todos los chinos con la Ley de Exclusión China (Chinese Exclusion Act) de 1882. Entonces, las granjas en California se volvieron todavía más dependientes de los trabajadores mexicanos, de quienes, contrario a los chinos, se esperaba que se fueran después de la cosecha, en lugar de quedarse en el país y convertirse en ciudadanos.

En 1928, el *Saturday Evening Post* reportó que había unos 136 000 granjeros en California, unas 100 000 granjas de menos de 100 hectáreas y 83 000 de menos de 40 hectáreas. Estos pequeños agricultores no contrataban mano de obra durante la mayor parte del año, pero durante la cosecha requerían entre 10 y 50 trabajadores extras. "La mano de obra casual, fluida, es para ellos un factor que determina si hay ganancias o ruina", explicaba el *Post*.

> La mano de obra mexicana cumple con los requerimientos de las granjas en California como ninguna otra mano de obra en el pasado. El mexicano puede soportar las altas temperaturas de los valles del Imperial y San Joaquín, está acostumbrado a las condiciones del campo, se mueve de una localidad a otra conforme progresa la rotación de los cultivos de temporada, realiza el trabajo pesado en el campo –particularmente en los llamados "cultivos encorvados" y los "cultivos de rodillas" en las cocechas de verduras y melones– que los trabajadores blancos se rehúsan a realizar y que están constitutivamente mal capacitados para realizar.

La mano de obra mexicana, según las estimaciones del autor, constituía el 70 u 80 por ciento de la mano de obra "casual" o estacional en las granjas.[6]

Este sistema informal de labor rotativa prevaleció hasta la década de los cuarenta, cuando fue sustituida por un sistema administrado por el Gobierno y que se mantuvo en uso hasta mediados de la década de los sesenta: el Programa Bracero. El Programa Bracero, que llevó a más de cuatro millones de trabajadores entre 1942 a 1964, fue cancelado en un contexto en el que empezaban a emerger la organización en pos de derechos civiles y los señalamientos de tratos discriminatorios a estos trabajadores invitados. Las estructuras económicas que dependían de estos trabajadores, sin embargo, no desaparecieron, como tampoco lo hicieron los trabajadores: simplemente regresaron al viejo sistema informal.

Pero, de pronto, el viejo sistema se volvió ilegal. La ley migratoria de 1965, que coincidía con la suspensión del Programa Bracero, respondía a los movimientos internos e internacionales que pedían la equidad racial; eliminó el sistema de cuotas raciales y nacionales que había prevalecido hasta entonces. A cada país le daba una cuota igual. Y por primera vez incluyó a los países del hemisferio Occidental, y consideró a los mexicanos como inmigrantes potenciales y no sólo como trabajadores explotables.

Dadas las realidades estructurales de los trabajadores migrantes mexicanos, tratarlos de manera equitativa bajo la nueva ley en realidad era una manera de seguir explotándolos, sólo que entonces al llamarlos "ilegales". A partir de 1965, nuevas leyes los ilegalizaron cada vez más y les quitaron más y más derechos.

Aunque parezca contradictorio, las leyes migratorias restrictivas contribuyeron al incremento de migración tanto legal como "ilegal". Dos expertos en el tema migratorio apuntan a una sinergia entre la manera en la que la ley de 1965 privilegió a los familiares de ciudadanos estadounidenses y de residentes legales –en muchos casos quedaban exentos de las nuevas cuotas– y la avalancha de leyes posteriores a 1965, que fueron restringiendo los derechos de los no ciudadanos. No fue la nueva cuota la que causó el incremento de migración legal mexicana después de 1965, ya que la cuota redujo drásticamente el número de mexicanos a los que se les permitía inmigrar. En cambio, fueron los aspectos punitivos de ésa y de las leyes subsecuentes los que incrementaron el número de aquellos que decidieron convertirse en inmigrantes y no en residentes temporales.[7] Dicho de otro modo, los trabajadores decidieron quedarse, llevar a sus familias y convertirse en inmigrantes porque el patrón estacional anterior se criminalizaba cada vez más.

Algunas de las organizaciones que buscaban expandir los derechos legales y sociales en Estados Unidos en los años sesenta seguían trazando una línea en la frontera. Campesinos Unidos (United Farm Workers, UFW, por sus siglas en inglés) realizó una campaña en contra de los migrantes "ilegales" en los setenta.[8] Tanto la organización de Asistencia Legal Rural de California (California Rural Legal Assistance) como el sindicato UFW apoyaron la primera ley en el país de sanciones a los patrones –que ilegalizaba que los patrones contrataran trabajadores indocumentados– en 1971.[9] El primer intento por implementar tales sanciones a nivel nacional llegó en 1973, por iniciativa de la AFL-CIO y de la NAACP.[10] (Para la década de los noventa, todas estas organizaciones cambiaron su postura y se opusieron a las sanciones que la Ley de Reforma y Control de Inmigración [Immigration Reform and Control Act] imponía a los patrones en 1986.) Pero las sanciones a los patrones resultaron ser una manera más de conservar a una gran flota de trabajadores explotables para realizar los trabajos agrícolas más agotadores. Las sanciones podían suspenderse, como sucedió después del Huracán Katrina, cuando los contratistas federales necesitaban urgentemente trabajadores migrantes; en este caso, para limpiar y reconstruir la ciudad de Nueva Orleans.

En el siglo XXI, el campo sigue empleando a grandes cantidades de trabajadores indocumentados, como lo han aceptado públicamente los agricultores y sus organizaciones en todo Estados Unidos. Larry Wooten, presidente del North Carolina Farm Bureau, en una cumbre sobre agricultura en Atlanta en 2012, explicó que "los patrones que anunciaron vacantes –los que forman parte del programa federal de trabajadores invitados están obligados a hacerlo– obtuvieron muy pocas o ninguna respuesta durante dos meses. 'No tenemos otra opción', dijo Wooten. 'Tenemos que utilizar migrantes'."[11]

A partir de los ochenta, la reestructuración económica de Estados Unidos ha creado una nueva y creciente demanda de trabajadores extralegales que contribuyan a la economía, a cambio de sueldos bajos y muy pocas prestaciones. Muchos indocumentados trabajan en puestos que antes se deslocalizaban y ahora se han vuelto a realizar internamente. La mayoría de nosotros sabemos qué es la deslocalización (*outsourcing*) –cuando los empleos, desde la manufactura hasta los *call centers*, se envían a otro país–; su contrario es mucho menos conocido. La frase deslocalización interna (*in-sourcing*) puede referirse a la decisión de una compañía de realizar internamente aquellas tareas que antes subcontrataba, o puede referirse a una empresa que regresa al país un empleo que anteriormente se realizaba en el extranjero. En este caso, sin embargo, me refiero a una variedad particular de *in-sourcing*: cuando una compañía cierra sus operaciones en un sitio para trasladarlas a otro lugar de Estados Unidos donde tendrá acceso a mano de obra (migrante) más barata, menores impuestos, menos regulaciones ambientales, de seguridad o de salud, y otro tipo de incentivos financieros.

Casi todos en Estados Unidos se benefician de ese tipo de trabajo de una manera o de otra, porque está detrás de casi todos los productos y servicios que utilizamos. El trabajo invisible de los indocumentados sostiene la economía, ya sea en agricultura o en otras industrias reubicadas como el procesamiento de carne, jardinería, reparto de periódicos, limpieza de desastres naturales. Además, la presencia de estos migrantes también sirve para crear otros trabajos. Al vivir en Estados Unidos, gastar dinero y consumir bienes y servicios, están manteniendo los empleos de los demás trabajadores.

El trabajo que realizan los migrantes indocumentados es esencial para el funcionamiento de la economía y para la comodidad de los ciudadanos. Sin embargo, el sistema es, también, fundamentalmente injusto. Al crear una fuerza de trabajo subordinada, sin estatus legal, estamos perpetuando un sistema de inequidad legalizada. Es la reproducción a nivel doméstico de un sistema global. La frontera se utiliza para racionalizar el sistema a nivel global; hace parecer como algo justo y natural que los trabajadores explotados en un lugar produzcan bienes y servicios baratos para consumidores en otro lugar. La ilegalidad replica ese razonamiento a nivel doméstico: hace parecer justo y natural que un grupo de trabajadores marginalizados legalmente produzcan bienes y servicios baratos para otro grupo definido como superior en términos legales.

El estatus, la raza y el nuevo sistema de Jim Crow

Al mismo tiempo que sucedían estos grandes cambios económicos, en el mundo tenían lugar otros cambios políticos, sociales y culturales. Después de la Segunda Guerra Mundial, el racismo y la supremacía blanca explícitas perdieron terreno. Europa, lenta y dolorosamente, dejó ir a la mayoría de sus colonias, y el número de países independientes incrementó. A casi todos los países recién independizados los gobernaban personas de color. En Estados Unidos, los movimientos de derechos civiles pelearon para desmantelar la discriminación legalizada, incluyendo el sistema Jim Crow que operaba en los estados del sur de Estados Unidos. Sudáfrica se convirtió en un paria internacional y, después de una larga lucha terminó con el *apartheid*.

En un libro importante publicado en 2010, Michelle Alexander propone que el sistema de castas raciales que existía en Estados Unidos desde los días de la esclavitud no terminó con la aprobación de las leyes de derechos civiles en los cincuenta y los sesenta. Al contrario: se creó un nuevo sistema de discriminación legalizada que sustituye al antiguo sistema de discriminación. El nuevo sistema, explica Alexander, es la encarcelación masiva. Los negros –y yo sostengo aquí que los mexicanos y otros latinoamericanos también– son sistemáticamente criminalizados. Aunque el sistema no toma en cuenta explícitamente el color de la piel, de hecho, se enfoca en las personas de color. Y funciona mejor en esta era supuestamente posracial, porque nunca invoca a la raza directamente para discriminar. En cambio, criminaliza a las personas de color y luego las discrimina por su estatus criminal.

La mayoría de los ciudadanos que se lanzan en contra de los indocumentados insisten que su oposición está basada sólo en fundamentos técnicos y legales: se oponen a las personas que quiebran la ley. Pero ser indocumentado es un crimen con un componente racial altísimo. La nacionalidad en sí tiene sus orígenes en el pensamiento racial y se basa en el nacimiento y el origen de una manera que hace eco del racismo. Las categorías "mexicano" y "latino" han adquirido un componente racial en Estados Unidos, y la categoría de ilegalidad está profundamente asociada con la categoría "mexicano", ya sea que ésta se entienda como una nacionalidad, como una categoría étnica o una raza. En 2011, 93 por ciento de los crímenes migratorios federales fueron cometidos por no ciudadanos, y el 89.3 por ciento de ellos fueron cometidos por hispanos.[12]

Otra manera de ver la naturaleza racial de la "indocumentación"* es comparar la criminalización de inmigrantes (en especial los migrantes latinos) en la era posterior a los derechos civiles con la criminalización de los negros. Alexander sostiene que las leyes aprobadas e implementadas en los años posteriores a los logros legislativos de los movimientos por los derechos civiles, de hecho, iban en contra de los avances logrados en los cincuenta y los sesenta. "No hemos acabado con las castas raciales en América", escribe, "simplemente hemos rediseñado el sistema".[13] El nuevo sistema, la encarcelación masiva, consiste "no sólo [...] en el sistema de justicia criminal, sino también [...] en la amplia red de leyes, reglas, políticas y costumbres que controlan a aquellos etiquetados como criminales tanto dentro como fuera de prisión". Una vez que caen en esta red, los exconvictos están atrapados en ella para siempre. "Entran a un submundo oculto de discriminación legalizada y exclusión social permanente [...] El actual sistema de control aleja permanentemente a un alto porcentaje de la comunidad afroamericana de las corrientes principales de la economía y la sociedad".[14]

Alexander no sólo se enfoca en el encarcelamiento en sí, sino en lo que sucede después de la liberación. "Una vez que [los prisioneros] son liberados, con frecuencia se les niega el derecho a votar, se les excluye de la posibilidad de ser jurados, y están relegados a

*N. d. T. El neologismo que ha creado la autora en inglés es *undocumentedness*.

vivir una existencia subordinada y racialmente segregada [...] Se les niega legalmente la posibilidad de obtener trabajo, vivienda y beneficios sociales".[15] Tener antecedentes penales, entonces, replica las mismas restricciones legales que se utilizaban durante la época de Jim Crow.

En lo que toca a la ideología y la cultura de la exclusión, así como en las leyes y la mecánica de su implementación, los argumentos que Alexander hace acerca de los afroamericanos tienen un paralelo con la situación de los migrantes. Como con los afroamericanos que Alexander estudia, gran parte de la población de migrantes latinoamericanos ha sido permanentemente criminalizada y excluida por la vía de las leyes. Como con los afroamericanos, los migrantes indocumentados son criminalizados por un sistema que aparenta ser ciego a las diferencias raciales y que es defendido como tal.

Así como los afroamericanos han sido estigmatizados en la era posterior a los derechos civiles por medio de la criminalización, también sucede con los migrantes. Antes, la discriminación legal podía basarse sólo en la raza, pero cuando ésta fue ilegalizada, apareció un nuevo sistema: convertir a las personas de color en criminales. Entonces fue posible discriminarlos por su criminalidad, en lugar de por su raza. Así nació una nueva legitimidad de discriminación.[16]

Alexander detalla meticulosamente las maneras en las que el estatus criminal persigue a las personas de raza negra en cada aspecto de su vida. Cuando las acusaciones menores por drogas se volvieron un delito grave, grandes cantidades de hombres de raza negra se transformaron en "delincuentes" permanentes:

Cuando un acusado se declara culpable de alguna ofensa menor que involucra drogas, probablemente nadie le informe que va a perder su derecho a votar de manera permanente, así como su derecho a formar parte de un jurado [...] También se le dirá poco o nada acerca del universo paralelo en el que está por entrar, uno que promete una forma de castigo que muchas veces resulta más difícil de sobrellevar que la cárcel: una vida de vergüenza, menosprecio, desdén y exclusión. En este mundo oculto, la discriminación es perfectamente legal [...] Los comentaristas equiparan la etiqueta de la cárcel con la "marca de Caín" y caracterizan la naturaleza perpetua de la sanción con un "exilio interno". Un sinnúmero de leyes, reglas y regulaciones operan para discriminar a los exofensores y evitan en efecto su reintegración a la sociedad y la economía en general. Estas restricciones son una forma de "muerte cívica" y mandan el mensaje inequívoco de que "ellos" han dejado de formar parte de "nosotros".[17]

Como con los delincuentes sentenciados –la mayoría afroamericanos– los indocumentados viven en un mundo extraño de exilio interior o de muerte cívica. A pesar de estar físicamente presentes, están legalmente excluidos debido a un estatus oficial que se les adscribe. No pueden votar, no pueden formar parte de un jurado, no pueden trabajar ni habitar viviendas proveídas por el Estado ni ser beneficiarios de los servicios públicos. Estas exclusiones se aplican del mismo modo a aquellos, en su mayoría negros, que tienen antecedentes penales, y a aquellos, en su mayoría mexicanos, que son indocumentados. La estigmatización y la exclusión crean un círculo vicioso.

"En la era del racismo daltónico", escribe Alexander, "no es permisible odiar a las personas de raza negra, pero sí podemos odiar a los criminales".[18] El mismo argumento podría utilizarse con referencia a los mexicanos y a los migrantes criminalizados. Los blogs antiinmigrantes, los comentarios y la opinión general con frecuencia enfatizan el caracter legalista del sentimiento antiinmigrante: "¡Violaron la ley!". Es una ley, sin embargo, que está diseñada y dirigida a un sector de la sociedad definido racialmente.

Otro aspecto que vincula la criminalización de los negros con la de los hispanos es el crecimiento enorme de las detenciones y el crecimiento de lo que algunos han llamado el "complejo industrial carcelario".[19] En 2010, la Suprema Corte opinó acerca de los dramáticos cambios en la legislación migratoria en los últimos noventa años. "Mientras que antes existían sólo una estrecha categoría de ofensas que ameritaban deportación, las reformas migratorias a lo largo del tiempo han ampliado la categoría de ofensas que la ameritan y han limitado la autoridad de los jueces para aliviar sus duras consecuencias". Como han incrementado las condenas criminales de jóvenes de color por ofensas menores, así lo han hecho las consecuencias de estas condenas. Ahora, incluso los residentes legales permanentes pueden ser deportados por cometer infracciones menores, incluso mucho después de haberlas cometido.[20]

Uniéndolo todo

Esta nueva criminalización de afroamericanos y latinos está relacionada con sus diferentes ubicaciones en el cambiante mercado laboral. Alexander señala que los sistemas antiguos de casta racial (la esclavitud y la segregación) sirvieron para mantener a los afroamericanos como una fuerza de trabajo explotable. Ahora, la criminalización de los afroamericanos coincide con su expulsión de la fuerza de trabajo. Con el colapso del sector urbano de manufactura, su trabajo dejó de ser necesario. Se convirtieron en un excedente demográfico que debía ser almacenado en el sistema carcelario.

La criminalización de los migrantes mexicanos, al contrario, subyace al papel cada vez más importante que juegan en la economía. El lenguaje y la ideología son similares: el miedo, la marginación y la exclusión están basados en la supuesta criminalidad de estos objetos de odio, y se justifican mencionando en repetidas ocasiones que la sociedad estadounidense ya es ajena a prejuicios raciales. Pero en el caso de los migrantes, la criminalización *justifica* su ubicación en el escalafón más bajo de la fuerza de trabajo.

Como Alexander, Nicholas De Genova explica que los cambios en la ley han criminalizado intencionalmente a un grupo que no puede definirse legalmente mediante su raza. La ilegalidad, escribe, no es un "simple hecho de la vida, la consecuencia aparentemente transparente de un cruce fronterizo no autorizado o alguna otra violación a la ley migratoria". En cambio, continúa, las leyes mismas están escritas con la intención explícita de crear este nuevo estatus de ilegalidad, porque así se cumple el propósito de mantener a los trabajadores explotables.[21]

En un nivel aún más profundo, el sentimiento antiindocumentado toca sentimientos y miedos muy arraigados acerca del Estado, la nación y la soberanía. Las naciones ricas del mundo han creado islas de prosperidad y privilegio, y a quienes viven en estas islas les interesa preservarlas y justificar su propio acceso a ellas. La ilegalidad es el otro lado de la inequidad. Sirve para preservar los espacios de privilegio para aquellos que se consideran ciudadanos y para justificar tales privilegios al crear un aparato legal que los sostiene. El creciente pánico alrededor de la "ilegalidad" coincide con una creciente inequidad global y con la dependencia de los privilegiados del trabajo de los excluidos.

La idea de que los países son entidades discretas es una idea históricamente débil. Como todo mexicano sabe, la frontera actual entre México y Estados Unidos es un producto arbitrario de la invasión estadounidense a México de 1846 a 1848, y de la subsecuente exigencia de la cesión de una gran parte del territorio mexicano a Estados Unidos. Como los descendientes de la población mexicana que vive en lo que ahora es el suroeste de Estados Unidos gustan decir: "Nosotros no cruzamos la frontera, la frontera nos cruzó a nosotros".

Incluso después de la creación de esta nueva frontera, en el caso de Estados Unidos, México y Centroamérica, las historias, las economías, la política y los ejércitos de estos países están tan entrelazados que cada uno sería totalmente distinto sin la relación con los demás. Sin la mano de obra mexicana y centroamericana, y sin los bienes de consumo y las ganancias que se obtienen a partir de ese trabajo, la prosperidad estadounidense sería totalmente distinta. Y sin la intervención política, militar y económica de Estados Unidos, México y Centroamérica serían lugares muy distintos también. Una persona puede ser ciudadano de, y vivir dentro de las fronteras de, un solo país. Pero los sistemas sociales y económicos que estructuran nuestras vidas van mucho más allá de las fronteras de cada país.

También es importante considerar por un momento lo que significa criminalizar el movimiento o la presencia. Aunque estamos acostumbrados a un orden global en el que las naciones-estado definen su soberanía en parte a partir de su capacidad de controlar el movimiento por medio de sus territorios, debemos ser capaces de criticar esta ecuación y de imaginar diferentes definiciones de soberanía. ¿Es necesario aceptar un orden legal que obliga a las personas a permanecer dentro de la unidad política en la que nacieron y que vuelve ilegal su presencia fuera de ésta? Con un poco de distancia crítica, esa idea parece cada vez más absurda.

Esquema del libro

El primer capítulo de este libro, "¿De dónde surge la ilegalidad?", busca develar las creencias y los supuestos que nos han llevado a aceptar la discriminación basada en la invención humana llamada "ciudadanía". Ubica la ilegalidad en la larga trayectoria histórica de los diferentes modos en los que la gente –y, a partir de 1492, especialmente los europeos– han creado un mundo desigual de privilegios y marginalización.

El segundo capítulo, "Elegir ser indocumentado", se enfoca en el contexto histórico de los indocumentados y en los diferentes caminos para llegar al estatus de indocumentado. Observa a ras de piso a las comunidades en México y Guatemala de donde salen las personas y a las fuerzas sociales e históricas que llevan a estas personas a migrar y a caer en la vida sin documentos.

El capítulo 3, "Convertirse en indocumentado", reviso las diferentes maneras en las que las personas entran a Estados Unidos sin autorización, o el modo en el que pierden la autorización después de entrar legalmente. Algunos entran al país con permisos legales pero pierden el estatus, mientras que otros pagan miles de dólares a los coyotes para realizar un viaje peligroso y a veces fatal a través del desierto. Este capítulo discute también cómo la Operación Guardián

(*Operation Gatekeeper*) y otras políticas implementadas en la frontera han afectado la vida y las decisiones de las personas.

El capítulo 4, "¿Qué parte de 'ilegal' sí entiendes?", explora qué es exactamente lo que se considera ilegal en las personas sin documentos. Analiza qué tipo de acciones legales se han llevado a cabo en contra de las personas sin documentos y cómo esto ha cambiado con el tiempo, así como a quiénes se deporta y porqué. También examina el panorama legal cambiante y contradictorio que estructura la vida de los migrantes.

Los capítulos 5 y 6 son una mirada al mundo del trabajo. ¿Qué tipo de trabajo realizan los indocumentados en Estados Unidos? ¿De qué manera su trabajo mantiene a la economía de Estados Unidos y la del mundo? ¿Quién se beneficia y a quién perjudica la existencia de este estatus? Estos capítulos investigan los trabajos y las condiciones de trabajo de las personas sin documentos y cómo su estatus afecta sus derechos laborales y el funcionamiento de la economía estadounidense, en general.

El capítulo 7 se enfoca en los menores y en las familias. Conforme la población de indocumentados fue creciendo, su perfil cambió. En los primeros años, los indocumentados, en general, eran hombres solteros en edad de trabajar. Hacia finales del siglo XX, una gran cantidad de niños no tenían documentos o tenían padres indocumentados. ¿Cómo afecta la vida de los menores y de las familias este estatus? ¿Qué tipo de organizaciones han formado estos jóvenes y cuáles son sus perspectivas hacia el futuro?

El último capítulo se enfoca en soluciones. Si no queremos vivir en una sociedad dividida por el estatus, con grandes cantidades de personas "ilegales", ¿qué debemos hacer para cambiar esta situación? Detallo algunas de las pretendidas soluciones que se han puesto en práctica, desde la deportación y patrullaje fronterizo hasta la legalización. Discuto que las propuestas de reforma migratoria actual no atacan el problema de vivir sin documentos de una manera realista, y que sólo al desafiar las contradicciones inherentes a esta categoría –es decir, al declarar que ningún ser humano debería ser ilegal– es que la ley podría satisfacer adecuadamente los derechos y las necesidades de los seres humanos.

Cuando la gente me pregunta qué debemos hacer con la reforma migratoria, les digo que creo que el movimiento a favor de los derechos de los migrantes estaba en lo cierto en la década de los ochenta, cuando insistía en que "ningún ser humano es ilegal". Si la discriminación por nación de origen es algo ilegal, entonces debemos reconocer que nuestras leyes migratorias son ilegales. Los derechos humanos –incluido el derecho a ser reconocido como una persona igual a las demás– se aplica a todos: sin excepción. Admitamos entonces que nuestras leyes discriminatorias son injustificables. Hay que abolir la categoría "ilegal" y reconocerle a todos el derecho a existir. Resolveríamos el problema de la inmigración ilegal de un plumazo.

Pero también entiendo que se necesitan muchos cambios políticos y culturales antes de que un cambio así en las políticas migratorias pueda siquiera ser una posibilidad. Por ello, al tiempo que insistimos en revelar y desafiar las raíces de la injusticia y la inequidad, también debemos, pragmática y simultáneamente, trabajar para aliviar sus excesos, incluso si nuestras metas mayores parecen distantes. Es importante, sin embargo, tener a la vista esas metas de largo plazo y no adoptar campañas de corto plazo que operen en contra de lo que verdaderamente creemos y buscamos cambiar.

Si aceptamos el argumento de que la ilegalidad se creó deliberadamente a través de la legislación y que la ley fue escrita para mantener a los trabajadores mexicanos como mano de obra disponible, barata y deportable, entonces no debe ser difícil de imaginar que es posible cambiar drásticamente la ley. Asimismo, si entendemos que, con respecto a México, la legislación migratoria restrictiva no ha tenido ningún efecto en los patrones migratorios, entonces debemos ser capaces de cuestionar el valor de tales legislaciones para, siquiera cumplir con los propósitos que pretendía. Espero que este libro contribuya a abrir un nuevo debate que vaya más allá de la llamada reforma migratoria amplia y que desafía el concepto mismo de ilegalidad y de ser indocumentado en nuestra sociedad.

1

¿De dónde surge la ilegalidad?

Casi todos nosotros creemos saber qué quiere decir ilegal y por qué algunas personas pertenecen a esa categoría. Nos parece justo y natural que las personas sean divididas, según su ciudadanía y sus documentos, en diferentes categorías con derechos diferentes.

Asumimos que el mundo está dividido naturalmente en países y que cada ser humano de alguna manera pertenece a un país o a otro. Las personas deben permanecer en el país en el que nacieron, a menos que reciban un permiso especial para entrar en otro. Cada país expresa su soberanía decidiendo quiénes pueden entrar a su territorio y quiénes tienen derecho a la ciudadanía. Así que rara vez cuestionamos la idea de que los países sean los que decidan quiénes pueden atravesar sus fronteras y que ante la ley traten a las personas de maneras distintas, dependiendo del estatus que esos mismos países les asignan.

Sin embargo, no hay nada natural en este estado de las cosas. Los países, la soberanía, la ciudadanía y las leyes son construcciones sociales: abstracciones inventadas por los seres humanos. Lo que es más, todas son invenciones relativamente recientes. Hoy las utilizamos para justificar las diferencias en los estatus legales. En este capítulo cuestionaré el concepto contemporáneo de ilegalidad al enfocarme en cómo es que llegamos a aceptar esta particular diferencia de estatus como legítima, incluso cuando hemos rechazado otros razonamientos históricos para leyes en las que estaba grabada la inequidad.

Asumimos que estas construcciones sociales tienen algún tipo de existencia o realidad independiente, pero la verdad es que no la tienen: las personas las inventaron para servir a sus propios intereses. Hay razones históricas por las cuales las personas las crearon, y es importante entenderlas para pensar críticamente acerca de ellas.

El sistema actual que organiza al mundo en naciones soberanas hechas de ciudadanos (y, en la mayoría de los casos, de no ciudadanos) tiene sus raíces en ideas y categorías antiguas que han evolucionado a lo largo de cientos de años. Las leyes que hacen que ciertas migraciones –y, por ello, ciertas personas– sean "ilegales" son creaciones recientes, aunque surgen a partir de ideas más viejas. Una vez que examinamos con cuidado la historia de tales conceptos, éstos se ven cada vez menos sostenibles. En lugar de la pregunta que tantas veces hemos escuchado: "¿Qué parte de ilegal no entiendes?", quizá necesitamos preguntar: "¿Qué parte de ilegal sí entiendes?".

Hay varios conceptos que nos pueden ayudar a rastrear las raíces de la ilegalidad. Primero, echemos un vistazo a las ideologías europeas dominantes que impulsaron la expansión del continente después de 1492. Las ideas sobre *movilidad* y sobre quién tenía el derecho de moverse hacia dónde, jugaron un papel muy importante en las ideologías de la superioridad europea que justificaron las conquistas y la colonización.

Las ideas acerca de la ley están unidas a las ideas acerca de la movilidad. En 1894, el novelista francés Anatole France apuntó con ironía que "la ley, en su magnífica ecuanimidad prohíbe tanto al rico como al pobre dormir bajo los puentes, mendigar en las calles y robar el pan".[22] Aun cuando una ley parece tratar a todos por igual, ésta no se puede separar de su contexto social. Si el contexto social es desigual o injusto, entonces la ley que se presume equitativa quizá sirva para encubrir, o para reforzar, las inequidades existentes. Esta perspectiva se ha desarrollado recientemente en la rama de los estudios críticos jurídicos, y argumenta que a pesar de sus pretensiones, la ley nunca es neutral, sino que refleja las relaciones de poder en la sociedad. Al hablar de movilidad, veremos cómo fue que los europeos utilizaron las leyes para reafirmar su superioridad y su derecho a viajar, y cómo le negaron a otros el derecho a la libertad de movimiento, todo esto mientras sostenían que la ley es sagrada.

También veremos cómo, a lo largo del último milenio, los europeos han utilizado la religión, la raza y la nacionalidad –el último a través de la invención de los países y la ciudadanía– como principios organizadores para dividir a las personas en categorías o castas. Cada uno ha sido utilizado jerárquicamente para justificar inequidades sociales o un trato legal distinto para los diferentes grupos. Una vez que el estatus está inscrito en la ley, éste se convierte automáticamente en una justificación para la inequidad: "¡Es la ley!".

El estatus se ha utilizado a lo largo de la historia para justificar que se obligue a las personas definidas como inferiores o como forasteros a trabajar para aquellos definidos como superiores o pertenecientes. Las personas de estatus más bajo están obligadas a realizar los trabajos más sucios, difíciles y peligrosos.

En el mundo actual, la conexión entre estatus y trabajo es distinta. Hasta hace poco, uno de los principales propósitos del estatus era crear una fuerza de trabajo subyugada mediante la esclavitud y otros sistemas de trabajo forzado. En el siglo XXI, todavía se utilizaba a las leyes para obligar a ciertas personas a trabajar en empleos indeseables y de sueldos bajos. Pero la manera de utilizar el estatus para forzar a la mano de obra a trabajar ha cambiado. La fuerza ahora se aplica de una manera más sutil, y el trabajo ahora se considera un privilegio. Dado que cada vez es más difícil que las personas produzcan su propio sustento, debido a los cambios en la economía estadounidense e internacional, se ha vuelto menos necesaria la fuerza explícita para hacer que las personas trabajen. Ahora, las personas trabajan por necesidad.

Junto con estos cambios estructurales hubo cambios ideológicos. En la ideología actual, el trabajo es un privilegio reservado para aquellos de estatus superior, y no un pesar impuesto sobre aquellos de estatus inferior. Claro, aquellos de estatus inferior siguen trabajando, y realizan los peores empleos. Pero, ahora, al sistema lo mantienen leyes que supuestamente están ahí para prevenir que las personas de estatus inferior trabajen. Pero estas leyes sólo se ejercen en los sectores más deseables del mercado de trabajo; así, una vez más se relega a las personas etiquetadas como inferiores a los peores trabajos. No obstante, es de llamar la atención que a finales del siglo XX, por primera vez, las leyes estaban diseñadas para reservar empleos para los privilegiados, en lugar de intentar forzar a los menos privilegiados a trabajar.

Estos temas están interrelacionados en muchos sentidos. Iremos analizándolos uno por uno, mientras la discusión también elaborará un argumento acerca de la naturaleza arbitraria e históricamente específica de la ilegalidad, y el papel que tiene en el mundo moderno.

Dominación y movilidad

Algunas de las bases implícitas para la idea de la ilegalidad hoy nos llegan por cortesía de Cristóbal Colón y de la expansión europea que lo siguió. Puede sorprender a los lectores enterarse de que muchas de las estructuras que dan forma a la manera en la que la gente se mueve alrededor del planeta –o la manera en la que se les impide hacerlo– datan de aquellos tiempos de expansión colonial.

La "era de la exploración" envió a los europeos por todo el orbe con el propósito de colonizar y gobernar sobre tierras y personas distantes. Desarrollaron una ideología que justificaba esta exploración: una ideología que otorgaba una completa humanidad, libre albedrío, inteligencia y fuerza a los cristianos blancos. A aquellos que no cabían en esa categoría, los europeos (quien entonces no se concebían a sí mismos como europeos, ni siquiera como blancos, sino principalmente como cristianos) les atribuían irracionalidad, brutalidad, estupidez y barbarismo.[23]

Junto a estas ideologías había ideas acerca del movimiento: quiénes pertenecían dónde. Los europeos, aparentemente, pertenecían en cualquier lugar. Los cristianos precisaban diseminar su religión entre los infieles; los gobiernos europeos necesitaban expandir sus reinos e imponer los beneficios de sus gobiernos a otros, y los colonizadores necesitaban cumplir con su espíritu pionero y con el destino manifiesto al aplicar su voluntad y su capital en nuevas tierras y nuevas personas. Y crearon países, gobiernos y leyes para autorizarse a realizar estas cosas.

Según la mentalidad detrás de la exploración europea, los no europeos no eran capaces ni tenían el derecho de tomar sus propias decisiones acerca de su residencia o su movimiento. Era prerrogativa de los europeos moverlos por la fuerza a donde pudieran satisfacer las necesidades europeas. Los nativos norteamericanos y los africanos estuvieron sujetos a ser transportados –los nativos norteamericanos a las minas y las haciendas (en la América española), o simplemente removidos de las tierras que querían los europeos (en la América británica), y los africanos a esas mismas tierras, a trabajar para los europeos.

En el Nuevo Imperialismo del siglo XIX, los europeos (quienes ahora sí se identificaban explícitamente con ese término) demostraron una vez más su voluntad para moverse, para gobernar y para desterrar. En la lucha por África, Gran Bretaña, Francia y Alemania quisieron reclamar el continente para sí. Los recién creados Estados Unidos siguieron su Destino Manifiesto y desplazaron a los nativos hacia el Oeste y los encerraron en reservas, y se apropiaron de colonias del imperio español en decadencia como Puerto Rico, Cuba y Filipinas. Después de abolir la esclavitud, Estados Unidos estableció sistemas legales de segregación para impedir que los afroamericanos ocuparan los lugares reservados para los blancos. Mientras tanto, los nuevos poderes imperiales transportaban africanos, indios y chinos hacia el Caribe y al continente americano para que fueran la mano de obra en las plantaciones, la construcción de las vías de tren y en otras empresas más.

A tono con el espíritu intelectual de la época, el rey Leopoldo de Bélgica ofrecía una justificación pseudocientífica para este control europeo de las migraciones; explicaba que "las razas que habitan [los continentes del sur] están cautivas, presas de la naturaleza todopoderosa; ellos nunca romperán las barreras que los separan de nosotros.

Está en nosotros, los de las razas favorecidas, ir hacia ellos".[24] Ir hacia ellos y luego confinarlos. Como proponía uno de los colonos en Arizona, Estados Unidos debería "poner a los indios en reservas [...] establecer bases militares en sus límites y disparar a cualquier indio descubierto fuera de sus reservas".[25]

Desde el *apartheid* en Sudáfrica a la segregación en el sur de Estados Unidos, a lo largo del siglo XX los europeos blancos han dejado en claro que el derecho a elegir quién se puede mover hacia dónde es inherente al dominio. En 1917, Estados Unidos creó la Zona de Exclusión Asiática (Asiatic Barred Zone), que prohibía la inmigración de "asiáticos", a quienes se definía como "extranjeros inelegibles para la ciudadanía" debido a su raza. Mientras tanto, las fuerzas estadounidenses exigían la apertura de China y de Japón al intercambio comercial, la migración y los negocios estadounidenses, y claro, exigían el derecho a la extraterritorialidad para sus ciudadanos allá. Como declaró Woodrow Wilson en 1907 (antes de convertirse en presidente): "Las puertas de las naciones que estén cerradas [...] deben ser derrumbadas. Las concesiones obtenidas por la gente de negocios deben ser salvaguardadas por los ministerios del estado, incluso si la soberanía de las naciones es violada en el proceso. Las colonias deben obtenerse o plantarse para que ni un solo rincón del mundo pase desapercibido o se quede sin utilizar".[26] Aunque China no era una colonia, con el Tratado de Wanghia en 1844, Estados Unidos insistía en tener acceso a los puertos chinos y, además, en que los ciudadanos estadounidenses en China estuvieran sujetos a la ley de Estados Unidos y no a la ley china. En palabras de Teemu Ruskola, no sólo tenían garantizado el derecho a entrar a China, sino que "cuando los estadounidenses entraban a China, la ley estadounidense viajaba con ellos, en efecto, adherida a sus cuerpos".[27]

En la actualidad, estadounidenses y europeos asumen que la libertad para viajar es su derecho de nacimiento. "En la mayor parte del mundo actual los ciudadanos de muchos países pueden viajar libremente", asegura confiado Jared Diamond. "Para cruzar la frontera hacia otro país, o llegamos sin avisar y simplemente mostramos nuestro pasaporte, o tenemos que obtener una visa por adelantado pero aún así podemos viajar sin restricciones".[28] Lo que en realidad quiere decir es que los ciudadanos de los antiguos poderes coloniales (y también, por lo general, las élites poscoloniales) pueden viajar con libertad. Estos mismos países rutinariamente niegan la entrada a las personas, en especial a los pobres, provenientes de sus antiguas colonias. La libertad para viajar, entonces, sigue siendo un privilegio reservado para aquellos que están en control.

Los estadounidenses y europeos rara vez cuestionan su derecho a enviar tropas y establecer gobiernos en sus antiguas colonias. Creen, implícitamente, que Irak y Afganistán (así como Puerto Rico, Cuba, Nicaragua, Haití, República Dominicana, Vietnam y demás) simplemente no pueden gobernarse a sí mismas sin que haya una presencia europea o estadounidense. A las personas de todas esas antiguas colonias, sin embargo, también se les tiene que restringir severamente la movilidad. Países como Estados Unidos se establecieron por medio del destierro de las personas que no son blancas o no europeas o no cristianas, y después proclamaron su camino sobre esos no blancos, no europeos y no cristianos en el Sur Global. Ahora, dicen, necesitan construir fronteras militarizadas para prevenir que los descendientes de aquellos no blancos se infiltren al país, al tiempo que siguen enviando a sus propios ciudadanos a aquellos países como ejércitos de ocupación, trabajadores humanitarios, inversionistas, turistas o estudiantes.

De la religión a la raza

Colón y quienes viajaron con él, y quienes viajaron después, heredaron una tradición medieval española que utilizaba la religión como el principio para organizar y categorizar a las personas. La España musulmana, de 711 a 1492, como muchos otros imperios medievales y anteriores (y algunos posteriores), estaba fundada en la idea de la convivencia, o la tolerancia religiosa, entre las comunidades musulmanas, cristianas y judías. No así la España cristiana. La reconquista de la península ibérica emprendida por los cristianos abrevaba del espíritu de las Cruzadas: desterrar y destruir a los infieles.

Las ideas de la España cristiana acerca de la religión eran mucho más esencialistas de las que tiene la gente ahora sobre la religión. Se pensaba que la religión estaba definida por la sangre. Los españoles crearon teorías muy elaboradas sobre el linaje, basadas en lo que llamaron la pureza de sangre cristiana. La sangre de los judíos y los musulmanes se consideraba impura. Incluso si se convertían al cristianismo, seguirían teniendo la marca de sus ancestros no cristianos. Los llamados nuevos cristianos eran vistos con sospecha y frecuentemente sujetos a la represión o a la expulsión.

Las ideas sobre la movilidad –quién pertenecía dónde– se basaban en la religión. La conquista española de las Américas comenzó el mismo año –1492– en el que expulsaron a los últimos musulmanes y judíos de la península ibérica, y los españoles viajaron con sus ideologías. Los cristianos españoles ya transportaban y esclavizaban africanos con la justificación de que no eran cristianos. Debatían la humanidad de los pueblos nativos de América, y al final decidieron que, en teoría, eran capaces de ser convertidos al cristianismo y, por ello, no debían ser esclavizados.

Sin embargo, fueran capaces de conversión o no, los habitantes indígenas claramente no tenían sangre pura. En América, los esfuerzos de los cristianos españoles por afianzar, definir y justificar su pretendida pureza de sangre comenzaron a asumir un tono más racial. El término pureza fue utilizado para denotar la ausencia de ancestros indígenas o africanos.

Para el siglo XVIII, en la elaborada jerarquía legal de la América española proliferaban las castas basadas en nociones sobre la raza. Los españoles nacidos en España eran los más puros, porque no había posibilidad de que sus ancestros hubieran comprometido su sangre con alguna mezcla con indígenas o africanos. Las personas de (supuesto) linaje cien por ciento español nacidas en el Nuevo Mundo ocupaban el peldaño siguiente, y a partir de ahí, los niveles descendían hasta los esclavos africanos y los indígenas, con múltiples mezclas en medio.

Las ideas emergentes acerca de la raza también formaban parte de un elaborado sistema de estatus legales y acceso –o carencia de acceso– a derechos en la sociedad. A las personas definidas como pertenecientes a las razas más bajas se les prohibía el ingreso a espacios reservados para los privilegiados y eran sujetos de impuestos especiales y trabajos forzados. Asimismo, la pureza de sangre podía comprarse. Por una cuota, los ancestros sospechosos o inferiores podían borrarse, y así se fortalecía la relación entre la raza y el estatus social.[29]

Los colonizadores británicos en Norteamérica heredaron algunas de las mismas costumbres culturales europeas que tenían los españoles, pero su esfuerzo colonial estaba influido por un etnonacionalismo protestante del norte de Europa, ejemplificado por la "leyenda negra". Promovida por pensadores y artistas británicos y holandeses como Theodore de Bry, la leyenda negra representaba las crueldades de la conquista española y las atribuía al catolicismo español y al carácter racial de los españoles. El colonialismo británico y holandés, en cambio, se concebía como un proyecto más benigno.[30]

Los británicos se definieron por su religión y la utilizaron para justificar su derecho a conquistar, dominar y excluir. El especialista jurídico Aziz Rana propone que, para los británicos, los "salvajes" originales eran los católicos irlandeses. La conquista de Irlanda sirvió como un "estudio de caso" o como "práctica" para la subsecuente conquista británica en América. En Irlanda, los británicos perfeccionaron sus razones para la expropiación de tierras. Si los nativos no cultivaban la tierra de acuerdo con los estándares británicos o si se negaban a aceptar las directrices religiosas británicas, perdían los derechos sobre la tierra.[31]

En las colonias en América, las ideas británicas sobre la raza crecieron y finalmente rebasaron a las ideas religiosas. En la Guerra del rey Felipe (1675), los colonos asesinaron a los nativos, estuvieran cristianizados o no.[32] Para el siglo XVIII, los trabajadores blancos bajo contrato dejaban las plantaciones y los sustituían esclavos africanos. Conforme los blancos fueron aprovechándose de las recompensas económicas que daba la libertad, también empezaron a imponer algunas leyes que protegían sus privilegios y su acceso a la mano de obra esclava –fueron las primeras leyes raciales dirigidas en contra de los negros libres sólo por cuestiones de raza. Por ello, hacia el siglo XVIII, los negros libres se convirtieron en una "casta segregada y separada" de la sociedad norteamericana.[33]

Así como la religión se convirtió en un palimpsesto de la raza durante los primeros siglos del colonialismo europeo, el complejo raza/religión se convirtió a su vez en un palimpsesto de lo que se llamó "nación". Las nuevas ideas evolucionaban y eran modificadas por las ideas que venían detrás. Cuando Estados Unidos se declaró una nación independiente, la raza fue un factor clave para determinar quiénes formaban parte de esa entidad gubernamental. Las naciones-estado europeas emergentes también basaban su legitimidad en lo que Benedict Anderson llamó "comunidades imaginarias" de personas vinculadas primero que nada, étnicamente –en esencia, por la raza o por la sangre.[34]

De la raza a la nación

Las ideas raciales mantuvieron su influencia hasta bien entrado el siglo XX, incluso cuando las políticas y las ideologías sustituyeron la raza por la nación como la razón principal en la que se basaba el dominio y la discriminación legalizada y las restricciones de movilidad. Muchos analistas coinciden ahora con que la abolición de la esclavitud racial produjo un incremento en las políticas y las actitudes racialmente excluyentes y represivas a lo largo de las Américas. No fue sino hasta finales del siglo XX, con el rechazo europeo al nazismo y el desmantelamiento del régimen racial en Estados Unidos, que el pensamiento abiertamente racista perdió su legitimidad. Precisamente en este período reciente, el uso de la nacionalidad como una excusa para la discriminación y la persecución ha adquirido una nueva notoriedad. No es un concepto ni una justificación nueva, pero, quizá, después de varias generaciones de estar germinando, floreció ideológicamente.

Lo que hoy concebimos como países –también conocidos como naciones-estado– apareció por primera vez en Europa hace varios siglos. La idea de la nación-estado era que el país era la manifestación de una unidad histórica o una esencia de las personas que ahí vivían: la nación. Los viejos imperios multiculturales como el ruso, el austrohúngaro y el otomano cedieron su lugar durante el siglo XX a una proliferación de países o estados, y cada uno de estos pretendía representar a un pueblo o a una nación.

En Estados Unidos, los derechos y el acceso que antes se asignaban con base en la raza o la religión fueron transfiriéndose gradualmente a la ciudadanía como estatus. Las restricciones raciales para la migración y la ciudadanía fueron reemplazadas por las restricciones nacionales. El historiador John Torpey escribió que el hecho de establecer un monopolio sobre los "medios legítimos de movimiento" era precisamente la manera en la que las naciones-estado emergentes fundaron sus reivindicaciones de soberanía.[35]

Para examinar los diferentes componentes involucrados en esta segunda transformación –de la raza a la nación– enfoquémonos por un momento en la evolución de los controles sobre la movilidad en Estados Unidos. En el siglo XIX, los individuos y las localidades subnacionales tenían el derecho de controlar la libertad de movimiento, especialmente la de los esclavos negros e incluso de los negros libres. La pertenencia a la nación estaba abiertamente basada en la raza: hasta 1868, la ciudadanía quedaba restringida a las personas de raza blanca. La decisión Dred Scott de 1857 reiteró la primacía de la raza como una justificación para la negación de derechos, pero también la de los derechos individuales de controlar la movilidad. Hasta los años sesenta y la implementación de la legislación de derechos civiles prevalecían los controles raciales de acceso físico, y el control sobre movilidad quedó en manos de entidades sub-nacionales: individuos, municipios o instituciones. La segregación de las escuelas y de los autobuses quizá sean los ejemplos más conocidos, pero los "pueblos del atardecer", en los que a las personas de raza negra se les permitía trabajar pero no permanecer después del atardecer, siguieron existiendo hasta 1968.[36]

Las manifestaciones explícitamente nacionales del control del movimiento aparecieron hacia finales del siglo XIX, influidas por ideas racistas. Las primeras leyes de migración restrictivas en Estados Unidos equiparaban a la raza y a la nación. En 1882 la exclusión china estaba basada en la raza: dado que eran "racialmente inelegibles para acceder a la ciudadanía", también era necesario impedir que los chinos entraran al país. El sistema de cuotas que restringía la migración del sur y el este de Europa –y que virtualmente proscribía toda migración no europea– que inició en 1921, también se basaba en una noción racial de la nacionalidad: ser italiano era una raza tanto como era un estatus de ciudadanía oficial.

Incluso cuando la ciudadanía nacional adquirió más importancia al inicio del siglo XX, la raza seguía teniendo un papel importante para determinar el estatus y el acceso a los derechos. Hiroshi Motomura utiliza el término "ciudadanía por intención" para explicar los privilegios otorgados a los migrantes blancos durante el siglo XIX. Aunque no eran ciudadanos formalmente, por virtud de su raza recibían los privilegios del acceso a los beneficios de la sociedad, incluido el derecho a votar y prácticamente la naturalización automática. Aziz Rana profundiza en el tema al distinguir la ciudadanía formal de la "ciudadanía libre" –esta última disponible sólo para las personas de raza blanca. A partir de 1848, los mexicanos y las personas de raza negra recibían la ciudadanía formal, pero incluso así no tenían derecho a votar, a poseer tierras o a moverse libremente.[37] Los nuevos migrantes llegados de Europa –los ciudadanos "por intención" de Motomura– recibían todos esos derechos, incluso cuando no eran ciudadanos formalmente. Así la raza, con frecuencia, superaba a la nacionalidad para determinar quién tenía acceso a los derechos.

Con el paso del siglo XX, cada vez más la ciudadanía acompañaba a la raza como la principal manera legal de identificación y el principal determinante del estatus. Por ejemplo, las leyes electorales se cambiaron para impedir que las personas que no fueran ciudadanos votaran. En lugar de ser considerados automáticamente parte del país por ser de raza blanca, los migrantes europeos se consideraban extranjeros a causa de su estatus como inmigrantes.[38] Por primera vez, algunos europeos blancos (los inmigrantes) fueron tratados legalmente con "otros" y subordinados, de la misma manera en la que habían sido tratadas las personas conquistadas y racialmente distintas –africanos e indígenas– desde los primeros días de la colonización británica. A los no ciudadanos se les decía que, como a los africanos e indígenas antes, ya no tendrían el control sobre su propia movilidad. Las autoridades estatales ahora tenían el derecho de excluirlos o deportarlos.[39]

La legislación migratoria de 1924 ilustra algunas de las maneras en las que la nacionalidad ocupaba el lugar de la raza. Los asiáticos fueron excluidos por ser "extranjeros inelegibles para ser ciudadanos" con base en las mismas ideas legales que antes habían excluido a los afroamericanos. Para los europeos se creó la nueva categoría legal del origen nacional.[40] Se les definía como pertenecientes implícitos a la raza blanca, pero también tenían una nacionalidad o etnicidad. Las nacionalidades mexicana y china, en cambio, se definieron jurídicamente como no blancas. Entonces, mientras que la raza y la nacionalidad eran dos cosas diferentes para los europeos americanos (es decir, una persona podía ser blanca e italiana), para los asiáticos y los mexicanos existían como una; "mexicano" y "chino" significaba a la vez una nacionalidad y una raza.[41]

Estos cambios legales complicaron las categorías raciales al superponerlas a la nacionalidad. Si ser chino o mexicano se convertía en algo racial, el significado de la raza cambiaba en lo fundamental, se iba reemplazando por la nacionalidad. Si el Congreso y las cortes tuvieron que recurrir cada vez más a la nacionalidad como pretexto para negar los derechos, es porque las justificaciones raciales se habían ido desgastando, por lo menos en la esfera legal.

Durante la mayoría del siglo XX, la subordinación a través de la raza y a través de la migración o el estatus de ciudadanía coexistían.

Para el final del siglo XX, sin embargo, el tratamiento legal diferenciado basado en la raza había caído de la gracia internacional. La abolición formal de la discriminación racial quizá no creó una equidad real entre las razas, pero sí desmanteló y deslegitimó las estructuras legales de la discriminación, incluidas las restricciones raciales acerca de la libertad de movimiento. Se prohibieron las antiguas instalaciones que justificaban estar "separados pero iguales", así como los "pueblos del atardecer". Las leyes federales antidiscriminación prohibieron prácticas enraizadas que impedían el acceso a empleos, espacios y beneficios sociales por raza.

Pero así como la primera ronda de legislación antirracista después de la Guerra Civil llevó a un incremento en la legislación antiinmigrante –dirigida a las personas definidas racialmente como indeseables–, lo mismo sucedió con la segunda ronda después de la Segunda Guerra Mundial. Si se otorgara ciudadanía a todos por virtud del nacimiento, como lo dice la Enmienda Catorce, entonces la raza no podría ser utilizada explícitamente para negar la ciudadanía. Por ello, la nacionalidad ocupó su lugar, y los ciudadanos de países como China perdieron su derecho a inmigrar. Si la ciudadanía formal iba a ser real –si ya no se excluiría por la raza a los ciudadanos de los trabajos, de la tenencia de la tierra, de las votaciones y de otros derechos– una vez más se podía activar la nacionalidad como el método de exclusión. En 1965, por primera vez se aplicaron restricciones numéricas a la inmigración del Hemisferio Occidental. A los mexicanos ya no se les podía discriminar por pertenecer a la raza mexicana; ahora se les discriminaba por su nacionalidad, por su ciudadanía mexicana, su carencia de ciudadanía estadounidense, o su ilegalidad.

El estatus de ilegalidad y su exclusión legal concomitante afectó a más individuos al empezar la década del 2000 que las que afectó el sistema de segregación en el sur de Estados Unidos en su apogeo.[42] Así como las leyes y la segregación habían impuesto una discriminación basada en la raza, la nueva legislación de finales del siglo XX incrementó la discriminación contra los no ciudadanos y, en especial, en contra de aquellos que desafiaban su exclusión del país por medio de acciones directas no violentas –es decir, entrar de manera "ilegal" o permanecer en el país después de expirada la visa. Un estudio de inmigrantes hispanos en la zona rural de Carolina del Norte descubrió que percibían que la falta de estatus de ciudadanía, y no su ubicación ambigua en la jerarquía racial, era el factor principal que causa la discriminación que padecen.[43]

En fecha reciente, la politóloga Jacqueline Stevens ha sugerido que la discriminación basada en la ciudadanía es incompatible con la idea de una sociedad liberal e igualitaria, tanto como las antiguas leyes e instituciones que discriminaban con base en la religión o la raza. "La historia de Estados Unidos, así como la de todos los países, es una lucha entre las voces de la racionalidad y la igualdad, por un lado, y aquellas que claman por la imposición de distinciones rígidas basadas en el linaje y la religión", escribió.[44] La idea de la ciudadanía por nacimiento –que las personas pertenecen y deben tener derechos sólo en el lugar en el que nacieron– es el epítome de la "distinción rígida basada en el linaje". Un sistema migratorio que intenta obligar a las personas a residir dentro del territorio nacional en el que nacieron es, de hecho, un sistema de "*apartheid* global", insiste.[45]

Como en el *apartheid*, restringir la libertad de movimiento es una manera de ejercer la dominación y mantener la inequidad. Esto es verdad tanto si la restricción está basada en algo, como la religión o la raza, o en el hecho arbitrario del lugar de nacimiento. A nivel global, las fronteras vigiladas impiden que los pobres del mundo escapen de la pobreza en la que nacieron y accedan a los empleos, la educación, la salud y el bienestar que están reservados para aquellos afortunados que nacieron en países ricos. El *apartheid* global se ejerce con muros, grandes postes de alumbrado y armas. Y el *apartheid* global jamás menciona la raza, sólo la nacionalidad.

Los usos de la ilegalidad

A lo largo de la mayor parte de la historia humana, tanto los estados como las empresas económicas han luchado por incorporar a las personas a sus proyectos.[46] Una de las características de la era contemporánea que difiere marcadamente es el hecho de que el acceso a los estados y el derecho al trabajo se vean ahora como un privilegio. En un sentido, este cambio refleja transformaciones reales en la manera en la que operan los estados y las economías, pero en otro, las diferencias son más aparentes que reales.

Las personas siempre han tenido que trabajar para mantenerse. Hasta bien entrado el siglo XX –y en algunas regiones, hasta el siglo XXI– esto ha significado, principalmente, que necesitaban tener acceso a tierras. La mayoría trabajaba por su cuenta. Trabajar para otros era por lo general el resultado de la aplicación de la fuerza: cuando un grupo conquistaba a otro, cuando controlaba la tierra o cuando capturaba a prisioneros de guerra a los conquistados se les obligaba a trabajar para sus conquistadores, con frecuencia como esclavos. "El uso de comunidades socialmente marginadas para realizar trabajos no especializados ayudó a mantener el alto estándar de vida en la mayor cantidad de propiedades de los colonizadores", escribió Rana acerca de las primeras décadas de Estados Unidos.[47] Aunque crear privilegios para los colonizadores era algo característico de las sociedades coloniales, la creación y el uso de los socialmente marginados como fuerza laboral era algo francamente universal a la civilización.

Los empleadores potenciales tenían que depender del poder del Estado para obligar a las personas a que trabajaran para ellos. Gradualmente, sin embargo, la fuerza directa ya no fue necesaria. En el siglo XIX, la industrialización y el colonialismo separaron a más y más personas de sus tierras y no tuvieron más opción que aceptar los trabajos asalariados. Conforme disminuyó el acceso a las tierras, las personas comenzaron a mudarse voluntariamente a las ciudades y a buscar trabajar para otros. Algunos sectores de la fuerza de trabajo consiguieron tener acceso a los privilegios y beneficios de la sociedad de consumo. Otros sectores permanecieron marginados, y crearon lo que los sociólogos llaman un mercado de trabajo dual o segmentado. Incluso en los sectores marginados, sin embargo, la falta de alternativas y no la fuerza era la motivación principal de los trabajadores. En efecto, el trabajo se convirtió en privilegio.

En su estudio sobre encarcelación masiva, Michelle Alexander apunta que la labor coaccionada ha dado paso al desempleo masivo en las comunidades de afroamericanos. Primero la esclavitud y luego la segregación fueron diseñadas para hacer que los negros trabajaran para una economía dominada por los blancos. El desmantelamiento del sistema de segregación, considera Alexander, coincidió con el colapso del sector manufacturero y con la pérdida de trabajos que mantenían a las comunidades afroamericanas. Cita al sociólogo Loïc Wacquant, el cual:

> enfatiza que lo que hace que el aparato penal actual sea sorprendentemente distinto de los sistemas de castas raciales previos es que "no realiza la misión económica positiva de reclutar y de disciplinar a la fuerza de trabajo". En cambio sólo sirve para almacenar a personas pobres de color durante períodos cada vez más largos, con frecuencia hasta la vejez. El nuevo sistema no tiene como prioridad beneficiarse injustamente del mercado de trabajo afroamericano, como sí lo hacían los antiguos sistemas de castas, sino que ve a los afroamericanos como en su mayoría irrelevantes e innecesarios para las nueva estructuración de la economía.[48]

La nueva estructura de la economía quizá no necesite beneficiarse injustamente del mercado de trabajo afroamericano, pero aún necesita beneficiarse injustamente del trabajo de *alguna* comunidad socialmente marginada. Hacia finales del siglo XX, los afroamericanos dejaron de ser "baratos" porque obtuvieron derechos legales, tuvieron acceso a servicios sociales y se organizaron en sindicatos. De manera simultánea, los sectores como el de la manufactura y el gubernamental, que los habían empleado, colapsaron, y con esto contribuyeron a un alto índice de desempleo entre los afroamericanos. Pero otros sectores –"sectores manufactureros degradados y de servicio" en el estudio de Nicolas De Genova sobre Chicago– comenzaron a emplear masivamente a inmigrantes y, en especial, a trabajadores migrantes indocumentados.[49] (Los capítulos 5 y 6, sobre el tema del trabajo, entrarán más a detalle acerca de los tipos de trabajo que realizan las personas indocumentadas.)

Aquí, sin embargo, quisiera enfatizar lo útil que ha sido la ilegalidad en la reconfiguración del trabajo que de una obligación pasó a ser un privilegio, sucedida a finales del siglo XX. La ilegalidad es una manera de poner en práctica, en una era supuestamente posrracial, un mercado de trabajo dual y de mantener barata una parte de la clase trabajadora. La ilegalidad aprovecha la carencia de ciudadanía –esto es, haber nacido en el lugar equivocado– para hacer que los trabajadores sean más explotables. Una vez que se asume como algo natural, el estatus oculta limpiamente toda huella de la agencia humana que obliga a los trabajadores a ubicarse en este estado de marginación. No es coincidencia que la ilegalidad se ha disparado en las sociedades posindustriales del Norte Global al final del siglo XX. Es porque juega un papel crucial en sus economías y en sus ideologías.

2

Elegir ser indocumentado

Con frecuencia, los ciudadanos estadounidenses se preguntan por qué los que emigran hacia Estados Unidos no lo hacen "de la manera correcta" y obtienen los documentos necesarios que les autoricen la entrada y la presencia en el país.[50] Creen –con frecuencia errónea- mente– que sus propios ancestros obtuvieron las visas adecuadas an- tes de entrar a Estados Unidos y también saben que si quisieran viajar o mudarse a otro país, reunirían los documentos necesarios antes de intentar viajar.

Cuando un ciudadano recibe el pasaporte estadounidense en el correo, viene acompañado de una papeleta que dice "¡Con el pa- saporte estadounidense, el mundo es suyo!". Quienes tienen un pasaporte estadounidense están acostumbrados a llegar a cualquier frontera del mundo, simplemente mostrar el pasaporte y entrar sin problemas. Rara vez tienen que solicitar una visa por adelantado. Si pagan la cuota y llenan el formulario correctamente, obtienen la visa. Quienes tienen pasaporte estadounidense tienden a creer que la libertad para viajar es parte de su derecho de nacimiento, una perspectiva reforzada por la literatura que acompaña a sus pasa- portes. Por lo que cuesta un boleto de avión, y ocasionalmente una pequeña cuota para la visa, pueden salir del país en el que nacieron en el momento en el que lo deseen.

Para la mayor parte de la población del mundo, en cambio, la libertad para viajar es un sueño distante. No pueden dejar su país de nacimiento porque, en lugar de tener ese mágico dominio del mundo que viene con el pasaporte estadounidense, ellos son ciudadanos de países en África, Latinoamérica o la mayor parte de Asia. Muchos de ellos son pobres y además son personas de color. No pueden salir de sus países porque ningún otro país los dejará entrar. Y Estados Unidos menos que nadie. En el *apartheid* global de hoy, países enteros se cierran a la entrada de viajantes, al tiempo que asumen que sus propios ciudadanos tienen el derecho a viajar al lugar que quieran. Mientras tanto, los ciudadanos de otros países –principalmente en el Tercer Mundo– están aprisionados dentro del país en el que viven debido a las restricciones que establecen los ricos y los poderosos.

Desde la comodidad de sus hogares de primer mundo, muchos ciudadanos estadounidenses asumen que cualquiera puede obtener una visa para viajar legalmente a cualquier país del mundo. Si alguien entra a, o vive en, Estados Unidos sin la documentación adecuada, asumen que es simplemente porque no siguieron el procedimiento adecuado. Si tan sólo existiera ese proceso.

Incluso escuché alguna vez a un legislador de Massachusetts expresar este supuesto en una audiencia dedicada a analizar si se debía permitir que los estudiantes indocumentados fueran considerados residentes del Estado para que así pagaran las colegiaturas para residentes en las universidades públicas. Interrogó a un panel de estudiantes, miembros del Movimiento de Estudiantes Inmigrantes (Student Immigrant Movement) quienes habían acudido a testificar a favor de la ley. Todos eran indocumentados, y cada uno explicó cómo o por qué tenía ese estatus.

"¿Y cuál es su estatus ahora?", les preguntó el legislador. "Soy indocumentado", respondió una estudiante brasileña, perpleja. "¿Por qué no ha iniciado el proceso para convertirse en ciudadano?", continuó. "No puedo", respondió ella. "¿Por qué no?", le preguntó el legislador, revelando así su profunda ignorancia acerca de la ley migratoria. Así como la ley le prohíbe viajar al país a la mayoría de los residentes del Tercer Mundo –porque les exige visas pero el gobierno se niega a concederlas–, también les prohíbe prácticamente a todos los que son indocumentados regularizar su estatus.

Un poco de historia

Los factores estructurales, casi todos relacionados con las necesidades económicas y laborales, han dado forma a las migraciones a lo largo de los siglos. Algunos de los lugares que ahora envían migrantes hacia Estados Unidos, hace apenas unas generaciones eran lugares que recibían a muchos migrantes. Las islas del Caribe caen en esta categoría. Otros lugares que hoy envían grandes cantidades de migrantes hacia Estados Unidos tienen una larga historia de migración estacional, por temporada y permanente; México destaca en este contexto.

Cada vez más a partir del siglo XIX las naciones-estado han intentado regular la migración y controlar la libertad de movimiento por medio de fronteras recientemente establecidas. Las políticas migratorias estadounidenses han cambiado con frecuencia, y crearon una maraña de regulaciones y estatutos que incluso a los abogados migratorios y a los expertos les parece confusa.

Hasta 1890, no había una agencia o sistema nacional de migración en Estados Unidos. Los estados individuales ponían en práctica las leyes migratorias existentes hasta que en 1892 se fundó la estación de inspección migratoria en Ellis Island, controlada por el gobierno nacional. A partir de 1875, ciertas categorías de personas eran excluibles, y para 1891 la ley preveía la deportación de un inmigrante que se convertía en un dependiente del estado dentro del primer año de su llegada, o si se descubría que pertenecía a uno de los grupos prohibidos o excluibles, como los trabajadores chinos, las prostitutas o los criminales. Después de un año, sin embargo, aquellos que habían entrado al país "ilegalmente" –es decir, violando las leyes que los excluían– ya no podían ser deportados. La ley migratoria de 1903 (Inmigration Act) extendió los períodos para ser potencialmente deportable a dos años si se convertía en dependiente del estado y tres años si pertenecía a una clase excluible. En 1917, este plazo se extendió a cinco años.[51]

Es importante apuntar que el llamado ingreso ilegal, hasta este momento, se refería a la entrada de alguien que pertenecía a una clase de personas a las que unilateralmente se les negaba la entrada: no tenía nada que ver con el modo en el que la persona entraba al territorio. Fue la ley migratoria de 1907 la que por primera vez hizo que ingresar al país sin una inspección previa fuera una violación a la ley. La ley de 1907 formalizó el proceso de inspección: requería que todos los inmigrantes potenciales que entraran por mar pasaran por una inspección y convirtió en delito menor que cualquier dueño de embarcación introdujera al país a una persona de una clase excluida.[52] La ley no aplicaba a los mexicanos. La inspección era para los inmigrantes, y los inmigrantes se definían como las personas que entraban por mar; no aplicaba a los mexicanos que cruzaban la frontera sur para trabajar. Asimismo, los mexicanos estaban exentos de los requerimientos de alfabetización y del impuesto que tenían que pagar los migrantes a partir de 1917, siempre y cuando entraran al país para trabajar en el campo. A los mexicanos ni siquiera se les exigió entrar por algún puerto oficial de entrada o punto de inspección sino hasta 1919.

A los europeos se les exigió pasaporte para entrar a partir de 1918, pero incluso entonces, era sólo para identificarlos. Los migrantes potenciales no tenían que obtener permisos previos en sus países de origen antes de viajar a Estados Unidos y no podían ser deportados por entrar sin pasar por una inspección sino hasta 1924.[53] En 1929, entrar sin pasar por una inspección se convirtió en delito menor, con multas e incluso cárcel como pena.[54] Pero aún entonces había excepciones para los europeos.

Un nuevo registro para no ciudadanos que hubieran entrado sin inspección previa les permitía –si eran elegibles (es decir, si cumplían con los requisitos raciales) para ser ciudadanos– regularizar su estatus siempre y cuando fueran capaces de demostrar que "habían residido en el país continuamente desde 1921, que no eran sujetos de deportación y que eran 'de buen carácter moral'".[55] En la práctica, el registro ayudó a los europeos que habían evadido el requisito de inspección de 1919. El sistema de registro sentó un precedente: que un período de residencia era más importante que el tecnicismo de la inspección, o la ausencia de inspección al entrar al país. Las leyes posteriores, como la Ley de Reforma y Control de la Inmigración (Inmigration Reform and Control Act, IRCA por sus siglas en inglés) de 1986 y las propuestas del siglo XXI para crear una ruta hacia la ciudadanía revivieron esta idea.

La ley migratoria de 1924 creó lo que se conoce como "sistema de cuotas", que por primera vez impuso límites numéricos a la inmigración (entonces todavía definida como la inmigración europea). Los inmigrantes europeos ahora tenían que ceñirse a cuotas establecidas con base en la proporción de inmigrantes de cada país que ya estaban presentes en Estados Unidos. Los no europeos no estaban sujetos a cuotas. El Buró de Estadísticas Laborales explicó la intención de la ley:

> Los inmigrantes de países del Nuevo Mundo o sus descendientes, los extranjeros inelegibles para obtener ciudadanía o sus descendientes, los descendientes de esclavos migrantes y los descendientes de aborígenes americanos están excluidos del plan de naciones de origen. En un sentido amplio, entonces, el problema era hallar hasta qué punto los varios países de Europa, constituidos actualmente, han contribuido a la población blanca del país.[56]

Por primera vez, los europeos podían ser excluidos no por sus características individuales, sino por el país del que procedían. Aunque parezca paradójico desde la perspectiva actual, la migración mexicana no fue afectada por esta ley restrictiva.

La mayoría de los europeos que llegaron a Estados Unidos antes de 1924 hicieron lo mismo que muchos de los inmigrantes de México y Centroamérica unas décadas después: reunieron a su familia y sus posesiones, juntaron el dinero necesario para el viaje y se embarcaron. No lo hicieron "de la manera correcta", no esperaron formados, ni siguieron un proceso legal porque no existía ni la fila ni el proceso legal.

Los registros en Ellis Island están repletos de las historias de individuos como Irving Berlin, quien se convirtió en un icónico cantautor estadounidense, autor de éxitos como "I'm Dreaming of a White Christmas" y "God Bless America". La familia de Israel Baline, cuando él tenía cinco años, huyó de Rusia después de que su pueblo fuera atacado en un pogromo y quemaran su casa. Viajaron de manera "ilegal", porque, en 1893, Rusia (a diferencia de la mayoría de los países de entonces) exigía tener pasaporte para poder viajar y salir del país; "viajaron de contrabando de pueblo en pueblo y de país en país", hasta que llegaron a Antwerp en Bélgica, donde abordaron un barco hacia Nueva York. En el manifiesto del barco, su apellido fue cambiado de Baline a Beilin, así que entraron a Estados Unidos utilizando un nombre falso. (El nombre 'Irving Berlin' apareció por error del impresor que produjo el primer disco de Israel cuando tenía diecinueve años).[57] Ya que Estados Unidos tenía requerimientos mínimos de entrada para los europeos de ese entonces, los miembros de las familias eran revisados por médicos del servicio de salud pública para determinar si eran portadores de alguna enfermedad infecciosa y sometidos a una inspección legal para determinar si era probable que se convirtieran en dependientes del gobierno. Sólo unos pocos de los inmigrantes potenciales fueron rechazados como resultado de estas inspecciones.

Mae Ngai escribe que con tan pocas restricciones a la inmigración durante el siglo XIX y principios del siglo XX:

> no existía tal cosa como "inmigración ilegal". El gobierno excluyó apenas a un uno por ciento de los veinticinco millones de inmigrantes que llegaron a Ellis Island antes de la Primera Guerra Mundial, y se debió, en su mayoría, a cuestiones de salud. (Los chinos eran la excepción, se les excluía por razones de "imposibilidad de asimilación racial".) Los plazos legales de uno a cinco años significaban que incluso aquellos que estaban en el país ilegalmente no vivirían por siempre con el fantasma de la deportación.[58]

La ley de 1924, además de establecer el sistema de cuotas, creó el concepto de ilegalidad al determinar que la entrada al país sin inspección previa era ilegal, y al hacer que la posibilidad de ser deportado fuera algo permanente ya que también eliminó los plazos legales. Antes de 1924, lo que hacía que una persona pudiera ser deportada era su pertenencia a una clase excluida; más aún, después de que esta persona había estado en el país durante un período de tiempo, su presencia se volvía legal a pesar de ser excluible anteriormente. Entonces, una persona que entraba al país sin ser inspeccionada podía ser, técnicamente, una persona "ilegal".[59]

Aún así, había muchas maneras a través de las cuales los europeos que no habían "seguido las reglas", podían legalizarse. La ley de registro de 1929 ayudó a aquellos que habían entrado al país antes de 1921. Entre 1935 y finales de los cincuenta, los inmigrantes europeos sin documentos podían ajustar su estatus migratorio al salir y entrar de nuevo por Canadá para obtener la residencia legal permanente. Después de 1940, los inmigrantes que comprobaran que sus familias sufrirían "un serio detrimento económico" podían lograr que se suspendiera su proceso de deportación. Todas estas disposiciones se aplicaban sólo a inmigrantes europeos, ya que eran los únicos a los que se les permitía inmigrar según las exclusiones de la ley de 1924. (Los mexicanos todavía cruzaban la frontera con relativa facilidad, pero no se les consideraba inmigrantes.) Unos doscientos mil europeos sin documentos lograron legalizar su estatus migratorio gracias a estos mecanismos.[60]

En 1965, Estados Unidos abandonó el sistema de cuotas diferenciadas, y lo reemplazó con uno nuevo que imponía cuotas iguales a todos los países. Esto significó que, por primera vez, los migrantes del Hemisferio Occidental –principalmente los mexicanos– fueran clasificados como inmigrantes. Este cambio, en esencia, creó la inmigración ilegal proveniente de México y Centroamérica, pero sin los vacíos legales y las excepciones que habían permitido que los europeos ajustaran sus estatus migratorios.[61]

La investigación realizada por Donna Gabaccia demuestra que las referencias en los medios a la inmigración llamada "ilegal" iba de la mano de las legislaciones restrictivas.

Las referencias más tempranas son a la "inmigración ilegal", que se refería al movimiento de trabajadores provenientes de China; estas referencias aparecieron inmediatamente después de la aprobación de la ley de exclusión china de 1882. Con la exclusión de todos los asiáticos y la restricción de las migraciones provenientes del sur y el este de Europa en la década de los veinte, "inmigrante ilegal" se convirtió en una frase presente de modo intermitente en las páginas del *New York Times*, donde con frecuencia hacía referencia a los polizontes, las personas que se "saltaban del barco", o a los "traficantes de migrantes" quienes supuestamente traficaban con trabajadores y mujeres "inmorales". Fue hasta después de la Segunda Guerra Mundial (y durante un período breve cuando la mayoría de las notas sobre "inmigrantes ilegales" se referían a los judíos europeos que entraban al mandato británico en Palestina) que el término –entendido para entonces como referencia a los "espaldas mojadas" que cruzaban el Río Bravo– se asoció poderosamente a los trabajadores mexicanos. Y sólo hasta después de 1965 el término se volvió común en una gran variedad de escritos de periodistas, especialistas y representantes en el Congreso.[62]

Hoy, claro, el término "inmigrante ilegal" se ha vuelto moneda corriente. El resto del capítulo se enfocará en dos de las principales fuentes de inmigrantes indocumentados en Estados Unidos: México y Guatemala. Cuestiona cómo las personas de esos países migraron a Estados Unidos y cómo y por qué sus migraciones han sido ilegalizadas.

Un resumen de la migración indocumentada

La población indocumentada en Estados Unidos se incrementó rápidamente entre 1965, cuando entraron en vigor las primeras medidas restrictivas en contra de los inmigrantes mexicanos y latinoamericanos, y el inicio del siglo XXI. Para 1980, el número de indocumentados en el país llegaba a entre dos y cuatro millones; para 2000 a 8.5 millones, llegando al punto más alto en 2007 con casi doce millones.[63]

Es importante destacar que más de la mitad de los indocumentados en 2011 habían llegado al país entre 1995 y 2004, y sólo el catorce por ciento de ellos llegaron entre 2005 y 2011.[64] Es decir, la mayoría de los indocumentados han estado en el país bastante tiempo. El alza en la población indocumentada coincide con un alza todavía mayor de la población hispana durante la segunda mitad del siglo XX. En 1970, los 9.6 millones de hispanos en Estados Unidos representaban el 4.7 por ciento de la población. Cuatro décadas después, la población hispana había crecido a 50.5 millones, o el dieciséis por ciento de la población.[65]

La mayoría de estas personas eran mexicanas. Los estimados sobre la población mexicana sin documentos dicen que creció de 1.13 millones en 1980 a 2.04 millones en 1990 y a 4.68 millones en el año 2000, hasta llegar a su punto más alto en 2008 con 7.03 millones, para finalmente estabilizarse y decrecer en 2011 con 6.8 millones. La población indocumentada centroamericana también creció después de 1980, hasta alcanzar 570 000 salvadoreños, 430 000 guatemaltecos y 300 000 hondureños en 2008. Para los centroamericanos, los números siguieron creciendo después de 2008: para 2011, había 660 000 de El Salvador, 520 000 de Guatemala y 380 000 de Honduras. Juntos, centroamericanos y mexicanos, constituían tres cuartas partes del crecimiento de la población indocumentada entre 1980 y 2008.[66]

Además, una proporción significativa –más de la mitad– de los mexicanos y los centroamericanos que habitan en Estados Unidos son indocumentados; 58 por ciento de los mexicanos, 57 por ciento de los salvadoreños, 71 por ciento de los guatemaltecos y 77 por ciento de los hondureños son indocumentados. "Nunca antes había habido tantas personas fuera de la ley y nunca antes los indocumentados se habían concentrado en tan poca cantidad de países de origen", escribieron Douglas Massey y Karen Pren.[67] México y Centroamérica son piezas clave en el rompecabezas de los sin documentos en Estados Unidos.

Con este gran panorama en mente, podemos iniciar a desentrañar la historia de la migración indocumentada desde México y Centroamérica.

Mexicanos

El grupo más grande de indocumentados en Estados Unidos proviene de México. Muchos vienen de estados del centro y el oeste de México, que han estado enviando migrantes hacia el norte desde hace más de un siglo, aunque cada vez más salen migrantes de las regiones indígenas del sur del país, que hasta antes de la década de los noventa, no habían visto mucha migración hacia el exterior. Casi sesenta por ciento de los indocumentados –más de seis millones de personas en 2010–, son mexicanos; los demás latinoamericanos ocupan el veintitrés por ciento.[68] Los mexicanos también constituyen la población con mayor número de personas nacidas fuera de su país: en Estados Unidos cerca de veintinueve por ciento son nacidos en el exterior, o doce millones de personas.[69] Como apuntamos anteriormente, más de la mitad de los mexicanos en Estados Unidos son indocumentados.

Las encuestas levantadas con los migrantes mexicanos en México (es decir, quienes han vuelto de Estados Unidos) cuentan la otra parte de la historia: que muchos de los indocumentados tienen que regresar a casa después de estar en Estados Unidos. El Proyecto de Migración Mexicana en la Universidad de Princeton y la Universidad de Guadalajara encuestó a ochenta mil migrantes de veintiún estados en México que habían regresado a su país, así como a migrantes de las mismas comunidades que ya se habían establecido en Estados Unidos. En México, las entrevistas mostraron que 85 por ciento había entrado a Estados Unidos de manera ilegal en su primer viaje, y 73 en su viaje más reciente. En Estados Unidos, el 77 por ciento respondió que habían entrado ilegalmente en su primer viaje y 56 que habían entrado ilegalmente en su viaje más reciente. (La última respuesta puede haber estado sesgada por individuos recelosos de revelar su actual estatus ilegal.)[70]

Para entender cómo y por qué los mexicanos han terminado siendo indocumentados, es crucial revisar la historia.

La frontera que divide a Estados Unidos de México, y que cruzan grandes cantidades de mexicanos y centroamericanos cada año sin autorización, la fijó el Tratado de Guadalupe Hidalgo en 1848 y fue ajustada por la compra de La Mesilla o Gadsden en 1853. Gran parte del suroeste de Estados Unidos era de México. Los primeros mexicanos en Estados Unidos no atravesaron ninguna frontera, más bien, la frontera los atravesó a ellos.

Hasta 1924, la nueva frontera entre Estados Unidos y México permanecía prácticamente sin vigilancia, y la migración fluía abiertamente. Los mexicanos trabajaban en las minas y las vías del tren en el suroeste del país y migraban a las fábricas y los centros urbanos del medio oeste. En 1908, el investigador del Buró de Estadísticas Laborales (Bureau of Labor Statistics) Victor Clark reportó que, a pesar de que "no se recopilan estadísticas completas de quienes cruzan la frontera", se estimaba que entre sesenta mil a cien mil mexicanos cruzaban la frontera cada año. "Excepto en Texas y California, pocos mexicanos se transforman en residentes permanentes, e incluso en esos dos estados, una mayoría de ellos son trabajadores temporales que pocas veces permanecen más de seis meses en el país".[71]

Las muchas leyes aprobadas para intentar controlar la inmigración después de la Guerra Civil no aplicaban a los mexicanos, porque el Congreso no los consideraba inmigrantes ni inmigrantes potenciales siquiera. En la agricultura, explicaba Clark:

> el principal valor del mexicano [...] es el de un trabajador temporal en cosechas de temporada corta [...]; no es común que los mexicanos se empleen todo el año por los pequeños agricultores, porque no son recibidos en la familia como sí son los trabajadores americanos, alemanes, escandinavos o irlandeses en el norte. Sin embargo tampoco ocupan una posición análoga a la del negro en el sur. No son permanentes, no adquieren tierras ni se asientan en pequeñas cabañas con parcelas, sino que permanecen nómadas y fuera de la civilización americana.[72]

Vías de tren y migración

Las vías del tren tuvieron un papel crucial tanto en el traslado de los mexicanos hacia la frontera y hacia Estados Unidos como en crear una demanda de mano de obra mexicana. El sistema de trenes de México en el siglo XIX había sido "diseñado, planeado y construido por americanos" y extendió las líneas de Estados Unidos hacia México para facilitar el transporte de bienes manufacturados en Estados Unidos hacia México. Así, las decisiones sobre la economía y la infraestructura se tomaron en Estados Unidos para beneficio de los capitalistas de ese país. Las vías de tren también ayudaron a llevar a los mexicanos hacia la frontera y a cruzarla.[73]

Conforme el capital estadounidense comenzó a moverse hacia el sur, atrajo a los sureños hacia el norte. Las concesiones para construir vías del tren desplazaron a unos trescientos mil campesinos de la planicie central mexicana, y creó un grupo de migrantes potenciales. Muchos de ellos fueron reclutados para trabajar en las nuevas empresas estadounidenses al norte del país. Algunos trabajaron en las vías del tren mismas; otros, en las nuevas operaciones mineras y petroleras de dueños estadounidenses. Los patrones demográficos en México se vieron fundamental e irrevocablemente alterados con este movimiento de la población hacia el norte.[74] En Arizona, conforme las minas de cobre prosperaban en las últimas décadas del siglo XIX, los dueños enviaron contratistas a México en búsqueda de trabajadores desplazados de sus tierras. Los primeros mineros mexicanos en Arizona fueron sonorenses que cruzaron la frontera, pero pronto los acompañaron los mexicanos del centro del país que viajaron al norte mediante las nuevas vías de tren.[75]

Victor Clark describió cómo contribuyeron las vías del tren a la creación de una mano de obra migrante y los cambios sociales y culturales de largo plazo que trajeron las vías y las migraciones:

En México las vías del tren han creado tanto la oportunidad como el incentivo para la migración. Al requerir mano de obra no especializada para su construcción y mantenimiento, atrajeron a la población agrícola a sus vías, al principio para trabajar por unos días o unas semanas entre cosechas y después por períodos de tiempo más largos. Al principio, al peón verdadero no le atraía la idea de irse de su casa, y no aceptaba trabajos en los cuales no podía regresar a dormir bajo su propio techo, pero gradualmente se fue volviendo más arriesgado y más conocedor y se le podía convencer de que trabajara por un mes a doscientos kilómetros o más de distancia en la vía. Se fue acostumbrando a tener plata en sus bolsillos de manera ocasional y vio que era posible intercambiarla por cosas que hasta entonces ni siquiera concebía para su uso personal. Se volvió adicto a los sueldos en efectivo en la misma medida en la que se fue desapegando de su terruño. Los empleadores en las zonas más primitivas de México dicen que la gente no trabaja por dinero siempre y cuando tenga alimento en sus casas. Cuando dejan su casa por primera vez trabajan nada más hasta poder proveerse de comida y cobijo por unos días por adelantado. Pero las vías del tren, que traían siempre una variedad de objetos a precios bajos, permitieron el surgimiento de la atractiva tienda de pueblo, y este mercado de dinero ha hecho que éste sea un producto más atractivo a ojos de los peones [...] Por ello, las vías han atraído mano de obra de áreas cada vez más amplias y la han retenido de manera más y más permanente. Un oficial de Ferrocarriles Nacionales en México aseguró que su compañía había sumado a lo largo del año a más de 1 500 trabajadores hacia el norte para trabajar en la sección alta de la vía y que prácticamente todos ellos terminaron cruzando Texas.[76]

A los recién llegados los recibían en el puerto de entrada y les ofrecían "sueldos justos".[77]

La ayuda y la inversión estadounidense, entonces, arrancó a los campesinos mexicanos, los reclutó a un flujo de mano de obra migrante y echó a andar los cambios sociales y culturales que los llevaron a dejar sus hogares y a trabajar por dinero en tierras lejanas. Fue la influencia estadounidense en lo profundo de México lo que echó a andar el proceso de emigración.

Una típica comunidad de origen: Arandas, Jalisco

Hacia 1933, el economista Paul S. Taylor descubrió que en la comunidad mexicana de Arandas, en Jalisco, se había arraigado con fuerza una tradición migratoria. La migración constante, escribió, era "sólo una fase moderna y extendida" de un proceso que había iniciado décadas atrás.[78]

Primero, llegó el tren. La línea Ciudad de México-El Paso, que atravesaba Jalisco, reclutó a trabajadores de los campos vecinos. Luego, las compañías mineras y ferroviarias comenzaron a enviar a sus agentes de reclutamiento al interior del país a contratar a migrantes potenciales y enviaron a sus agentes de estación a la frontera a reclutar a los trabajadores que recién cruzaban.

Los primeros migrantes de Arandas habían escuchado rumores acerca de la disponibilidad de trabajo en Estados Unidos diseminados por exprisioneros, hombres de la localidad que habían sido arrestados y enviados a pelear en las campañas militares contra los indios yaqui en Sonora. Viajaron por tren hasta El Paso, donde una agente de reclutamiento los contrató para trabajar en las vías en Independence, Kansas. En su siguiente incursión, los agentes en El Paso los enviaron a Fresno, California, de nuevo a trabajar en las vías del tren.[79]

Los agentes de reclutamiento mexicanos también visitaron Arandas para contratar trabajadores. Un exmigrante le dijo a Taylor que un contratista de una constructora de vías del tren le ofreció un boleto gratis a la frontera.[80] "En 1913, un agente [mexicano] de la vía de Santa Fe llegó a Arandas y nos llevó a tres o cuatro en coche a la vía y luego al norte. No pagué nada por ir a la frontera; ellos pagaron todo", dijo a Taylor una fuente en el pueblo, y añadió que "los contratistas americanos, que representaban a las vías y a las minas, ya habían pasado por la región hacía unos veintitantos años".[81]

Taylor enfatizó que las acciones de Estados Unidos animaban la migración. Cuando el Congreso aprobó en 1917 la Ley de Alfabetización (Literacy Act) que aplicaba a inmigrantes, las corporaciones mineras, agrícolas y ferroviarias pusieron el grito en el cielo e insistían en que una frontera abierta era esencial para obtener la mano de obra que ellos necesitaban.[82] Como respuesta, el Congreso rápidamente exentó a los mexicanos del requerimiento de estar alfabetizados. La migración incrementaba y decrecía en relación directa a la demanda de los empleadores en Estados Unidos.[83] Cuando necesitaban trabajadores, los empleadores volteaban hacia México. Cuando no –como sucedió en 1929, cuando el desempleo durante la Depresión comenzó a crecer– el Departamento de Estado le instruyó a los oficiales consulares aplicar con mayor rigor la restricción sobre "la probabilidad de convertirse en una carga para el gobierno" a los migrantes potenciales y a negar los permisos de entrada a los mexicanos que probablemente no hallaran trabajo.[84]

Para la década de los treinta, los migrantes de la pequeña comunidad de Arandas trabajaron en veinticuatro estados de Estados Unidos, y en una gran variedad de industrias, desde las fábricas de autos hasta la agricultura y las minas de carbón; sin embargo, el ferrocarril era por mucho el que más los empleaba.[85] La mayoría llegaba a la frontera sin papeles y se les daba permiso de entrar de forma automática. Después de 1928, el servicio consular estadounidense comenzó a promover entre los migrantes potenciales que obtuvieran permisos de un consulado antes de llegar a la frontera, aunque no era un requisito para la entrada.[86]

Algunos también cruzaban la frontera sin pasar por la inspección, ya fuera pagando una pequeña cantidad de dinero a un profesional, o simplemente cruzando el río en algún sitio alejado de algún puesto de revisión fronterizo. Para 1931, sin embargo, se había corrido la voz de que el servicio consular no estaba otorgando permisos, y que las deportaciones estaban incrementando y el empleo se contraía.[87]

Patrulla fronteriza y segregación

Aunque la ley de 1924 no incluía restricciones para la migración proveniente del Hemisferio Occidental, sí creó una nueva fuerza policiaca fronteriza, la Patrulla Fronteriza. En sus primeros años, según el historiador Aristide Zolberg, "su misión era impedir la entrada de alcohol y no la de personas, de tal manera que la frontera seguía siendo un asunto informal".[88] Esta fuerza policiaca también buscaba disuadir a los chinos excluidos de entrar al país a través de México.

¿Resulta paradójico que la Patrulla Fronteriza se creó en la década de los veinte, al mismo tiempo que el negocio agricultor, con sus necesidades de mano de obra migrante, que se expandía rápidamente en el suroeste del país? Varios expertos han dicho que, de hecho, el sistema le servía a los agricultores que requerían de trabajadores migrantes. Los trabajadores mexicanos todavía podían cruzar la frontera con facilidad, pero dado que eran más deportables, las nuevas leyes también los volvían más explotables. "Los agricultores patalearon, parpadearon, gritaron, cabildearon y buscaron persuadir para que las prácticas de la Patrulla Fronteriza permitieran el acceso irrestricto a los trabajadores mexicanos al tiempo que promovían una disciplina efectiva en la fuerza de trabajo mexicana de la región".[89] La posibilidad de la deportación formaba parte importante de esta disciplina. Los oficiales locales servían a los intereses de los agricultores al realizar redadas de deportación cuando descubrían que los trabajadores buscaban sindicalizarse, o, algunas veces, justo antes del día en el que los trabajadores cobraban.[90]

La necesidad de patrullar la frontera se veía mitigada en algún sentido por el hecho de que quienes cruzaban hacia Estados Unidos, en su mayoría hombres llevaban la frontera con ellos, incluso antes de que se creara la Patrulla Fronteriza. Muchos habían trabajado antes bajo condiciones de segregación para empresas estadounidenses dentro de México. En México, los trabajadores realizaban "trabajo mexicano" y recibían un "sueldo mexicano", y además vivían en barrios segregados.[91]

Estas condiciones de segregación se veían repetidas en Estados Unidos. "Los trabajadores reclutados, ya fuera que estuvieran destinados al norte de México o a Estados Unidos, viajaban en grupos, con un jefe o 'cabo' que tenía en su poder los boletos", escribió Victor Clark en 1908. Entonces, después de "cruzar una frontera virtualmente abierta, los trabajadores mexicanos eran alojados en pueblos de la compañía, confinados a realizar 'trabajo mexicano', sometidos a un esquema de pagos duales, y segregados socialmente [...] las experiencias de los trabajadores en México continuaban en Estados Unidos".[92]

Por ello, la frontera más importante era la frontera interna, o la frontera racial que mantenía a los mexicanos y a los estadounidenses separados socialmente, incluso cuando trabajaban en una economía única e integrada en ambos lados de la frontera política que separaba a los dos países. Gilbert González concluye que "en lugar de interpretar a la segregación como una manera de mantener a la gente fuera de las 'vías principales', o de 'marginalizarlos' hacia la periferia económica y social, la segregación era un método de integrar a los inmigrantes mexicanos y sus familias al corazón de la economía estadounidense [...] los asentamientos segregados acercaron una variante de la frontera a la puerta de los empleadores".[93]

La vulnerabilidad de los trabajadores a ser deportados en teoría se convirtió en algo real en 1929, cuando el país entró en la Gran Depresión. Con el pretexto de que era probable que se convirtieran en "dependientes del gobierno", dado que las oportunidades de empleo se evaporaban, tanto los mexicanos como los méxico-americanos fueron reunidos y deportados. Un "frenesí de histeria antimexicana" justificaba esas redadas de barrios mexicanos completos y cientos de miles fueron deportados sin que se reparara en detalles legales.[94]

El Programa Bracero

Cuando la Gran Depresión llegó a su fin y con la llegada de la Segunda Guerra Mundial, los intereses agrícolas se enfrentaron a una nueva carencia de mano de obra. El gobierno estadounidense respondió con el Programa Bracero, administrado en conjunto por los gobiernos de Estados Unidos y de México, desde 1942 hasta 1964, que reclutó a millones de mexicanos para que migraran hacia el norte para trabajar por una temporada o más.[95] Durante ese período, se firmaron 4.5 millones de contratos, lo que representaba alrededor de dos millones de trabajadores (muchos de ellos viajaron más de una vez). El programa fortaleció la dependencia que tienen los negocios agricultores de trabajadores mexicanos hasta ahora.

Los cuatro estados del centro occidente de México, Jalisco, Guanajuato, Michoacán y Zacatecas, enviaron al 45 por ciento de los participantes. "Aquí", dice el historiador Michael Snodgrass, "es donde la cultura migratoria mexicana por primera vez echó raíces en el siglo XX". Debido a la exigencia tanto de migrantes potenciales como de funcionarios locales, el gobierno mexicano estableció centros de procesamiento en Guanajuato y en Jalisco. Trabajadores de "pueblos mineros deprimidos y de poblaciones agricultoras aquejadas de sequía" acudieron en masa al programa.[96]

Junto con los migrantes Bracero, otros de las mismas regiones migraron por su cuenta, sin documentos, pero fueron bienvenidos. "Era sencillo entonces", explica Snodgrass. "Cuando se dirigió hacia el norte por primera vez en 1955, la primera expresión en inglés que aprendió Gerardo López fue 'go ahead', las palabras que le dijo un agente de la Patrulla Fronteriza al animarlo a entrar".[97] Aristide Zolberg, quien estuvo acuartelado en El Paso durante su servicio militar a mediados de la década de los cincuenta, comentó sobre esta "informalidad" que prevalecía en los cruces fronterizos. "Era más probable que te detuvieran cruzando el Puente Juárez si parecías americano en servicio militar que mexicano buscando trabajo".[98]

Los exmigrantes de los altos de Jalisco recordaban que el programa revivió redes que se habían establecido en la década de los veinte y que se interrumpieron en los treinta. En otras partes de Jalisco, como en la región azucarera, no había historia de migración. Ahora, sin embargo, los líderes sindicales comenzaron a exigir contratos Bracero para sus miembros durante los tiempos muertos de mayo a diciembre, que convenientemente coincidían con la temporada de cosecha en California. Por ello, hubo nuevas áreas incluidas en la "cultura de la migración".[99] Las remesas se convirtieron en la tercera fuente más grande de ingresos extranjeros en México durante los años cincuenta. Al tiempo que renovaba viejos flujos y creaba nuevos, el Programa Bracero también redefinió los destinos de los migrantes mexicanos: casi todos eran reclutados para trabajar en labores agrícolas.[100]

El programa también profundizó las estructuras y la cultura de la migración, incluyendo la migración extralegal, en el oeste de México.[101] Surgió una industria completa de traficantes o "coyotes", que trabajaban en conjunto con los contratistas en Estados Unidos para abastecer a los agricultores de trabajadores indocumentados.[102] Algunos agricultores preferían evitar la burocracia y las protecciones involucradas en el sistema oficial. Otros vivían en estados como Texas, que el gobierno mexicano había puesto en la lista negra por su historia de violaciones laborales. Para cuando el programa terminó en 1964, había bajado su demanda porque el sistema extralegal que creció en paralelo se había vuelto lo suficientemente fuerte y amplio como para satisfacer las necesidades de trabajo en el campo del país.[103]

El experto jurídico Daniel Kanstroom propone que el programa legitimó "una perspectiva particularmente instrumentalista de los trabajadores migrantes mexicanos". Los patrones, la ley y la población en general durante mucho tiempo habían visto a los mexicanos como distintos de los demás inmigrantes, en esencia, como temporales y desechables. El Programa Bracero institucionalizó esta posición para el período posterior a la Segunda Guerra Mundial. En automático se asumía que los mexicanos en Estados Unidos estaban ahí de manera temporal y que quizá no tuvieran documentos. En otras palabras, el estatus de los mexicanos era "legalmente inestable".[104]

El Programa Bracero también estuvo acompañado de una "política de deportación masiva bilateral" que incrementó las deportaciones a unas setecientas mil para el inicio de la década de los cincuenta. "El espalda mojada es una persona de discapacidad legal que está bajo amenaza de deportación inmediata si es aprehendido. Se le dice que si deja el rancho, será reportado a los Servicios de Inmigración y Nacionalización (INS, por sus siglas en inglés) quienes sin duda lo hallarán si va al pueblo o si anda por los caminos", fue el reporte de la Comisión Presidencial sobre Trabajo Migrante (President's Commission on Migratory Labor) en 1951.[105]

Aún así, tanto los agricultores como el gobierno admitían tácitamente que la línea entre lo legal y lo ilegal era delgada y que los "espaldas mojadas" eran un componente esencial del sistema.[106] En un incidente al inicio de 1954, cuando grandes grupos de trabajadores se reunían en la frontera en Mexicali para cruzar, el INS los convenció de que fueran a los límites del pueblo, donde cruzaron "ilegalmente". "En lugar de enviarlos de vuelta a México, sin embargo, los agentes de la Patrulla Fronteriza los llevaron hacia el punto de cruce oficial y los instruyeron para que tocaran con un pie el lado mexicano. Una vez que hicieron esto, los funcionarios del Departamento de Trabajo les dieron a los migrantes contratos para firmar, algo que completó su transformación de inmigrantes ilegales en trabajadores invitados".[107]

Unos cuantos meses después, el gobierno de Eisenhower inició la Operación Wetback, una redada masiva, al estilo militar, en los barrios y las colonias de mexicanos y méxico-americanos enfocada a deportar en masa a aquellos que consideraran que estaban en el país de manera "ilegal". Más de un millón de personas fueron deportadas. Como con las deportaciones de los años treinta, la Operación Wetback atrapó a muchos individuos, incluidos ciudadanos estadounidenses, simplemente por parecer mexicanos.

El procurador general Herbert Brownell distinguió entre "los migrantes mexicanos ilegales conocidos como 'espaldas mojadas' y los mexicanos que están en el país legalmente conocidos como 'braceros' [...] Los ilegales, que cruzan la frontera de modo furtivo y violan las leyes y las regulaciones tanto en Estados Unidos como en México provocan problemas económicos y sociales serios para Estados Unidos".[108] Sin embargo la operación evidenciaba la relación simbiótica entre el Programa Bracero y los trabajadores indocumentados. Incluso mientras se llevaba a cabo, el reclutamiento Bracero continuaba normalmente, y el INS le proporcionaba diversos métodos a los agricultores para legalizar a los trabajadores que necesitaban, un proceso conocido como "secar a los espaldas mojadas".[109] Como explica Kanstroom, "La sorprendente relación simétrica entre el reclutamiento de mano de obra y el sistema de deportación queda ilustrada por el hecho de que, hasta 1964, el número de braceros, casi cinco millones, era exactamente el mismo que el número de deportados".[110]

Después de la Operación Wetback, el número de deportaciones volvió a caer, al tiempo que los trabajadores contratados por el Programa Bracero creció junto con el número de entradas con permiso de trabajo y permisos de residencia (*green-cards*). Estos últimos tuvieron su origen en la Ley de Registro de Extranjeros (Alien Registration Act) de 1940, en el contexto de la Segunda Guerra Mundial. Requería que todos los no ciudadanos se registraran en su oficina de correos local, y ésta les enviaría la tarjeta verde. La Ley de Seguridad (Security Act) de 1950 creó la *green-card* como la conocemos hoy. Aún así, para los mexicanos, debido a que no había restricciones numéricas, "obtener la residencia requería no mucho más que una carta que confirmara el empleo y una visita a un consulado estadounidense".[111] Durante la década de los sesenta e inicios de los setenta, unos cuarenta mil mexicanos que vivían al sur de la frontera tenían permisos de residencia que les permitían cruzar diariamente para trabajar en Estados Unidos.

La Ley de Migración de 1965 y la invención de la ilegalidad

Durante las dos principales oleadas de deportaciones/repatriaciones de mexicanos previas a 1965 –durante la Depresión de los treinta y a mediados de los cincuenta– la ausencia de documentos como la conocemos ahora no era la razón que justificaba la deportación. Ya que la entrada al país estaba restringida con base en la indigencia o la probabilidad de convertirse en dependientes del gobierno; esa vaga acusación de la "probabilidad de convertirse en dependientes del gobierno" se utilizó como justificación de las deportaciones de mexicanos durante la Depresión.[112] Durante la década de los cincuenta, muchas personas argumentaban en contra tanto de los inmigrantes ilegales –a quienes se referían con el mote insultante de espaldas mojadas– y del Programa Bracero, independientemente del hecho de que unos fueran técnicamente legales y los otros supuestamente ilegales. Aunque la Operación Wetback presuntamente estaba dirigida a los supuestos ilegales, el INS ofrecía múltiples métodos para conseguir la legalización. Las organizaciones méxico-americanas como LULAC y el Foro Americano GI (American GI Forum) hicieron campaña en contra del Programa Bracero y la "ola de espaldas mojadas", porque creían que ambos perjudicaban los esfuerzos de los mexico-americanos por integrarse a la sociedad blanca estadounidense.[113]

La Ley de Migración y Nacionalidad (Immigration and Nationality Act) de 1965 por primera vez impuso límites numéricos a la migración mexicana, justo cuando el Programa Bracero había sido cancelado. De pronto, la migración legal de mexicanos, después de muchos años de promoción, era cancelada. Pero la demanda de mano de obra mexicana y la necesidad de empleos de los trabajadores mexicanos continuó. Un programa más pequeño de trabajadores invitados, el programa H-2, permaneció y se expandió a lo largo de las décadas siguientes, pero no estuvo ni cerca de satisfacer la demanda.

La abolición del Programa Bracero supuestamente crearía un trato mejor, más igualitario para los mexicanos en Estados Unidos, de acuerdo con los movimientos de derechos civiles de la época, incluido el creciente movimiento de trabajadores del campo. Pero fracasó terriblemente. Contrario a los países europeos –que legalizaron a sus trabajadores invitados cuando programas similares concluyeron más o menos por los mismos años– Estados Unidos ilegalizó a sus trabajadores mexicanos. "En esencia, en 1965, Estados Unidos dio un giro: pasó de un programa *de jure* de trabajadores invitados basado en la circulación de migrantes braceros a un programa *de facto* basado en la circulación de migrantes indocumentados".[114]

El límite de visas para los mexicanos era mucho menor al número de braceros que habían migrado en años anteriores. Por ello, la ley "intensificó la estructura institucional que permitió la subsecuente codificación de los mexicanos como 'ilegales'". Y el problema recién creado de la ilegalidad se convirtió en la razón de un gran incremento en las aprehensiones y las deportaciones.[115] El número de migrantes mexicanos que carecían de permiso de residencia y que eran, por lo mismo, sujetos de deportación creció de 88 823 en 1961 a más de un millón por año para mediados de los setenta.[116]

Aún así, Oscar J. Martínez escribe que, "debido a la indulgencia de parte de las autoridades estadounidenses del momento, los migrantes que vivían en México y cruzaban a trabajar a Estados Unidos no tenían problemas para cruzar la frontera".[117] Como resaltó el gobierno mexicano, muchos de los indocumentados eran parte de una migración "de temporada, temporal y circular".[118] Con la frontera "relativamente abierta" entre 1965 y 1985, "85 por ciento de los ingresos indocumentados se veían descontados por las salidas del país, así que su presencia no significaba un incremento significativo en la población méxico-americana".[119] A pesar de ello, escribió Douglas Massey, "nunca antes tantos migrantes habían estado en una posición tan vulnerable y sujeta a tan altos niveles de exclusión y discriminación oficial".[120]

El gobierno de Estados Unidos reconoció las contradicciones de esta nueva situación en 1986, cuando la IRCA permitió que algunos de los mexicanos que estaban en el país de manera ilegal regularizaran su estatus. El concepto no era nuevo; los inmigrantes europeos antes habían estado exentos de deportación y se les había permitido convertirse en ciudadanos después de haber echado raíces en el país. Unos 2.3 millones de inmigrantes mexicanos (y unos 700 000 no mexicanos) pudieron legalizarse amparados por las disposiciones de IRCA.[121] Para hacerlo, sin embargo, necesitaban documentos: documentos que comprobaran su presencia continua en el país desde 1982, o documentos que demostraran que estaban involucrados en trabajo agrícola de temporada. Surgió entonces una pequeña industria de documentos falsos. La línea cada vez más borrosa entre lo ilegal y lo legal permaneció, ya que muchos pudieron legalizarse de manera ilegal, utilizando documentos fraudulentos.

Cuando se aprobó IRCA, el Departamento de Agricultura estimó que unos 350 000 migrantes indocumentados trabajaban en el campo y serían elegibles para el estatus de Trabajador Agrícola Especial (Special Agricultural Worker, SAW, por sus siglas en inglés). Sin embargo, aplicaron 1.3 millones –casi tantos como habían aplicado para cambiar de estatus bajo las disposiciones de los cuatro años de residencia continua. En California, con una población estimada de 200 000 trabajadores del campo indocumentados, unos 700 000 aplicaron. Para principios de 1992, el INS había aprobado el 88 por ciento de esas aplicaciones, o más de un millón a lo largo del país.[122] Sin embargo, estudios independientes realizados en México entre migrantes que aplicaron para estatus legal a través de SAW mostraron que sólo entre el 60 y el 70 por ciento de los solicitantes eran elegibles en realidad.[123]

Por ello, el IRCA contribuyó a lo que podría llamarse legalizaciones ilegales –personas que utilizaban documentos falsos para comprobar su estatus como trabajadores agrícolas para aplicar y obtener un estatus legal en Estados Unidos– y a lo que Philip Martin llamó "extranjeros ilegales con documentos". En un artículo en el *New York Times*, Robert Suro aseguraba que había habido "fraudes a gran escala".[124] Fraudes o no, las personas ahora eran legales. Es más, todo el proceso quizá haya incentivado más migraciones de indocumentados al "propagar documentos de autorización para trabajar y difundir el conocimiento del proceso entre poblaciones rurales pobres y poco sofisticadas de México y Centroamérica alentando la migración desde lugares antes no involucrados".[125]

La ley de 1986 también prohibió por primera vez el empleo de trabajadores que no tuvieran autorización legal. Las sanciones a los empleadores crearon una infraestructura ilegal enorme y costosa que los migrantes tenían que navegar para obtener documentos falsos para poder trabajar, pero hizo muy poco para reducir la cantidad de trabajadores indocumentados. Es más, la ley dejó a los patrones prácticamente inmunes a cualquier proceso judicial, y con más capacidades de explotar a los trabajadores, ahora mucho más vulnerables legalmente.[126]

La IRCA de 1986 estaba ostensiblemente enfocada a terminar con la ilegalidad al legalizar a muchos residentes mexicanos y disuadir las nuevas llegadas mediante el incremento de controles fronterizos y sanciones a los patrones que criminalizaban el trabajo. Sin embargo, tuvo el efecto contrario. Los mexicanos que habían obtenido un estatus legal bajo la amnistía pudieron abandonar los sectores más marginados del mercado de trabajo. Pero estos sectores tradicionales, como el agrícola, así como los nuevos sectores emergentes (discutidos en los capítulos 5 y 6) sólo incrementaron su demanda de trabajadores. Algunos desarrollaron estrategias de subcontratación para evadir la ley. Mientras tanto los migrantes indocumentados, una vez dentro del país, comenzaron a extender sus estancias y a traer a sus familias, ya que los patrones antiguos de migración circular habían quedado interrumpidos por la militarización de la frontera.[127]

Hasta la década de los noventa, la que los expertos llaman la región "tradicional", o la región centro occidental de México, incluido Jalisco, había sido la zona de origen de la mayoría de los migrantes.[128] A partir de la década de los noventa, la proporción de migrantes provenientes de esa zona disminuyó de manera considerable y se incrementó la de migrantes provenientes de la región sur y sureste. Los migrantes de las regiones de origen tradicionales eran principalmente mestizos hispanohablantes.[129] A partir de la década de los ochenta, debido a una serie de reveses, incluida la crisis del peso en 1982, la crisis de la deuda que le siguió y la reestructura neoliberal durante los noventa y los componentes del Tratado de Libre Comercio de Norteamérica en 1994, las comunidades indígenas en México se han visto afectadas severamente. Más de un millón de familias perdieron sus tierras a causa de estos cambios. El resultado fue que estas nuevas zonas iniciaron su propia emigración hacia el norte, diversificando con ello a la población mexicana en Estados Unidos.[130]

Estudio de caso: la familia Hernández Cruz

La historia de una familia puede ilustrar las maneras variadas y contradictoras a través de las cuales las personas se convierten en ilegales en Estados Unidos. Consideremos el caso de la familia Hernández Cruz, de Irapuato. El padre, Juan Miguel Hernández Pérez, inició la tradición migratoria en la familia durante la mitad del siglo, cuando fue reclutado por el Programa Bracero. Pero si el programa estableció los medios legales para iniciar un flujo migratorio de 1942 a 1964, la cancelación del programa no puso fin a la demanda de mano de obra migrante ni al deseo de éstos de trabajar en Estados Unidos. Cuando el hijo de Juan Miguel, Juan Hernández Cruz dejó Irapuato para trabajar en los campos de California en 1981, "él estaba siguiendo los pasos de su padre, pero, contrario a su padre que había sido un trabajador registrado en el Programa Bracero, Juan cruzaría como un migrante no autorizado".[131]

La hermana menor de Juan Hernández Cruz, Samantha, siguió a su hermano en 1988 y se llevó a su madre enferma. Primero intentaron entrar sin inspección, cruzando "por los cerros de San Ysidro varias veces sin éxito". Finalmente, "el coyote sugirió que consiguieran documentos falsos [...] Usando los papeles de alguien más, alteraron las fotografías y cruzaron fácilmente por el Puerto de Entrada de San Ysidro".

Mientras tanto, Juan buscaba regularizar su estatus y el de su hermana utilizando la disposición de Trabajador Agrícola Especial incluida en la IRCA de 1986. "A través de amigos, se conectaron con un agricultor en Estados Unidos que firmó todos los documentos que necesitaban a cambio de ochocientos dólares cada uno. Ambos recibieron una carta que amparaba que habían trabajado en una granja por el número de años requerido y se les dio un permiso de residencia permanente".[132] Obtuvieron un permiso legal, pero con documentos falsos.

Los ires y venires de la historia migratoria de esta familia son mucho más típicos que inusuales para los migrantes mexicanos. Su historia, y la larga historia detrás, sirve para explicar por qué los mexicanos supuestamente eligen entrar a Estados Unidos "ilegalmente". Desde las vías del tren, pasando por varias maniobras de las políticas migratorias estadounidenses del siglo pasado, al régimen neoliberal actual en México, y varios factores estructurales han creado lo que ahora se conoce como la ilegalidad mexicana.[133]

Mayas guatemaltecos: una historia de migración

Los centroamericanos, provenientes principalmente de Honduras, El Salvador y Guatemala, son el segundo grupo en tamaño de personas indocumentadas en Estados Unidos. Me enfocaré aquí en un grupo de centroamericanos, los indígenas mayas rurales del altiplano de Guatemala. La historia actual de la migración maya hacia Estados Unidos comenzó hace más de quinientos años.

Aunque no hay mucha evidencia de los patrones migratorios de los mayas previos a la conquista española del siglo XVI, el período colonial estuvo caracterizado por migraciones forzadas y voluntarias. Los españoles concentraron a los indígenas en nuevas comunidades para implementar mejor su control económico, político y religioso. Impusieron varios sistemas de trabajo forzado que obligaban a que las personas salieran de sus comunidades por semanas o meses para trabajar en las minas coloniales, en las plantaciones y en las fábricas. Los mayas también huyeron de sus comunidades para escapar de estos trabajos forzados.[134]

El sistema de plantaciones de café que emergió en Guatemala después de la independencia dio pie a nuevos trabajos forzados y desplazamientos. Los historiadores han documentado la violencia involucrada en despojar a grandes cantidades de indígenas de sus tierras y en obligarlos a trabajar en las nuevas plantaciones. Estiman que uno de cada cinco indígenas de las zonas altas migraban temporalmente a trabajar en los campos de café en la década de 1880.[135] La cantidad creció después del derrocamiento del breve experimento revolucionario en los cincuenta: Christopher Lutz y George Lovell calculan que había unos 200 000 trabajadores migrantes mayas al año en los cincuenta, 300 000 en los sesenta y 500 000 en los setenta.[136]

La activista indígena Rigoberta Menchú describió cómo inició su migración a las plantaciones de café y algodón cuando era niña. Migrar para trabajar era un hecho de la vida, algo que no se cuestionaba.

> Desde chiquita, me llevaba mi mamá cargada a la finca. Ella decía que, cuando yo tenía más o menos unos dos años, obligadamente me llevaban en camión porque no quería entrar [...] Había veces que caminábamos en el camión, más de dos noches y un día. De mi tierra hasta la costa [...] De modo que llegamos a la finca como un desastre, pero un desastre que parecíamos gallinas que salen de una olla que apenas podíamos caminar al llegar a la finca. Yo siempre iba del altiplano a la costa pero nunca conocí el paisaje por donde pasábamos [...] Yo vi los lugares y las maravillas del lugar cuando nos echaron de la finca y tuvimos que pagar pasaje y regresar en una camioneta [...]
>
> Me recuerdo, desde los ocho años hasta los diez años yo trabajé en corte de café. Pero después de eso, bajaba al corte de algodón que es en la mera costa donde hay mucho, mucho calor [...] Todo esto es un mundo, que yo sentía lo mismo, lo mismo y lo mismo y no había cambio [...]
>
> El camión es de la finca, sólo que lo manejan los contratistas, los caporales. Los caporales vigilan cada grupo de gente de una cuadrilla que son cuarenta personas o más, las que aguante el camión. Cuando llegan a la finca tendrán su caporal esas cuarenta personas. Los contratistas son personas del mismo pueblo sólo que han estado en el servicio o han estado fuera de la comunidad y empiezan a tener actitudes como los mismos terratenientes. Empiezan a tratan mal a la gente y hablan bruscamente, así maltratan, se ponen gente muy mala [...] El caporal es el que manda, por ejemplo cuando uno se descansa un rato en el trabajo, el caporal inmediatamente llega a insultar [...] Castigan también si la gente no se apura [...][137]

Cada finca en Guatemala tiene una cantina, propiedad del terrateniente, donde los trabajadores se emborrachan con alcohol y todo tipo de guaro, y se endeudan. A veces se gastan casi todo su sueldo. Beben para estar felices y para olvidar la amargura que sienten al dejar sus pueblos en el altiplano y a ir a trabajar tan duro en las fincas por tan poco.[138]

El testimonio de Menchú sugiere que, como los campesinos mexicanos descritos anteriormente, a los guatemaltecos del altiplano no les entusiasmaba salir de sus casas para trabajar por dinero. Esta tradición migratoria fue el resultado de generaciones reclutadas por la fuerza.

El activista de derechos humanos Daniel Wilkinson descubrió algo interesante: halló que los descendientes de los mayas que viven en las plantaciones ahora conocen muy poco de la violencia involucrada para crear esta historia. "Las personas saben de dónde vienen sus familias, pero no saben –o no querían recordar– mucho más sobre qué fue lo que los llevó a esas fincas".[139] Wilkinson, como otros que han estudiado a Guatemala, enfatiza el silencio que rodea a las personas en el conocimiento de su realidad. Décadas –o siglos– de genocidio y terror han dado forma a la cultura de las comunidades indígenas del altiplano guatemalteco. Las personas pueden tener pocas herramientas para entender las fuerzas que están detrás de su opresión y han aprendido una y otra vez que intentar protestar o cambiar su situación sólo trae mayor represión.

La guerra civil –o mejor dicho, la guerra sucia– en contra de las comunidades mayas del altiplano durante los setenta y ochenta fue una respuesta a los intentos por parte de los pobladores de dicha zona de desafiar su pobreza y desposesión. Llevó a la destrucción de cientos de pueblos y creó un millón de desplazados internos y entre cien mil y doscientos mil refugiados que huyeron del país, muchos hacia México. Otros fueron obligados a abandonar sus casas y a mudarse a aldeas modelo bajo el control del ejército.

Por ello, los historiadores mayas argumentan que la migración ha sido una "característica ubicua de la vida maya", que se ha vuelto central para la historia y la identidad de ese pueblo. Desde la llegada de los conquistadores españoles, y de maneras aceleradas a lo largo del siglo XIX, las estructuras políticas, jurídicas, militares y económicas han echado a andar directamente las migraciones, o simplemente han hecho que sea imposible sobrevivir sin ellas.[140]

> Una comunidad o un familiar ausente pueden estar en uno de varios lugares: pueden estar en la costa recolectando café (y regresarán a casa después de un mes, con su sueldo); en la capital, como trabajadores domésticos, comerciantes o empleados (y enviarán dinero a casa, regresarán periódicamente o después de una temporada o al tener alguna propuesta de matrimonio por ejemplo, ya permanentemente); en algún otro municipio vendiendo leña, animales o productos agrícolas (y regresarán una o dos veces al mes para realizar actividades domésticas y comerciales);[141] y, cada vez más, *allá lejos* (en Estados Unidos), y enviarán dólares de manera regular.

Tanto en sus aspectos estructurales, como en los culturales, la migración de hoy es una nueva fase en un proceso que tiene sus raíces en una historia de cientos de años.[142]

Estudio de caso: guatemaltecos en Providence

Patricia Foxen se encontró con una concepción muy distinta de la que tienen la mayoría de los estadounidenses sobre la ilegalidad entre los indocumentados mayas de Providence, Rhode Island. En lugar de imaginarse como individuos autónomos que toman la decisión de violar la ley, ellos, como Rigoberta Menchú, entienden su migración como un requisito que les imponen fuerzas ajenas, un requisito que no tienen ni el derecho ni la oportunidad de cuestionar.

Los coyotes que les ofrecen cruzarlos por la frontera pueden ser considerados traficantes según la ley estadounidense, pero para los mayas que Foxen estudió, no son distintos de los contratistas que los han estado reclutando por la fuerza –legalmente– desde hace generaciones. En lugar de ir a la costa del Pacífico a trabajar en las fincas, ahora están siendo enviados a *la costa del Norte* a trabajar en fábricas de joyería. Una mujer le dijo a Foxen que "el coyote es el mismo que el contratista en la costa: debe de saber cuando hay trabajo allá, y no enviaría a las personas si no hubiera trabajo".[143] En muchos casos, los contratistas se convierten en coyotes, y dependen de las redes que han creado, de su reputación y amplían su alcance geográfico.[144] "Como lo hicieron sus antepasados hace siglos", escriben Lutz y Lovell, "los mayas guatemaltecos siguen migrando para sobrevivir".[145]

Una vez que están en Estados Unidos, los entendimientos y las concepciones del mundo a los que su historia en Guatemala ha moldeado, siguen informando el conocimiento que tienen los migrantes de sus realidades actuales. Un maya de Providence le explicó a Foxen que "la migra aquí es, como dicen, las guerrillas de allá [...] Si la migra está buscando a uno de nosotros, todos corremos, todos escapamos corriendo, es como la guerrilla". Asimismo, en Guatemala, un campesino le dijo que "él había escuchado que la INS no había llegado a Providence, pero que estaban cerca (hacía el paralelo con un ejército de guerrillas)".[146]

Foxen también señala la "total confusión que rodea a lo que se sabe acerca de la legalidad y la ilegalidad de los diferentes tipos de documentos", que se deriva de la larga historia de la ley como arma para controlar y explotar a esta población.[147] Algunos de sus informantes pagaron cientos de dólares a un notario para conseguir un permiso de trabajo temporal. Estos notarios con frecuencia no tienen la acreditación legal, pero se aprovechan de una confusión semántica, ya que, en Latinoamérica, el término se refiere a un abogado. Los notarios realizan una solicitud fraudulenta de asilo, que le otorga al migrante un permiso temporal de trabajo legal hasta que llegue la fecha de su audiencia para el proceso de asilo, y llegada esta fecha, con frecuencia el resultado es una deportación. Foxen halló referencias constates a personas que obtenían "papeles legalmente falsificados", un ejemplo más del carácter impenetrable de la ley desde la perspectiva de los inmigrantes.[148]

Erik Camayd-Freixas, al describir su experiencia como intérprete de la corte para los inmigrantes guatemaltecos después de una redada de migración en una empacadora de carnes en Postville, Iowa, explicaba que los trabajadores habían seguido las instrucciones de los reclutadores y los patrones y que no habían querido violar ninguna ley.

"¿Sabes qué es este número?", preguntó el abogado señalando al número de seguridad social en su formato de empleo I-9. "No lo sé", dijo el hombre. "¿Quién lo escribió ahí?". "En la planta me ayudaron a llenar los papeles porque no sé ni leer ni escribir en español, mucho menos en inglés". "¿Sabes lo que es un número de seguridad social?", insistió el abogado. "No", dijo el hombre. "¿Sabes lo que es un carnet de seguridad social?". "No". "¿Sabes para qué se utiliza?". "No sé nada de eso. Soy nuevo en este país", dijo el hombre, visiblemente avergonzado.[149]

Como sus ancestros y sus contemporáneos, estos migrantes simplemente fueron a trabajar a donde los reclutadores los llevaron.

Un reportero del *New York Times* entrevistó a migrantes guatemaltecos y centroamericanos en la frontera sur de México a inicios de 2013. "Pocos habían escuchado hablar del debate para transformar las leyes migratorias y posiblemente abrir un camino a la ciudadanía para los inmigrantes que vivían ilegalmente en Estados Unidos", comentó. "En cambio, el impulso predominante parecía ser el deterioro de las condiciones de vida en sus hogares".[150]

Durante por lo menos quinientos años, los pobladores mayas del altiplano guatemalteco han sido golpeados, desplazados, masacrados y esclavizados. Han tenido que dejar sus hogares y a sus familias para realizar los trabajos más difíciles, más sucios y más bajos para beneficio de otros. Han sido discriminados social y jurídicamente. Por siglos se han visto obligados a migrar y a padecer las terribles condiciones de trabajo y la discriminación legalizada. Sus migraciones hacia Estados Unidos son sólo la fase más reciente de esta larga historia. El que sean técnicamente ilegales en Estados Unidos es una pequeña parte de un sistema que ha servido para controlar sus movimientos y su trabajo por cientos de años.

3

Convertirse en indocumentado

Hay dos vías principales para convertirse en indocumentado en Estados Unidos. Cerca de la mitad de la población indocumentada entra sin pasar por una inspección. Quizá intentaron obtener una visa y les fue negada. Lo más probable, sin embargo, es que supieran que hacer ese intento no tiene caso o ni siquiera supieran que ese proceso existe y por eso ni siquiera lo intentaron. Cruzaron de alguna manera, lo más común es que lo hagan por tierra, aunque algunas veces lo hacen por mar, a través de una parte de la frontera que puede no estar delimitada, una frontera invisible o por lo menos no patrullada. Por ello, al entrar no fueron inspeccionados por ningún oficial de Servicio de Inmigración y Control de Aduanas (Immigration and Customs Enforcement, ICE, por sus siglas en inglés). Esto quiere decir que aunque tengan todo tipo de documentos de identificación, no tienen ninguno que autorice específicamente su entrada a Estados Unidos.

La otra parte de la población indocumentada entró con inspección, con frecuencia con una visa de algún tipo o con una Tarjeta de Cruce Fronteriza (Border Crossing Card). El gobierno de Estados Unidos calcula que entre 30 y 60 por ciento de los indocumentados se convirtieron en tales, después de exceder el período de su visa, es decir, que aunque en principio recibieron autorización para entrar, no salieron del país en el tiempo que tenían designado.[151]

Millones de mexicanos obtienen visas de turista cada año, y el número ha crecido a ritmo constante, de cuatro millones al año a inicios del 2000 a casi 13 millones en 2010.[152] Sin embargo, la gran mayoría de los mexicanos que obtienen visas de turista no exceden el período de su visa y por ello no se convierten en "ilegales". La mayoría de los mexicanos indocumentados lo son por haber cruzado la frontera sin la inspección adecuada, y la mayoría de las personas que se convierten en indocumentados debido a que exceden el período de sus visas no son mexicanos.

Según las leyes migratorias actuales, los ciudadanos de la mayoría de los países deben solicitar una visa en su país de origen antes de viajar a Estados Unidos. Los europeos, como siempre, son privilegiados: el Programa de Exención de Visa (Visa Waiver Program) les permite entrar como turistas (aunque no trabajar) sin necesitar visa. Algunos mexicanos son elegibles para recibir una Tarjeta de Cruce Fronteriza, que les permite viajar por un período específico de tiempo en la región fronteriza. Estas Tarjetas funcionan como las visas de turista o visitante: autorizan la entrada a Estados Unidos, pero no autorizan que quien la posee trabaje. Las personas que entran con este tipo de permiso pueden convertirse en indocumentados si exceden el período de su visa o si violan los términos de ésta, incluyendo abandonar la zona fronteriza de cuarenta kilómetros. Debido a que las visas de no-inmigrante son permisos temporales con condiciones específicas, las actividades usuales que en sí mismas no resultarían ilegales pueden constituir una violación a las condiciones de la visa. En algunos casos, hay mentiras o actividades cuestionables e ilegales involucradas en obtener la visa misma.

En 2001, 159 millones de visitantes no inmigrantes entraron a Estados Unidos con algún tipo de permiso legal; 33 por ciento, o 53.1 millones de ellos poseían una I-94, es decir, que habían obtenido una visa de no-inmigrante (temporal) o habían sido admitidos al país gracias al Programa de Exención de Visa. La fuente más grande de admisiones utilizando una I-94 fue México, con 33 por ciento del total. (La siguiente fuente más grande fue el Reino Unido, con sólo 8.6 por ciento.) 87 por ciento tenían visa de turista o de visitante que les permitían viajar para realizar negocios o placer. Los demás tenían visas de estudiante, de trabajadores temporales u otro tipo de visa.[153] Unos cien mil eran trabajadores invitados H-2, de los cuales el 80 por ciento eran mexicanos. La mayoría de los otros dos tercios de entradas inspeccionadas fueron de mexicanos o canadienses con Tarjetas de Cruce Fronteriza.[154]

Para todas las categorías de entradas de no inmigrantes –como visitantes o trabajadores temporales con una visa, con una Tarjeta de Cruce Fronteriza o entradas indocumentadas– los mexicanos son los más numerosos. De los 11.5 millones o más de inmigrantes indocumentados en 2006, entre 4 y 5.5 millones entraron con visas de visitantes o de turistas, y entre 250 000 a 500 000 entraron con Tarjetas de Cruce Fronterizas. Los otros 6 a 7 millones entraron sin inspección.[155]

Visas ilegales

A pesar de que evadir los puntos de inspección de la ICE y a la Patrulla Fronteriza es el método común de entrada ilegal, no es el único. El jefe de la Oficina de Aduanas y Protección Fronteriza (Customs and Border Protection, CBP) le explicó a Lynnaire Sheridan que antes de intentar cruces peligrosos a través del desierto, los migrantes intentaban tomar prestados, comprar o robar pasaportes auténticos de Estados Unidos o una tarjeta de residentes permanentes. Si no logran hacer esto, entonces quizá intenten obtener un documento falso, o alterar los documentos ellos mismos al incluir su propia fotografía. Si no pueden acceder a ningún documento, entonces quizá se escondan en algún vehículo o intenten cruzar de noche.[156] Los coyotes profesionales entrevistados por Sheridan ofrecían una valoración muy similar. Le dijeron que la manera más segura de cruzar era obtener una visa de turista, o, si eso no era posible, utilizar una visa válida perteneciente a algún miembro de la familia. Era un poco más riesgoso utilizar documentos falsos o alterados. El método más peligroso es intentar cruzar sin ser detectado, generalmente en áreas aisladas donde hay muy poca presencia de la Patrulla Fronteriza.[157]

Sheridan entrevistó a muchas familias que habían cruzado ilegalmente en varias ocasiones. Todos corroboraron esta aseveración.

Enlistaron sus opciones de cruce preferidas como: primero, hacerlo con una visa de turista y quedarse más tiempo del que ésta ampara; segundo, utilizar los documentos de alguien más; tercero, utilizar documentos falsos; y último, intentar cruzar sin ser descubiertos. Si esta última era la única opción, enfatizaban que entre más aislada es el área, más peligroso es el cruce.

El costo también es un factor. Las opciones más seguras son las opciones más caras. Algunas veces, las familias pagan más por que sus hijos pequeños, por ejemplo, crucen con documentos falsos (quizá acompañados por adultos con documentos en regla), mientras los adultos optan por un peligroso cruce clandestino.[158]

Otro método de cruzar la frontera es utilizando una visa de trabajo temporal, generalmente con los programas H-2A (agrícola) o H-2B (no agrícola). (Hay otras categorías de visas de trabajo temporales, pero la mayoría requiere tipos específicos y niveles de especialidad y no aplican en la mayoría de las situaciones.) Pero con el programa H-2, como con el Programa Bracero antes que éste, el papeleo y los requisitos son tan burocráticos y costosos que muchos de los patrones y de los trabajadores potenciales concluyen que el esfuerzo no vale la pena.[159] También hay mucho espacio para las maniobras ilegales o injustas dentro del sistema H-2.

En Estados Unidos los patrones echan a andar el proceso al solicitar autorización al Departamento del Trabajo para reclutar trabajadores H-2. Una vez que el empleador recibe autorización, recurren a una agencia de contrataciones en Estados Unidos, quien, a su vez, contacta a una agencia de contrataciones en México para buscar a los trabajadores disponibles. Las oportunidades para el abuso con este sistema abundan.

La complejidad del programa H-2 y el hueco que hay entre la abrumadora demanda en ambos lados y el escaso número de visas disponibles hacen que el programa sea perfecto para el fraude y la explotación. La "ilegalidad" entra en el sistema de varias maneras, como ya lo descubrió un reporte de la Oficina de Responsabilidad Gubernamental en Estados Unidos (United States Government Accountability Office, GAO, por sus siglas en inglés). En seis casos revisados por la GAO:

> los empleadores cobraron a sus trabajadores H-2B cuotas excesivas que redujeron los salarios de los empleados a menos del salario mínimo federal por hora. Estos cargos incluían cuotas por procesar la visa mucho más altas que el costo real, renta de departamentos hacinados que excedían por mucho el valor en el mercado y costos de transportación sujetos a "recargos" arbitrarios. Los trabajadores dejaron Estados Unidos más endeudados de lo que llegaron. En un caso, estas cuotas redujeron los sueldos de los empelados tanto como a 48 dólares por dos semanas de trabajo.

En ocho casos, "los empleadores presuntamente entregaron documentación fraudulenta al Departamento del Trabajo, a la USCIS y al Departamento de Estado para explotar a sus empleados H-2B o para poder contratar a más empleados de los necesarios. Tanto los empleadores como los reclutadores clasificaron mal los deberes de los empleados en las solicitudes de certificación al Departamento del Trabajo para así pagar menos que los sueldos actuales; utilizaron compañías fantasmas para realizar solicitudes de certificación para empleados que no necesitaban y luego rentaron los empleados adicionales a negocios que no estaban en las solicitudes de visa; y contrataron de manera preferencial a empleados H-2B sobre los empleados americanos, violando la ley federal del trabajo".[160]

Ochenta por ciento de las solicitudes de visa H-2A y H-2B en México son procesadas en el consulado estadounidense en Monterrey. El director de la Oficina de Atención al Migrante en esa ciudad ha presentado quejas sobre "cientos de casos de fraude" en los que agentes sin escrúpulos cobran a los trabajadores potenciales cuotas ilícitas a cambio de promesas de obtener la tan deseada visa.[161] "En la práctica, nadie puede esperar obtener una de esas visas si no utiliza intermediarios. De otra manera, ¿cómo se enterarían de que existen esas oportunidades?".[162] Desde la perspectiva del trabajador mexicano, el proceso de conseguir trabajo por medio del programa H-2 puede que no sea muy distinto al de cruzar la frontera sin pasar por la inspección para trabajar. Ambas involucran depender de redes de información de dudosa confiabilidad, pagar cuotas exorbitantes y trabajar en malas condiciones y con salarios que con frecuencia son "ilegales" y explotadores.

En 2004, el Comité de Organización de Campesinos (Farm Labor Organizing Committee, FLOC, por sus siglas en inglés), un sindicato de trabajadores del campo en Estados Unidos negoció un acuerdo con los agricultores de Carolina del Norte que permitía que los trabajadores se saltaran a los contratistas. La organización abrió una oficina en Monterrey para monitorear el proceso de reclutamiento desde ahí. El 9 de septiembre de 2007, el director de la oficina de FLOC, Santiago Rafael Cruz, fue hallado amordazado, torturado y muerto. El sindicato sospechó que los contratistas locales estaban detrás del asesinato. El presidente de FLOC, Baldemar Velázquez explicó: "El acuerdo de FLOC eliminó la extorsión de cuotas ilegales a los trabajadores por parte de elementos criminales. Ellos no están contentos con que el sindicato les haya quitado una mina de oro. Afectamos no sólo a los reclutadores que trabajan con los agricultores de Carolina del Norte, sino a quienes trabajan para todos los demás estados: desde Florida y Georgia, hasta Carolina del Sur y Virginia, y hasta Pensilvania y Nueva York". El periodista especializado en temas laborales Dan LaBotz añadió que "la presencia de FLOC en México significó que los estafadores perdían cientos de miles de dólares en cuotas exorbitantes y sobornos".[163]

Las redes llegaban hasta Guatemala. Unos mil doscientos guatemaltecos reclutados por la agencia mexicana Job Consultoría pagaron entre 1000 y 3000 dólares por supuestamente obtener una visa. En Amatitlán, Guatemala, a finales del 2011, 370 hombres y sus familias atacaron al residente local Pablo Roberto Valencia, cuando se enteraron de que el dinero que le habían dado para pagar sus visas había desaparecido.[164] De acuerdo con el Centro Legal contra la Pobreza en el Sur (Southern Poverty Law Center), los trabajadores común-

mente llegan a Estados Unidos con deudas –ilegales– con los reclutadores de entre 500 y 10 000 dólares.[165]

Mientras que estos trabajadores sí entran al país con visas que autorizan su presencia y permiten que trabajen en Estados Unidos, el
proceso que los conecta con esas visas viola la ley estadounidense,
mexicana e incluso de otros países. Con frecuencia, involucra amena-
zas, violencia, extorsión y peonaje por deudas. Estas violaciones generalmente quedan impunes. De hecho, las violaciones están integradas
al sistema mismo; son integrales para su funcionamiento y para que los
trabajadores supuestamente legales de H-2 lleguen a Estados Unidos.

Llegar a la frontera

Aunque la mayoría de quienes cruzan la frontera sin inspección son
mexicanos, otros son centro y sudamericanos. Hoy, los centroamericanos con frecuencia realizan un peligrosísimo viaje por tierra desde
sus hogares a través de uno o más países y luego a través de México.
Hace un siglo, las personas excluidas, como los chinos, entraban por
México debido a lo abierto de esa frontera.

Aunque el número de mexicanos que cruzan ilegalmente ha bajado en los últimos años, el número de centroamericanos ha seguido
creciendo a un ritmo constante. La crisis económica en Estados Unidos significó que ciertos sectores –como el de la construcción– que
tradicionalmente atraían a migrantes mexicanos, redujeran sus necesidades laborales. Algunos expertos han sugerido que el incremento
en las deportaciones, junto con la violencia en la frontera y una tasa
de natalidad decreciente en México han contribuido a que haya bajado el ritmo de los cruces de mexicanos.[166]

En Centroamérica, en cambio, el estancamiento económico y los
espantosos niveles de violencia, en especial en Guatemala, El Salvador
y Honduras, han significado que el número de cruces hacia Estados
Unidos siga creciendo. Entre 150 000 (según el gobierno mexicano) y
400 000 (según las organizaciones de derechos humanos) migrantes in-

documentados entran a México cada año según cifras del 2010, principalmente de Centroamérica.[167] En 2011, 46 977 no mexicanos fueron detenidos en la frontera; en 2012, la cifra se duplicó y más, con 94 532.[168] A pesar de ser todavía muchos menos que los 188 467 mexicanos detenidos durante el año fiscal 2011-2012, la tendencia está clara: el número de mexicanos está decreciendo mientras que el número de centroamericanos está incrementando.[169]

Los sudamericanos, aunque en cantidades aún menores, también cruzan la frontera por tierra; viajan primero por avión a México. En Montevideo, una agencia de viajes ofrece la opción de una visa de turista y un boleto a Nueva York, o un boleto a México y el enlace con el coyote para organizar un cruce ilegal por tierra, dependiendo de qué tanto está dispuesto el viajero a pagar.[170] Asimismo, en Brasil, agentes de viaje venden paquetes que incluyen el pasaje a la Ciudad de México, un guía a Tijuana y un coyote para cruzar la frontera. En Nueva York, Maxine Margolis descubrió que sólo 3 por ciento de los brasileños en su muestreo habían cruzado la frontera mexicana, pero en Framingham, Massachusetts, otro estudio descubrió que el 43 por ciento sí lo había hecho. Los brasileños con más dinero probablemente pueden obtener una visa de turista, mientras que los más pobres y poco educados probablemente recurran a la ruta mexicana.[171]

Cuando los consulados estadounidenses en República Dominicana comenzaron a reducir el número de visas de turista que otorgaban, los gestores informales de visas comenzaron a ofrecer a sus clientes otras rutas más caras. Los migrantes eran enviados a Puerto Rico por barco o a México para cruzar la frontera. Surgió un mercado de documentos falsificados o falsos. Samuel Martínez notó que mientras que los dominicanos preferían unos métodos de entrada a otros, la relativa ilegalidad no era su preocupación principal. Así era como funcionaba el sistema: los ricos tienen acceso preferente a las visas; los pobres tienen que pagar grandes cantidades de dinero para tener ese mismo privilegio. "Las entradas 'legales' e 'ilegales' son vistas por los caribeños más como obstáculos burocráticos que sortear que como leyes inmutables", concluyó.[172]

La investigación de Eugenia Georges sobre migraciones desde la República Dominicana halló el mismo patrón: que los inmigrantes pobres tenían que tomar las rutas más peligrosas y costosas. En el pueblo que ella estudió, los residentes más ricos –aquellos que eran dueños de tierras o de negocios– podían obtener visas de turistas y volar directamente a Estados Unidos, ya que, como dueños de propiedades, podían convencer a los oficiales consulares de que regresarían a casa después de sus excursiones turísticas. Los dominicanos pobres y sin tierras tenían que recurrir a la ruta más cara, riesgosa e indirecta a través de México.[173]

En el caso de los centroamericanos, casi todos los que intentan migrar son pobres, y su viaje por México es realmente peligroso. En 2001, México –presionado por la administración Bush– comenzó a implementar el "Plan Sur", para asegurar su frontera sur, mientras que Guatemala respondió a ese esfuerzo con "Venceremos 2001", que buscaba controlar el tráfico de salida del país. La militarización de la frontera era un reflejo de lo que comenzó una década antes en la frontera entre México y Estados Unidos, y los resultados fueron similares. Las estadísticas oficiales mostraban que el número de migrantes comenzaba a decrecer. Pero los migrantes y las organizaciones de derechos humanos señalaban que estas estadísticas eran engañosas. Muchos migrantes se alejaban de los puntos de revisión militarizados recientemente apuntalados y se dirigían a zonas más remotas. Conforme los cruces se volvieron más difíciles y más peligrosos, también se criminalizaron más, ya que en ellos se involucraron pandillas, traficantes de drogas y contrabandistas profesionales.[174] Las deportaciones también crecieron, pero mucho más lento que el flujo migratorio. Entre enero y noviembre de 2010, el Instituto Nacional de Migración deportó a 49 143 centroamericanos: 19 876 hondureños, 8 263 salvadoreños, 20 354 guatemaltecos y 646 nicaragüenses.[175] Otros 40 971 centroamericanos fueron detenidos en México en 2012.[176]

Muchos centroamericanos intentan cruzar México a bordo de los trenes de carga que viajan desde Chiapas, en la frontera con Guatemala hasta la Ciudad de México, y luego a la frontera con Estados

Unidos. El viaje puede durar días o semanas, y los migrantes saltan de tren en tren. Hasta mil quinientos centroamericanos intentan abordar a La Bestia –también conocida como "El tren de la muerte"– a diario. Miles han muerto o han quedado heridos de por vida en el proceso.[177]

Dado que los migrantes llevan dinero para su viaje y dado que la mayoría tiene parientes trabajando en Estados Unidos que les están ayudando a pagar y que pueden ser extorsionados si se pide un rescate por ellos, el secuestro de migrantes se ha convertido en un suceso común en el viaje por México. En sólo seis meses –entre septiembre de 2008 y febrero 2009– la Comisión Nacional de Derechos Humanos en México descubrió casi 10 000 casos de migrantes secuestrados.[178] De abril a septiembre de 2010, la Comisión descubrió 11 333 casos de secuestro. "Esta cifra refleja el hecho de que los esfuerzos del gobierno no han sido suficientes para bajar las tasas de secuestro que afectan a la población migrante", declaró el comisionado. Muchos de los casos descubiertos por la Comisión fueron de hondureños (44.3 por ciento), seguidos de salvadoreños, guatemaltecos, mexicanos y unos cuantos cubanos, nicaragüenses, colombianos y ecuatorianos.[179]

Varios actores sociales –incluida la policía mexicana y otros funcionarios de gobierno– participan en los secuestros y en las redes de extorsión, con un *modus operandi* similar. Los migrantes son capturados y torturados para que revelen quiénes son sus contactos en su país o en Estados Unidos. Los secuestradores entonces les llaman a estos parientes o amigos y les exigen el pago, amenazando con matar al migrante si no cumplen.[180] La mayoría de los secuestros sucede en la ruta del tren o en los trenes mismos.

Los secuestros son sólo una parte de la historia. Una coalición mexicana de derechos humanos vinculada a la Iglesia ha denunciado un amplio espectro de "violaciones a dichos derechos cometidas por servidores públicos y agentes policíacos federales, estatales y municipales, cuyo corolario es la criminalización de la migración en condición irregular: agresiones físicas, psicológicas y sexuales, y la trata de personas".[181]

El surgimiento del cartel de Los Zetas en 2002 empeoró muchísimo la situación, justo al mismo tiempo que el número de migrantes centroamericanos que atravesaban México incrementaba. De acuerdo con el asistente de la oficina del Subprocurador de investigación especializada en delincuencia organizada, "entre sus actividades principales se encuentran la extorsión y la venta de protección, así como la ejecución de asesinatos, la distribución y venta de drogas, la búsqueda y captura de rehenes, piratería, la venta de gasolina, la custodia y el traslado". De acuerdo con el testimonio de las víctimas, los zetas son los principales perpetradores de los secuestros de migrantes.[182]

"Para operar, utilizan una estrategia de desplazamiento y toma de control de pequeñas comunidades, atemorizan y extorsionan a la población local y cooptan a quienes pertenecían a pandillas o a pequeñas bandas locales, entrenándolos para realizar acciones de vigilancia de trenes, aprehensión de migrantes, traslado y vigilancia de las personas migrantes en las casas de seguridad, realización de llamadas telefónicas con fines de extorsión y cobro de montos para el rescate. Estos grupos delincuenciales, en su mayoría formados por jóvenes, son conocidos popularmente como "Zetitas", quienes en cada secuestro cometen, además, delitos tan graves como el asesinato, la explotación sexual y la trata de personas. En un lapso de dos años, el cartel de Los Zetas logró consolidar sus operaciones en la mayor parte del territorio que las personas migrantes transitan."[183]

Conforme incrementó el flujo de migrantes centroamericanos, también aumentó el número de casos de secuestro, en especial a partir de 2007.[184] En uno de los casos más conocidos, en agosto de 2010, setenta y dos migrantes de El Salvador, Honduras, Guatemala, Ecuador y Brasil fueron víctimas de una masacre mientras atravesaban el estado de Tamaulipas en camino a la frontera. Sus captores –miembros de un cartel de la droga, posiblemente de Los Zetas– exigieron que pagaran el rescate o que aceptaran trabajar como mulas. Cuando los migrantes rehusaron hacerlo fueron masacrados. El único sobreviviente logró llegar a una base militar cercana y contar lo que había sucedido. Un año después, un joven miembro de Los Zetas confesó haber participado en el crimen.[185] En otra masacre, en mayo de 2012, cuarenta y nueve cuerpos mutilados de supuestos migrantes aparecieron tirados en una carretera cercana a Monterrey. "Por la cantidad de personas, la primera línea apunta a que podría tratarse de los pasajeros de un autobús repleto de ilegales; pudo haberse tratado de un problema de cobro de cuota a un pollero por parte de la delincuencia organizada que ya se apoderó también de este negocio ilegal", explicó un funcionario del gobierno mexicano.[186]

De acuerdo con un reporte de la coalición de derechos humanos, "Cuando el tren se encuentra en movimiento o mientras las personas migrantes están esperándolo en las vías férreas, grupos de personas fuertemente armadas se acercan a las personas migrantes, los amagan y los obligan a subir a distintas camionetas, en las que son trasladados a casas de seguridad. La brutalidad con la que son realizados los secuestros es una característica insoslayable dentro de este fenómeno. En las 'casas de seguridad' donde son retenidos, permanecen sufriendo toda clase de torturas, tratos crueles y graves, castigos físicos y psicológicos, hasta que su familia en Estados Unidos (o en Centroamérica), reúne el dinero solicitado para el rescate".[187]

Funcionaros del gobierno mexicano han estado muy implicados en estos abusos. El INAMI y las fuerzas de seguridad estatal realizan operaciones de "verificación migratoria" en los trenes, algunas veces armados con armas de choques eléctricos. Detienen a algunos migrantes y dejan a los demás a merced de las bandas y de los grupos armados.[188]

Aunque resulta tentador culpar de la violencia en contra de los migrantes a los actores mexicanos, la situación no puede separarse de su contexto más amplio: la criminalización de los migrantes en Estados Unidos, y la presión que ejerce este país sobre México para que ponga en práctica políticas similares. México ha denunciado públicamente las políticas estadounidenses en contra de los migrantes, pero el gobierno mexicano ha colaborado con ellas de muchas maneras. Las políticas estadounidenses crean un contexto político –la ilegalidad– que legitima los abusos en contra de los migrantes. El obispo de Saltillo articuló lo que creen muchos mexicanos y centroamericanos: "Mi conclusión es que las políticas migratorias del gobierno mexicano van encaminadas a que los migrantes no pasen hacia el país del norte. Es muy claro que la impunidad en la que se deja actuar al crimen organizado en este momento, como en su momento se dejó a las maras, es una política de terror".[189] Una política del terror que prospera y que sirve al clima de criminalización de los migrantes en el país de destino.

En la frontera

Cruzar la frontera México-Estados Unidos solía ser un asunto bastante mundano, como se ha descrito en los capítulos anteriores. La frontera cambió drásticamente cuando los políticos comenzaron a condescender con (y a animar) el creciente clima antiinmigrante al interior de Estados Unidos, al inicio de la década de los noventa. La Operación Hold the Line en El Paso en 1993 y la Operación Guardián en California en 1994 iniciaron la obsesión con la frontera, que continúa hasta hoy.[190] En septiembre de 1993, el jefe de la Patrulla Fronteriza en El Paso, Silvestre Reyes, lanzó su nueva política, una "muestra de fuerza altamente visible a lo largo de una sección de veinte millas que divide a El Paso de Ciudad Juárez. Las inspecciones en los puertos de entrada oficiales también se intensificaron. La estrategia representa un distanciamiento radical de la estrategia anterior de la Patrulla Fronteriza de perseguir y aprehender a los inmigrantes no autorizados después de haber cruzado la frontera hacia el área de El Paso". Las aprehensiones pronto disminuyeron en su sector, no porque los cruces fronterizos hayan disminuido, sino porque los migrantes cambiaron de puntos de cruce.[191]

De igual manera, la Operación Guardián en California tuvo éxito en alejar al tráfico migrante de una franja de la frontera de 122.3 kilómetros conocida como el sector San Diego. La Operación Guardián incluyó la construcción de un muro, el despliegue masivo de agentes de la Patrulla Fronteriza en la frontera, la instalación de torres de iluminación para estadios, y el uso de vehículos, sensores y otros equipos. Empezó en la estación Imperial Beach en el oeste y se movió hacia el este; la Patrulla Fronteriza esperaba "tener bajo control" a todo el sector San Diego en cinco años.[192] Como sucedió en Texas, control no significaba que la migración dejó de llegar, simplemente que los migrantes se movieron hacia otros puntos de entrada, más peligrosos.

En 2009, la Unión Americana de Libertades Civiles (American Civil Liberties Union) y la Comisión Nacional de los Derechos Humanos de México acusaron al gobierno de Estados Unidos de causar miles de muertes en la frontera. "Este informe hace sonar la alarma de una crisis humanitaria que ha llevado a la muerte a más de 5 000 seres humanos", declararon. Dijeron que la crisis es el resultado directo de las decisiones en Estados Unidos: "Las muertes de los migrantes no autorizados han sido el resultado predecible e inhumano de las políticas de seguridad fronteriza en la frontera México-Estados Unidos de los últimos quince años". Las nuevas políticas implementadas por Operación Guardián, que militarizaban el poblado sector San Diego, "intencionalmente forzaron a los migrantes indocumentados a ambientes extremos y barreras naturales que el gobierno había anticipado incrementarían la posibilidad de lesiones o de muerte".[193] Para lograr estar a salvo, los migrantes tenían que caminar muchos kilómetros en un terreno desértico peligroso, soportar el calor extremo de los días y el frío de las noches. Pocos podían llevar suficiente agua consigo. Conforme la tasa de mortalidad creció aceleradamente, "la causa de muerte cambió [...] de fatalidades de tránsito a hipotermia, deshidratación y ahogamiento".[194]

La Coalición de Derechos Humanos localizada en Arizona ha contabilizado los muertos en el sector Arizona desde el 2000. Basándose en los restos recuperados, la organización ha apuntado que, por lo menos, entre 100 y 300 personas mueren cada año, y el número más alto, 282, fue en 2006. Ya que muchos restos no se recuperan, las tasas de mortalidad reales son considerablemente más altas. La organización atribuye el pequeño decremento después de ese año (bajó a 179 en 2011-2012) al decremento en el número total de cruces.[195] Una investigación de la GAO en 2006 descubrió que las muertes por cruzar la frontera se habían duplicado en la década pasada, hasta llegar al punto más alto, 472, en 2006. Tres cuartas partes del incremento se debía a tasas de mortalidad crecientes en el sector Tucson, y la mayoría de estas estaban relacionadas con la exposición al calor del desierto.[196] La oficina del forense en el condado de Pima, Arizona, se hizo cargo de los restos de 1 915 migrantes que murieron en el desierto desde 2001 hasta 2010.[197] Las cifras de la Patrulla Fronteriza corroboran el pico (492) en el año fiscal 2005 y muestran que a pesar de una leve baja después de eso, los números han vuelto a crecer, hasta 483 en el año fiscal 2012.[198]

Incluso cuando el número total de personas que cruzan disminuyó después del 2006, el proceso se ha vuelto cada vez más peligroso. *El Arizona Daily Star* señaló que la relación de muertes conocidas por número de aprehensiones creció de tres por cada cien mil en 1998 a treinta y nueve en 2004 y a ochenta y ocho en 2009. "Eso quiere decir que el riesgo de morir es más de dos veces más alto hoy comparado con cinco años atrás y casi más de treinta veces más alto que en 1998", reportó el periódico a finales de 2009. "La policía del condado fronterizo, los funcionarios del consulado mexicano, los oficiales tribales de Tohono O'odham y los grupos humanitarios dicen que el incremento en enrejados, tecnologías y agentes han provocado que los que cruzan de forma ilegal tengan que caminar distancias más largas por territorios más peligrosos aumentando así la probabilidad de que las personas se lastimen, terminen fatigados y se les abandone y mueran solos".[199]

Como respuesta a la tasa de mortalidad creciente y a las denuncias que provocó, la Patrulla Fronteriza creó la Iniciativa de Seguridad Fronteriza (Border Safety Initiative) en 1998 y formó la BORSTAR para entrenar a sus agentes en protocolos de búsqueda, primeros auxilios y rescate. La meta era hacerle frente a la crisis humanitaria que generaban las nuevas políticas fronterizas de Estados Unidos. Los agentes de la Patrulla Fronteriza administraron primeros auxilios que le salvaron la vida a cientos de migrantes en los años posteriores al inicio del programa. Pero "mientras que la unidad BORSTAR del sector Tucson constantemente proveía de servicios de búsqueda, rescate e intervención médica para migrantes indocumentados en condiciones adversas, sus actividades fueron insignificantes en comparación con el volumen de las actividades de patrullaje de la Patrulla Fronteriza".[200] Pronto, otras organizaciones de base y religiosas se formaron para intentar hacerle frente a este problema.

Conclusión

Las leyes que permiten o niegan la entrada a Estados Unidos son, y siempre han sido, arbitrarias y discriminatorias. Un grupo de leyes, principalmente para europeos y para ricos, permite libertad de tránsito. Otro, para los latinoamericanos y los pobres, crea un laberinto de incentivos y obstáculos.

El centro comercial de Las Americas Premium Outlets en el lado estadounidense de la frontera entre Tijuana y San Ysidro, al sur de San Diego simboliza esa contradicción. Las 125 tiendas atraen a los turistas del lado mexicano, les ofrecen una Meca de consumismo si tan sólo cruzan para comprar. "La gran reja que rodea a los *outlets* y a la bandera mexicana [justo al lado del complejo, al otro lado de la frontera] distrae un poco", escribió un reseñista estadounidense en el popular sitio de internet Yelp.com.[201] Entre el centro comercial y la bandera están el imponente muro fronterizo y el aparato de seguridad que lo mantiene, un recordatorio para los mexicanos de que su bienvenida es decididamente condicional.

Una gran variedad de factores históricos y económicos atraen y algunas veces obligan a los migrantes a salir de sus casas y a integrarse a la economía estadounidense. Muchos de estos factores son el resultado de decisiones implementadas deliberadamente por patrones estadounidenses, por inversionistas y por el gobierno. Al mismo tiempo, una serie enredada de leyes, restricciones y discriminaciones garantizan que los migrantes permanecerán en una posición subyugada, explotable y explotada. Hoy en día, el sistema funciona atrayéndolos u obligándolos a que entren en un estatus considerado ilegal.

Las fronteras que separan a los migrantes de Estados Unidos no son únicamente físicas. Una vez dentro del país –ya sea por medio de un cruce fronterizo traumático o por haber excedido el plazo de la visa– las personas sin documentos viven otro tipo de frontera, una frontera confusa y a veces atemorizante que los separa de aquellos que los rodean y del país y la sociedad en la que viven. Estas fronteras internas son el tema del siguiente capítulo.

4

¿Qué parte de "ilegal" sí entiendes?

Arbitraria y precaria. Si la vida de los pobres en México y Centroamérica sucede en un estado de precariedad y está sujeta a sucesos arbitrarios a los que apenas pueden adaptarse para sobrevivir, su vida en Estados Unidos continúa este mismo patrón. ¿Por qué ciertas agencias de gobierno dan la bienvenida a los indocumentados, mientras que otras los ignoran y algunas más los amenazan, los encarcelan y los deportan? ¿Qué es lo que determina en realidad su estatus y por qué parece cambiar tan seguido y de manera tan impredecible? ¿Cómo pueden planear a futuro o prepararse, cuando todo parece ser tan caprichoso?

Lo confuso de las categorías

En la mente de la mayoría de los ciudadanos, los términos "legal" e "ilegal" están claramente definidos y son dos categorías evidentemente distintas. En la vida real, sin embargo, hay una gran zona gris entre estos dos polos ostensiblemente opuestos. La mayoría de las personas indocumentadas tienen vidas comunes y corrientes y no es posible distinguirlos de manera inmediata de los migrantes con documentos o de los ciudadanos. Sin embargo, en algunos sentidos, ocultos para el mundo de las personas con documentos, sus vidas son muy distintas. Como ha dicho José Antonio Vargas: "La vida cotidiana para un indocumentado en Estados Unidos es una constante búsqueda de lagunas legales y puertas traseras".[202]

La mayoría de los casi 11 millones de indocumentados en Estados Unidos ha estado en el país por largo tiempo. Como apunté antes, sólo 14 por ciento de ellos llegaron al país después del 1º de enero de 2005, lo que quiere decir que el 86 por ciento ha estado en el país por más de nueve años.[203] Aunque la ley los considere extranjeros, la mayoría de estas personas tiene raíces profundas en Estados Unidos.

Los mexicanos están sobre representados entre los deportados: componen el 58 por ciento de la población indocumentada, pero el 70 por ciento de los deportados.[204] Aparentemente, ser mexicano te convierte de alguna manera en alguien *más* indocumentado a los ojos de la sociedad y de la policía. Dado que ser indocumentado es un estatus impuesto por la sociedad, entonces que este estatus exista depende del modo en el que te perciben aquellos en puestos de autoridad.

Muchas personas han vivido parte de su vida con documentos y otra parte sin ellos. Las leyes cambian, como en 1986 cuando se les ofreció a muchos de los indocumentados la oportunidad de legalizar su estatus. Los individuos que entran al país de manera legal pueden perder ese estatus si violan los términos de su visa de alguna manera, mientras que, caso más raro, aquellos que son indocumentados pueden lograr regularizar su estatus.

La IRCA de 1986, el intento más reciente en el país de realizar una reforma migratoria integral, ejemplifica la naturaleza arbitraria de las leyes migratorias. Para ser candidatos a legalización, los migrantes debían haber residido en el país de manera ininterrumpida desde el 1º de enero de 1982. Esta fecha límite excluyó a grandes cantidades de migrantes centroamericanos que llegaron después. De los 500 000 a 850 000 salvadoreños en el país, sólo calificaron 146 000.[205] El acuerdo que resultó del proceso judicial American Baptist Churches (ABC) contra Thronburgh en 1990 reabrió miles de casos de asilo político y representó una nueva oportunidad para obtener residencia legal para salvadoreños y guatemaltecos sin documentos. Pero el proceso era terriblemente lento, y decenas de miles de centroamericanos permanecieron en el limbo durante la década de los noventa obligados a renovar sus permisos de trabajo cada dieciocho meses mientras sus casos languidecían.

La Ley Migratoria de 1990 (IMMACT) –junto con muchas otras disposiciones– creó la nueva categoría Estatus de Protección Temporal (Temporary Protected Status, TPS, por sus siglas en inglés), que ofrecía protección temporal y autorizaciones de trabajo a inmigrantes de algunos países afectados por guerras o desastres naturales. Los salvadoreños recibieron el TPS, debido al estado de guerra civil que reinaba en el país y que hacía imposible su regreso. Los guatemaltecos, a pesar del conflicto armado en su país, no estaban incluidos. Para los salvadoreños, la temporada del TPS se prolongó en varias ocasiones, pero terminó en 1995, cuando un acuerdo de paz puso fin a la guerra. En ese momento, alrededor de un millón de salvadoreños vivían en Estados Unidos. La mitad de ellos eran migrantes legales y entre 90 000 y 190 000 estaban amparados por el TPS.[206] (Lo solicitaron originalmente unos 200 000, pero muchos no completaron el proceso de renovación.)[207] Cuando el TPS concluyó, algunos salvadoreños volvieron al proceso de buscar asilo político.

La Ley de Ajuste Nicaragüense y Ayuda a Centroamérica (Nicaraguan Adjustment and Central America Relief Act, NACARA, por sus siglas en inglés) fue un intento de atender el retraso de casos de asilo ofreciendo residencias permanentes a ciertas personas que solicitaban asilo. Pero NACARA dejó a muchos guatemaltecos y salvadoreños en el limbo, ya que favorecía a los solicitantes cubanos y nicaragüenses, y siguió plagado de retrasos. En 2001, el INS estimó que podría tomar "hasta veinte años" procesar las casi 300 000 solicitudes centroamericanas pendientes.[208] Entre 1999 y 2003, el índice de aprobación de las solicitudes de asilo de salvadoreños y guatemaltecos oscilaba entre 7 y 11 por ciento; no mucho mayor que el índice bajo en los ochenta, que llevó a la demanda de la ABC. Para los solicitantes de otros países, el índice oscilaba entre 33 y 44 por ciento.[209] Los salvadoreños y guatemaltecos, en palabras de Cecilia Menjívar y Leisy Abrego, "han tenido que enfrentar que sólo les otorguen permisos temporales, un proceso aparentemente interminable de solicitudes y nuevas solicitudes, períodos de espera largos para que se procesen sus solicitudes y la amenaza de la deportación inminente". Ni totalmente legales ni totalmente ilegales, existen en un estado de "permanente temporareidad" o en una "legalidad liminar".[210]

Menjívar describe las experiencias de muchos migrantes indocumentados centroamericanos:

> En ocasiones se les otorga un respiro temporal de la deportación a través de una serie de fechas límite confusas para entregar solicitudes y renovaciones de permisos y complicados procesos de aplicación (p.e., cuotas, formatos, fotos, huellas digitales, comprobantes de domicilio, incontables advertencias y condiciones). De hecho, es tanto el trabajo que implica preparar estas solicitudes y la información es tan difícil de obtener que ha surgido una verdadera industria entre los redactores de documentos, los notarios y otros emprendedores (algunos no muy bien capacitados) que cumplen con las necesidades de los centroamericanos que solicitan las distintas exenciones. Esta situación genera una enorme ansiedad, ya que cada fecha límite acentúa la precariedad de la situación en la que se encuentran estos inmigrantes, que para muchos ha durado más de dos décadas.[211]

Las revisiones a la ley migratoria han seguido el patrón de crear nuevas maneras de castigar la ilegalidad al tiempo que crean unas nuevas, aparentemente arbitrarias y algunas veces sorprendentes avenidas para la legalización. Un nuevo estatus de protección temporal para los salvadoreños (2001) y los haitianos (2011) ofrecía a los indocumentados de esos países un alivio temporal, pero también sabían que tal como había llegado, así de fácil podía ser rescindido en el futuro. El anuncio del presidente Obama de la Acción Diferida para los Llegados en la Infancia (Deferred Action for Childhood Arrivals, DACA, por sus siglas en inglés) en junio de 2012, le dio a algunos jóvenes una prórroga similar de dos años durante los cuales podían recibir documentos temporales, incluidos permisos de trabajo, pero sin que por ello supieran cuál sería su estatus al final de esos dos años.

Muchos migrantes esperan que algún día se abra para ellos una avenida legal por la cual puedan regularizar su estatus, como ocurrió en 1986, y hacen todo lo posible para incrementar sus posibilidades de obtener el estatus legal, si y cuando surja la oportunidad. Por ello, una vez que están dentro de Estados Unidos, están constantemente debatiéndose entre las leyes que sienten que no tienen más opción que violar (por ejemplo, las leyes que les impiden trabajar) y el deseo de probar que son personas que cumplen con la ley y que merecen tener un estatus legal.

Por esta razón, miles de inmigrantes indocumentados solicitan y reciben Números Personales de Identificación del Contribuyente (Individual Taxpayer ID Numbers, ITIN, por sus siglas en inglés), que les permiten hacer declaraciones de impuestos sobre ingresos cada año. Acuden a los juzgados cuando se les cita por faltas de tránsito o por la acusación más grave de manejar sin licencia. Sin embargo, siguen trabajando y manejando sin tener autorización oficial para hacerlo.

Servicios sociales

La red de servicios sociales con frecuencia resulta ser un laberinto complejo, incluso para los ciudadanos, y esto contribuye a las arbitrariedades asociadas al estatus de indocumentado. Los inmigrantes indocumentados son elegibles para cierto tipo de beneficios, y al mismo tiempo, tanto los indocumentados como los temporales con documentos legales están excluidos de otros. Desde 1996, incluso los residentes permanentes están excluidos de muchos servicios. Desentrañar a qué servicios tiene derecho un inmigrante es una tarea compleja. Más aún, dado que con frecuencia las familias están integradas por personas con distintos estatus migratorios, distintos servicios estarán disponibles para distintos miembros. Las regulaciones de las prestaciones sociales, de Medicaid, y otros tipos de servicios sociales han batallado para establecer las categorías y decidir exactamente qué significa "legalmente presente" al determinar la elegibilidad. Se necesitaron varias páginas de la edición 2011 del Código de Estados Unidos para explicar los distintos estatus legales y para determinar cuáles califican a cada persona para distintos tipos de beneficios.[112]

Esta confusión revela la dificultad tanto moral y legal de identificar a los individuos por el estatus migratorio y las preguntas tan confusas que enfrentan los inmigrantes indocumentados. ¿Por qué una agencia de gobierno quiere ayudarlos, mientras que otras quieren perjudicarlos? ¿Serán castigados por aceptar servicios que se les ofrecen?

Para hacer todavía más confuso el asunto, la mayoría de los proveedores de servicios sociales están entrenados para asegurarse de que las personas tengan acceso a los servicios a los que son elegibles. A los inmigrantes indocumentados los pueden agobiar con llamadas e invitaciones a que acepten ciertos beneficios, y al mismo tiempo puede que no hallen la manera de acceder a servicios que necesitan con mayor urgencia. (Claro, esto sucede también con los ciudadanos). Este enredo refleja los intereses en pugna involucrados en la aprobación de leyes y los intereses que tienen las agencias. Como el estatus migratorio mismo, les presenta un panorama abrumador para los necesitados.

Los inmigrantes descubren que las mujeres embarazadas son elegibles para participar en el Programa Especial de Nutrición Suplementaria para Mujeres, Infantes y Niños (WIC), pero no para el Programa de Asistencia Nutricional Suplementaria (SNAP). Un niño (nacido en Estados Unidos) puede ser elegible para participar en SNAP, pero otro (nacido fuera del país) en la misma familia, no. Los niños indocumentados pueden acudir al Programa Head Start y a las escuelas públicas, pero su elegibilidad para poder acudir a universidades públicas varía de estado en estado. La Ley de Cuidado de la Salud a Bajo Precio (Affordable Care Act) excluye explícitamente a los indocumentados, pero los servicios de urgencias de los hospitales todavía están obligados a atenderlos. No son elegibles para alquilar un departamento en las viviendas públicas, pero pueden vivir en uno de ellos siempre y cuando la compartan con algún miembro de la familia que sea elegible y que no sea indocumentado.

Dado que no son elegibles para la mayoría de los servicios públicos que se pagan con fondos públicos, y dado que son renuentes a exigir aquellos servicios para los que sí son elegibles, los indocumentados tienden a ser una carga mucho menor para las arcas públicas de lo que se esperaría, dados sus sueldos tan bajos. En un estudio muy cuidadoso del impacto fiscal de la migración indocumentada, el Centro para Estudios sobre la Inmigración (Center for Immigration Studies) concluyó que "la principal razón por la que crean un déficit fiscal es su bajo nivel educativo y los resultantes sueldos y pagos de impuestos bajos, no su estatus legal ni un uso intenso de los servicios sociales".[213]

Documentos fraudulentos

Casi todos los indocumentados poseen un abanico de documentos válidos y fraudulentos. Pueden tener un acta de nacimiento, una licencia de manejo o un pasaporte de su país de origen. Sin embargo, no tienen una visa que autorice su presencia en Estados Unidos, o quizá tengan una visa expirada.

Hay muchos grados de fraude y muchos métodos para intentar obtener los documentos que las personas necesitan para la vida diaria. Uno de los primeros documentos que un indocumentado necesita al llegar a Estados Unidos es una tarjeta de seguridad social. Hay un boyante negocio subterráneo de tarjetas de seguridad social (con frecuencia, mal realizado) que se aprovecha de los recién llegados. Por unos cientos de dólares, los falsificadores incluyen el nombre del inmigrante –o un nombre falso– junto con un número al azar en una tarjeta diseñada para asemejarse a una tarjeta real.

Como el programa E-Verify, en la última década se ha vuelto cada vez más común que los indocumentados se den cuenta de que necesitan un número de seguridad social con un nombre correcto. Algunas veces, un inmigrante podría tomar prestado el nombre y el número de algún amigo o pariente. O, por una cuota mayor, un falsificador podrá venderle al inmigrante el nombre real de una persona y su número de seguridad social.

Puerto Rico ha sido una fuente particularmente lucrativa de certificados de nacimiento y números de seguridad social válidos con nombres en español. Una persona puede vender sus propios documentos, o los de un hijo o un anciano que no esté laborando, o incluso los de alguna persona que haya muerto. O bien, los documentos pueden ser robados. El comprador –con frecuencia un inmigrante indocumentado en los Estados Unidos continentales– sólo quiere un número de seguridad social válido que corresponda con el nombre en la tarjeta para poder trabajar. En algunos casos, sin embargo, el fraude se vuelve un robo más agresivo, en que la persona utilizará los documentos para aplicar a los servicios sociales disponibles únicamente para los ciudadanos, o para obtener reembolsos de impuestos, préstamos o créditos a nombre de otra persona.[214]

En 2010, el gobierno puertorriqueño respondió a la situación invalidando todas las actas de nacimiento y exigiendo que todos los nacidos en Puerto Rico obtuvieran un documento nuevo y más seguro. Muchos estaban escépticos de que esto solucionaría el problema. Un ciudadano puertorriqueño lo explicó sucintamente: "El dinero lo compra todo [...] La gente haría cualquier cosa por dinero".[215]

Hay una gran diferencia entre usar un número falso y el robo de identidad. En el caso del robo de identidad, un individuo intenta acceder a la cuenta de banco de otro, a su tarjeta de crédito o a otras propiedades para beneficiarse. Utilizando un número de seguridad social falso –incluso si resulta ser el de alguien más– no da acceso a nada que le pertenezca a la otra persona. En cambio, cuando un patrón paga los impuestos al salario utilizando el número falso, el IRS etiqueta la discrepancia y simplemente transfiere los pagos de seguridad social a su archivo de ganancias suspendidas.[216] No se afecta de ninguna manera a la persona a la que le pertenece el número. Como reconocimiento de lo ubicuo –y de lo inocuo– del uso de números de seguridad social falsos, la administración del presidente Obama aclaró que utilizar un número de seguridad social falso no contará en contra de un joven que solicite DACA.

Contraer matrimonio para obtener documentos es otra estrategia que va de lo legal a lo ilegal, con una gran cantidad de matices en medio. Algunos matrimonios se arreglan como transacciones financieras entre extraños con la única esperanza de obtener documentos. Esta práctica es ilegal y el ICE persigue a las personas que obtienen la residencia legal a través de este tipo de matrimonio arreglado. Pero no todos los matrimonios por conveniencia son fraudulentos. No hay leyes que gobiernen la cantidad de amor que una persona debe sentir para casarse; muchas personas que contraen matrimonio lo hacen por una variedad de razones que van de las emocionales a las prácticas. No hay nada ilegal en casarse para obtener seguridad, dinero, prestigio o poder.

Manejar

Durante la década de los ochenta y los noventa, la mayoría de los estados no tenían reglas que impidieran que los indocumentados obtuvieran una licencia de conducir ni que manejaran legalmente. Esto cambió después del 11 de septiembre, cuando, de pronto, las licencias de conducir se convirtieron en un asunto de seguridad nacional. Millones de personas que habían estado conduciendo de manera legal, con licencias legítimas, de pronto descubrieron que manejar se había vuelto ilegal.

La Ley REAL ID de 2005, aprobada como parte de las recomendaciones de la Comisión del 11 de septiembre, intentó imponer un estándar nacional para la emisión de licencias de manejo. Entre otras cosas, la ley requería un acta de nacimiento o un pasaporte con visa que demostrara que la persona estaba en el país de manera legal. La licencia entonces serviría como un carnet de identificación legible electrónicamente y aprobado a nivel federal. El Departamento de Seguridad Nacional fijaría el estándar y aprobaría las licencias; en esencia la licencia emitida por los estados se convirtió en un carnet de identidad nacional.

Estaba programado que la ley entrara en vigor por completo en 2008, pero la implementación completa se pospuso en varias ocasiones. Al final de 2012, la mayoría de los estados cumplían con la ley. Una vez que entra en vigor, una licencia de manejo de un estado que no cumpla con la ley no será aceptada como una identificación válida para viajar, para abrir una cuenta de banco, para solicitar los beneficios de seguridad social o para entrar en edificios federales.

Manejar un auto es una necesidad tan básica de la vida adulta en la mayor parte de Estados Unidos que han surgido una gran cantidad de métodos para que los inmigrantes indocumentados obtengan una licencia. Como con las tarjetas de seguridad social, es posible comprar una licencia de manejo falsa. Apareció una nueva industria que confecciona licencias falsas. Algunas personas utilizaban licencias de sus propios países –reales o falsificadas. Otros viajaban a Nuevo México o al estado de Washington –dos estados que todavía permitían que los indocumentados obtuvieran una licencia– y decían ser residentes del estado.

En Utah, el Congreso estatal creó la "tarjeta privilegiada de conducir" en 2005 para aquellos que no podían obtener una licencia de manejo porque no tenían una tarjeta de seguridad social. La tarjeta privilegiada no sirve como identificación oficial, pero sí certifica que el poseedor ha aprobado un examen de manejo y le permite manejar. Otros estados, preocupados por los problemas de seguridad que representa la proliferación de conductores sin licencia, experimentaron con otros tipos de permisos de manejo que evadirían la Ley REAL ID. Algunos permitieron que los no ciudadanos utilizaran, mientras estén en Estados Unidos, una licencia de su propio país por un período limitado de tiempo.

Incluso los inmigrantes legales que tienen autorización para trabajar no siempre pueden obtener la licencia que necesitan. Parte del problema es la ignorancia de los legisladores de la increíble complejidad de la ley migratoria y los estatus legales. En 2007 el estado de Texas, por ejemplo, aprobó una ley que requiere que, para obtener una licencia de manejo comercial, el solicitante debe ser ciudadano, un residente permanente, un asilado o un refugiado, o si no tuviera ninguno de esos estatus permanentes, mostrar una forma I-94 que probara que cruzó la frontera de manera legal. Pero hay muchos inmigrantes que están en el país de manera legal y que tienen autorización para trabajar, y que no caen dentro de esas categorías.

Una gran cantidad de centroamericanos en Texas tienen Estatus de Protección Temporal, el cual autoriza su presencia y les permite trabajar a pesar de ser formalmente indocumentados. Otros inmigrantes indocumentados quizá recibieron autorización para trabajar mientras esperan que se resuelva su caso de asilo. Estos casos, sin embargo, no les dan un estatus permanente, como el de residente, asilado o refugiado. Y tampoco crean, de manera retroactiva, una forma I-94 que haga que su entrada inicial sea legal. Tienen documentos legales que autorizan su presencia en el país, pero sus documentos no están en la lista incluida en la ley. Cuando el Congreso estatal aprobó el Código de Transporte no consideró estas categorías e hizo imposible que estos residentes del Estado mantuvieran sus licencias.[217]

En el caso de la licencia de manejo, un documento fraudulento no sirve de mucho. La policía está entrenada para reconocer una licencia falsa, contrario a los patrones, quienes con frecuencia les basta con realizar la inspección mínima requerida por la ley. Muchos de los inmigrantes indocumentados simplemente manejan sin ella. Las consecuencias, como muchas cosas acerca de la ley migratoria y su aplicación, son arbitrarias. Dependiendo del estado, un conductor indocumentado y sin licencia que ha sido detenido por la policía puede recibir una advertencia o una pequeña multa, puede perder su coche, puede ser encarcelado o incluso deportado. Si una jurisdicción participa de algún programa federal como el ICE 287(g), o el Programa Comunidades Seguras (Secure Communities), que exige que los oficiales compartan los datos de quienes han sido arrestados con ICE, una cita rutinaria en la Corte podría terminar en encarcelamiento o deportación. En 2010, el *New York Times* calculó que unos 4.5 millones de indocumentados conducían, en su mayoría sin licencia. Ese año, unos treinta mil indocumentados detenidos por infracciones de tránsito –o por estar involucrados en algún accidente en el que ellos no estaban en falta– fueron deportados.[218]

Algunos agentes de la ley apoyan esta postura estricta. El senador republicano del estado de Georgia, Chip Rogers, adoptó una actitud muy dura al promover leyes de manejo draconianas en su estado. "Hay ciertas cosas que no puedes hacer en el estado de Georgia si eres un inmigrante ilegal", dijo con orgullo. "Una de ellas es que no puedes manejar".[219] En Los Ángeles, en cambio, el jefe de la policía se unió al alcalde Antonio Villaraigosa y a la comisión de policía para echar abajo una regla que decía que había que retener el auto de quien se descubriera conduciendo sin licencia. El sindicato de policía protestó ruidosamente, pero el procurador de la ciudad, a pesar de ser un conservador, respaldó el cambio.[220]

Con frecuencia, las agencias de policía han tenido reacciones encontradas ante los esfuerzos federales por fortalecer las políticas migratorias. En Framingham, Massachusetts, la policía se salió del Programa 287(g) dos años después de haberlo adoptado. El jefe de policía Steven Carl, dijo que "se había unido hacía dos años para poder acceder a las bases de datos federales para combatir al crimen, y que se apartó cuando los funcionarios federales esperaban que detuviera inmigrantes, que los transportara e incluso que testificara en el juzgado migratorio. Carl dijo que eso podía lastimar la relación de la policía con la comunidad, compuesta por un 26 por ciento de inmigrantes. 'Realizar labores de deportación y vigilancia migratoria no beneficia al departamento de policía'", explicó.[221]

En contraste, cuando el gobernador de Massachusetts, Deval Patrick anunció que tenía la intención de sacar al estado del Programa Comunidades Seguras, el jefe de policía de Milford, un pueblo cercano a Framingham y, como éste, hogar de una gran cantidad de migrantes, tuvo la reacción opuesta. "Está quitándole una herramienta importante a los policías, quienes enfrentan una labor difícil", dijo el jefe de la policía. "Debemos dejarle bien claro a esta (gente) que está aquí de manera incorrecta, y a quienes los emplean, que éste es un tema que nos debemos tomar muy en serio".[222]

¿Qué es lo exactamente ilegal?

Es ilegal cruzar la frontera sin inspección y/o sin la aprobación de las autoridades migratorias estadounidenses. Como hemos visto antes, cerca de la mitad de la población indocumentada entró al país de manera ilegal (a diferencia de los que entran con una inspección, pero luego exceden o violan los términos de la visa). Entrar al país de manera ilegal es un crimen, y una persona que lo comete puede estar sujeta hasta a seis meses de cárcel. Entrar al país después de haber sido deportado es un crimen mayor –un delito grave– que puede ameritar hasta dos años en prisión. Simplemente estar en el país sin autorización, sin embargo, no es en sí mismo un crimen sino una falta civil, remediada con la expulsión (ya sea una salida voluntaria o una deportación) y no con una sanción criminal. La presencia ilegal se vuelve una ofensa criminal sólo "cuando un extranjero es descubierto en Estados Unidos después de haber sido removido formalmente o después de haber salido de Estados Unidos con una orden de expulsión pendiente".[223]

Incluso cuando un inmigrante potencial es detenido al momento de entrar ilegalmente, por lo general no se levantan cargos ni criminales ni civiles. Dado que los estándares de perseguir un caso criminal son mucho más altos que en los casos migratorios, el gobierno tiene todos los incentivos para mantener las infracciones migratorias fuera del sistema de juzgados criminales. El sistema de juzgados migratorios tiene un retraso de cientos de miles de casos, lo que quiere decir que el gobierno debe asumir el costo de una larga detención voluntaria.

A muchos de los inmigrantes capturados se les ofrece la opción de la salida o el regreso voluntarios, es decir, que la persona salga del país sin ser oficialmente deportada. No hay una orden de expulsión, pero la persona admite de manera tácita que está sujeta a expulsión, en otras palabras, admite a estar presente sin autorización. Si el inmigrante es aprehendido en el interior del país se le da un límite de tiempo y se le permite organizar su propia salida. Si son detenidos en la frontera se les otorga la salida voluntaria, se les transporta en autobuses hasta la frontera y se les deposita en el lado mexicano.[224] Para muchos inmigrantes, en especial para aquellos que tienen muy pocas posibilidades de ganar un juicio migratorio, la salida voluntaria es la ruta preferida, aunque muchos de los que salen voluntariamente pronto intentan volver a entrar.

Los inmigrantes que no aceptan la salida voluntaria, quienes han sido acusados de otros crímenes o infracciones, o quienes están señalados por otras razones, pueden ser sujetos de una expulsión formal (involuntaria) o deportación.[225] Aparecen ante un juez que ordena su deportación. No son juzgados como culpables de ningún crimen, y la expulsión no se considera un castigo. Sin embargo, una vez que una persona es removida formalmente, un nuevo intento de entrar se convierte en un delito grave, y su presencia ilegal se vuelve asunto criminal.

Durante la mayor parte del siglo XX, las salidas voluntarias –principalmente de personas aprehendidas por la Patrulla Fronteriza y enviadas de regreso (con frecuencia a México) sin una orden de deportación oficial– eran mucho más numerosas que las remociones. Desde 2006, el número de salidas voluntarias se ha desplomado, de más de un millón al año a unas 323 000 en 2011, mientras que el número de remociones (principalmente de personas aprehendidas en el interior) ha crecido de manera sostenida, hasta rebasar los 50 000 al año por primera vez en 1995 y elevarse rápidamente hasta 400 000 al año desde que el presidente Obama fue elegido en 2008.[226]

Algunos atribuyen la caída en las aprehensiones en la frontera al incremento en vigilancia. La Patrulla Fronteriza, señalan, aumentó de nueve mil agentes en 2001 a veintidós mil al final de 2009 y veintiún mil para 2012; mientras que el presupuesto anual de la Oficina de Aduanas y Protección Fronteriza creció de cerca de 6 mil millones de dólares en 2004 a cerca de 11 mil millones en 2009. (La Patrulla Fronteriza representaba a 1.4 mil millones de ese presupuesto.) El muro fronterizo creció y utiliza tecnología cada vez más sofisticada. El propósito de toda esta "vigilancia" es disuadir a las personas que posiblemente intenten cruzar la frontera de siquiera intentarlo. Quizá está funcionando, dicen algunos. Otros, sin embargo, le atribuyen este desplome a la caída económica de Estados Unidos, y dicen que menos personas están intentando cruzar la frontera porque ha caído la demanda de mano de obra.[227]

Mientras tanto, el número de aprehensiones en operaciones de vigilancia y expulsión ICE dentro del país se han disparado, principalmente como resultado del énfasis que ha puesto la administración del presidente Obama en programas de patrullaje doméstico.[228] Esto ha significado que muchas más personas con trabajos, vidas y vínculos a sus comunidades en Estados Unidos sean arrancados y deportados. Hasta 2005, sólo un cinco por ciento de mexicanos deportados había estado en Estados Unidos por más de un año. En 2010, dos años después de que inició el primer período del presidente Obama, más de un cuarto de los deportados había estado en Estados Unidos por más de un año; en 2011, era casi la mitad.[229] Al mismo tiempo, en 2010, el ICE solicitó 5.5 mil millones de dólares en fondos discrecionales para el año siguiente, la mayoría de los cuales fueron asignados a detenciones y deportaciones.[230] Perseguir la ilegalidad es una operación cara.

¿Quién se beneficia de la ilegalidad?

Aunque la ilegalidad es cuestión de la ley, tiene importantes implicaciones económicas, como se discutirá en los dos capítulos siguientes. Los empleadores de mano de obra barata se benefician del estatus ilegal de algunos trabajadores, así como los consumidores de bienes y servicios de bajo costo. Los presupuestos locales y estatales se enfrentan a costos que resultan de la marginalización económica de los indocumentados, mientras que programas federales como la seguridad social se benefician ampliamente de los pagos que realizan al sistema los trabajadores indocumentados que nunca serán elegibles para obtener sus beneficios.

La ilegalidad también tiene amplios beneficios para el sistema carcelario, en particular para el nuevo y creciente sistema de prisiones privadas. La criminalización de los inmigrantes ha creado trabajos en la industria carcelaria, que en 2011 empleaba a ochocientas mil personas y que gastó setenta y cuatro mil millones de dólares al año.[231]

Pero más allá de los costos y beneficios económicos para distintos sectores de la sociedad, hay otros beneficios intangibles. Los políticos y los comentaristas televisivos se han enfocado en el tema para movilizar a las audiencias y hacerse de su apoyo. El sentimiento antiinmigrante y, en especial, la demonización de los indocumentados puede traer consigo votos y atención.

Lo que Leo Chavez llama la "narrativa de la amenaza latina" se traslapa con el sentimiento antiindocumentado, ya que "la migración mexicana y la población de origen mexicano, y la inmigración latinoamericana en general se han percibido como una amenaza a la seguridad nacional" en la década de los noventa.[232] La narrativa de la amenaza, explica Chavez, se ha expresado tantas veces que sus componentes ya son aceptados culturalmente. La narrativa dice que los inmigrantes mexicanos son "extranjeros ilegales" o "criminales". Quieren crear una "Quebec" (es decir, una región cultural y lingüísticamente única), invadir al país o reconquistar el suroeste. Se niegan a aprender inglés o a asimilarse, procrean muy rápido y amenazan a la seguridad nacional.[233]

Además de atraer votos o incrementar el *rating*, la narrativa de la amenaza latina sirve para el propósito más sutil de canalizar y alejar de sus causas reales las ansiedades nacionales sobre la inequidad social; la crisis ambiental; la desaceleración económica; la falta de acceso a trabajos, vivienda, servicios de salud y educación; el deterioro de los servicios sociales, y otros problemas reales que enfrenta la población estadounidense. Aquellos que se benefician del *statu quo* preferirían que las personas culpen a los inmigrantes en lugar de que luchen por un verdadero cambio económico y social.

Detención

Según la Unión Americana de Libertades Civiles, la detención de migrantes ha alcanzado "proporciones de crisis". "Durante los últimos quince años, el sistema de detenciones se ha quintuplicado en tamaño, creció de menos de 6 300 camas en 1996 a su capacidad actual de 33 400 camas. En 2010, el Departamento de Seguridad Nacional (DHS, por sus siglas en inglés) detuvo a 363 000 inmigrantes en 250 instalaciones en todo el país".[234] Mientras tanto, el presupuesto de operaciones de detención para ICE saltó de 864 millones en 2005 a más de 2 mil millones en 2012.[235] Según Amnistía Internacional, el uso de detenciones para las infracciones migratorias contradice la ley internacional de derechos en contra de las detenciones arbitrarias. "Todos tienen el derecho a la libertad, a la libertad de movimiento y el derecho a no ser detenidos de manera arbitraria", explicó Amnistía Internacional.[236]

Las detenciones de inmigrantes envían a las personas a un submundo kafkiano. Los juzgados migratorios son una entidad separada del sistema de justicia criminal; es una corte administrativa. Esto quiere decir que todo el cuerpo de la ley diseñado para proteger a aquellos que están acusados de crímenes y para garantizarles un juicio justo no aplica aquí. (No obstante, un inmigrante acusado de un crimen recibe esos derechos en las cortes criminales.) En el sistema de detenciones migratorias, los prisioneros tienen pocos derechos y con frecuencia carecen de los medios para enterarse de qué derechos tienen o del modo de ejercerlos. Por ejemplo, los inmigrantes tienen el derecho de ser representados por un abogado, pero no a costa del Estado. Muchos detenidos no saben que tienen el derecho a ser representados, no saben cómo obtener esa representación y/o no pueden pagarla. De aquellos que llegan a la audiencia de deportación, el 84 por ciento no tiene representación.[237]

Algunos migrantes detenidos elegirán la salida voluntaria porque sus nombres quedan limpios por si quieren realizar una entrada legal en algún momento en el futuro. Muchos desconocen las disposiciones legales que pueden autorizar que permanezcan en el país, y no tienen manera de enterarse de ellas, ya que no tienen forma de acceder a asesoría legal. Algunos eligen la salida voluntaria para escaparse de una detención larga, incluso cuando están convencidos de que podrían ganar su caso si es que finalmente llegan a tener una audiencia. Contrario a los acusados en el sistema criminal, los inmigrantes por lo general no tienen derecho a quedar libres bajo fianza.[238]

Si no eligen (o no les ofrecen) la salida voluntaria, los detenidos tienen el derecho a una audiencia ante un juez migratorio para determinar si pueden obtener el permiso legal para permanecer en el país. Algunos detenidos pueden ser elegibles para recibir asilo político; otros, para la libertad condicional o discreción persecutoria debido a la ausencia de antecedentes criminales, por tener relación familiar con algún ciudadano o residente permanente, por las adversidades que causaría su expulsión a esos ciudadanos o residentes permanentes (p.e., a sus hijos, que son ciudadanos), o por otras razones. Pero sin un abogado que lleve el caso, los inmigrantes detenidos pueden no tener ni idea del tipo de argumentos que funcionarían en favor suyo.

Es más, los procedimientos de deportación para aquellos que rechazan la salida voluntaria son con frecuencia muy largos. Mientras el proceso avanza lento, el solicitante tiene que permanecer detenido. Un estudio de Amnistía Internacional descubrió que "los inmigrantes y buscadores de asilo pueden estar detenidos por meses e incluso años en lo que atraviesan el proceso de deportación que determinará si son o no elegibles para permanecer en Estados Unidos". El promedio fue diez meses, pero algunos individuos han permanecido detenidos hasta cuatro años antes de que se llegue a una decisión.[239] Si el juez que sigue el caso falla en contra suya, serán deportados y se les prohibirá la entrada legal, comúnmente por diez años.

Con la Operación Streamline en la frontera en 2005, apareció un nuevo giro en este sistema. La operación, descrita en la introducción, saca a los migrantes aprehendidos en la frontera del sistema migratorio civil y les finca una demanda criminal por cruzar la frontera. Después de ser acusados de un crimen, por lo general se les sentencia a cumplir condenas por el tiempo que han permanecido detenidos y regresan a ICE para iniciar el proceso civil de expulsión. Este programa se ha extendido a lo largo de la frontera, de tal manera que para 2012 cada sector fronterizo participaba, e incluso algunos sectores enviaban a todos los aprehendidos a ser procesados criminalmente. Decenas de miles de migrantes que antes habrían regresado a México con salidas voluntarias ahora son detenidos, juzgados y encarcelados con cargo al gobierno. Streamline busca enviar docenas de casos a las cortes cada día, pero el tamaño del programa –unos cincuenta y cinco mil casos procesados por año– todavía significa que el gobierno requiere una gran cantidad de espacio para los encarcelamientos de corto plazo.[240]

Desde 2005, el gobierno federal ha gastado 5.5 mil millones en contratos con prisiones privadas para casos criminales contra inmigrantes; nada más en 2011 fueron 1.4 mil millones.[241] Al final de 2011 había sesenta y tres mil casos de Streamline en detención previa al juicio y veinticinco mil condenados y encarcelados.[242] El juez Sam Sparks del distrito oeste de Texas protestó argumentando que "los gastos de procesar casos de entradas ilegales y reingresos de extranjeros sin historiales criminales significativos es desconcertante. La política del Procurador General de procesar a todos los extranjeros representa un costo para el contribuyente estadounidense que no es ni meritorio ni razonable".[243]

Streamline y el incremento general en la criminalización de infracciones migratorias convirtieron los casos migratorios en el principal crimen federal para 2011. La inmigración es un crimen con un altísimo componente racial: esto quiere decir que conforme las acusaciones por infracciones migratorias aumentaron, el porcentaje de latinos en las cortes criminales también. Los hispanos integraban más de la mitad de los arrestos por cargos federales en 2011.[245]

Streamline y otros procesos criminales dan cuenta de sólo una fracción de los arrestos migratorios. La mayoría de los 391 953 inmigrantes removidos fueron capturados en el interior del país por medio de las operaciones de vigilancia y detención de ICE, y jueces migratorios ordenaron su expulsión sin que se involucrara al sistema de justicia criminal. Sin embargo, algunos de los arrestados en operaciones de vigilancia ICE en el interior del país llegan a la custodia de ICE con cargos criminales actuales o pasados.

La intersección de la ley criminal y la ley migratoria civil crea una red de complejidad en la que muchos inmigrantes y sus abogados se pierden. Cada vez más los cargos criminales se resuelven llegando a acuerdos y no se disputan en la Corte. En un acuerdo, el acusado acepta declararse culpable de un crimen menor a cambio de recibir una sentencia más ligera, con frecuencia, una sentencia suspendida o quedar en libertad condicional en lugar de pasar tiempo en la cárcel. Sorprendentemente, más del 96 por ciento de los arrestados en 2011 con cargos federales se declararon culpables.[246]

Para un inmigrante, empero, una condena criminal aunque sea por un cargo menor puede convertirlo a él o a ella en deportable. Los residentes permanentes (quienes tienen una *green-card*) también pueden terminar en una detención migratoria si se les halla culpables de algún crimen. O si las autoridades migratorias descubren que anteriormente fue declarado culpable de un crimen que constituye una ofensa con posibilidad de deportación. O incluso si se descubre que fueron hallados culpables de un crimen que no era una ofensa con posibilidad de deportación, pero después se convirtió en una. Incluso las condenas de hace décadas por una posesión de drogas menor puede ser una razón para deportar.

Los pobres migrantes con acusaciones criminales en general dependen de los defensores de oficio que tienen muy poco conocimiento de la ley migratoria o de las posibles implicaciones de declararse culpable. Un abogado contó a la American Immigration Lawyers Association (AILA): "Por un lado [...] el asunto migratorio no debería afectar al caso criminal, y, desde un punto de vista puramente intelectual, eso tiene mucho sentido. Pero [para el cliente], eso no tiene ningún sentido. Forma parte de sus circunstancias [...] Tengo que estar consciente de eso y tengo que dar mi asesoría basado en las circunstancias". Los defensores de oficio, explicó AILA, rara vez tienen el tiempo y los recursos para indagar en las implicaciones migratorias de los consejos que dan a sus clientes. La mayoría está luchando con el doble de casos que permite la American Bar Association. Menos de una tercera parte trabajó con abogados migratorios en los casos que involucraban a migrantes, incluso cuando sus decisiones podían afectar directamente el estatus migratorio de sus clientes.[247]

Inflar los números

Al inicio de 2010, James Chaparro, director de las Operaciones de Detención y Expulsión de ICE (DRO, por sus siglas en inglés), escribió un memorándum interno –obtenido después por el *Washington Post*– en el que apuntaba que aunque el número de remociones de criminales ese año había sido satisfactorio, los números de remociones de "extranjeros no criminales" eran demasiado bajos. "Hasta el 15 de febrero de 2010, DRO removió o repatrió a 60 397 extranjeros no criminales, un promedio de 437 remociones/repatriaciones por día. Las proyecciones de los índices actuales de remociones de no criminales resultará en 159 740 remociones al final del año fiscal. Unidas a estas, las proyecciones de remociones de criminales nos da un total de un poco más de 310 000 –muy por debajo de la meta de la Agencia de 400 000". Por primera vez, la agencia había reconocido explícitamente que tenía una meta numérica establecida.[248]

Chaparro insistía en que los agentes de campo incrementaran el promedio diario de personas en las instalaciones de detención de ICE a unas 32 600 personas. También les alentó a "incrementar el número de arrestos de extranjeros fugitivos no criminales de nivel uno y el número de arrestos de nivel dos (reentrada/readmisión) en cada oficina". Recomendaba que cada oficina procesara entre treinta y sesenta casos no criminales al día en un "arranque" para alcanzar las cuotas de deportaciones.[249] Básicamente, el memorándum instruía a los agentes de ICE a incrementar la detención y la deportación de no criminales y de "criminales" cuya única ofensa es el reingreso al país, todo con miras a cumplir la meta anual de deportaciones.[250]

Otro programa que ayudó a que ICE incrementara sus números en los años de la administración Obama fue el Programa Comunidades Seguras. Comunidades Seguras, inaugurado durante la administración del presidente Bush e implementado como piloto en unas cuantas ciudades alrededor del país en 2008, requería que las agencias policiacas en las jurisdicciones participantes compartieran con ICE las huellas digitales de cualquier persona arrestada. Si ICE señala al individuo como potencialmente deportable, la agencia emite una orden de detención. En principio, la administración Obama advirtió que la participación en el programa era voluntaria, pero más tarde anunció que el programa sería un requisito nacional para 2013. 83 por ciento de las personas que llegan a estar bajo custodia de ICE gracias al Programa Comunidades Seguras son enviados a los centros de detención; 93 por ciento de ellos son latinos.

Los promotores apuntalaban el programa como una manera de "sacar a los criminales peligrosos de su comunidad". Sin embargo, sólo la mitad de los deportados a través del Comunidades Seguras cumplen con el perfil de un criminal –esto es, haber sido acusados de un crimen que no sea una infracción de tránsito o migratoria. La única infracción cometida por el 45 por ciento de los deportados era estar "presentes sin admisión" –es decir, ser indocumentados. Sólo la mitad de los deportados tuvieron una audiencia ante un juez migratorio para determinar si eran o no deportables. La otra mitad fueron deportados según los procedimientos administrativos de ICE o fueron presionados para que aceptaran la salida voluntaria. Para el final del 2011, 226 694 inmigrantes habían terminado bajo custodia de ICE gracias a Comunidades Seguras.[252]

Detención, Inc.

Además de ICE, hay otros grandes intereses que mantienen a la industria de la detención, desde las empresas carcelarias privadas a los funcionarios públicos que ven a las cárceles como un motor de las economías locales. El Servicio de Inmigración y Naturalización (precursor del ICE actual) comenzó a subcontratar a prisiones privadas la detención de inmigrantes a inicios de los ochenta porque habían excedido las camas disponibles en el sistema de detención. Para 1989, la agencia estaba reteniendo a cerca de 2000 personas por día, con 500 de éstas en instituciones privadas.[253] Durante las tres décadas pasadas, las infracciones migratorias funcionaron como una fuente de ingresos para las cárceles privadas.[254]

Mientras que el índice de detenciones de ICE se duplicó hasta llegar a su número actual de 400000 al año en la primera década del siglo XXI, la proporción de inmigrantes detenidos en instalaciones privadas también creció, de un cuarto a la mitad.[255] Las prisiones privadas se especializan desproporcionadamente en detener inmigrantes, quienes tienden a ser jóvenes, sanos y no violentos, porque son los prisioneros más económicos y más rentables posibles.[256]

La primera empresa de cárceles privadas, la Corrections Corporation of America (CCA, fundada en 1983), estaba lista para beneficiarse y promover los incrementos de sentencias criminales y detenciones de migrantes en la década de los noventa. Según Travis Pratt, un profesor de criminología de la Universidad Estatal de Arizona que ha estudiado las campañas de cabildeo de la industria de las cárceles privadas:

la industria de las cárceles privadas ha realizado un cabildeo muy, muy intenso en la mayoría de los estados y con el gobierno federal para que incrementen las sanciones a diferentes ofensas. Llevan haciéndolo desde hace un tiempo. Es un esfuerzo de cabildeo que implica millones de dólares [...] Y han sido excepcionalmente exitosos –las sentencias más extensas para una mayor cantidad de ofensas se traducen en más detenidos, y estos detenidos tienen que ser alojados en algún lado, lo que se traduce en mayores ganancias para esta industria. Tienen una agenda muy clara, y no tienen ningún remordimiento. No han intentado ocultarlo.[257]

Entre 2002 y 2012, las empresas carcelarias privadas gastaron más de 45 millones de dólares en contribuciones a campañas electorales y esfuerzos de cabildeo.[258]

El grupo GEO (fundado en 1984) actualmente tiene 109 instalaciones en Estados Unidos, Gran Bretaña, Australia y Sudáfrica y tiene 75 000 camas en Estados Unidos. La CCA tiene sesenta instalaciones en Estados Unidos y puede albergar hasta 90 000 detenidos. Y la Management and Training Corporation (MTC), fundada en 1987, tiene veintidós cárceles en Estados Unidos, con 29 500 camas.[259] La CCA es el quinto sistema de correccionales más grande del país, sólo detrás del gobierno federal y tres estados.[260] En 2010, GEO y CCA juntos recabaron ganancias de más de 2.9 mil millones de dólares.[261] Han gastado millones de dólares en cabildeo en la última década.[262]

La industria de las cárceles privadas tiene un interés claro en la criminalización de los inmigrantes y en las guerras contra las drogas que criminalizan a los afroamericanos. "Nuestro crecimiento generalmente depende de nuestra capacidad de obtener nuevos contratos para desarrollar y administrar nuevas instituciones correccionales y de detención", explicó CCA a sus accionistas. "La demanda de nuestros servicios e instalaciones puede verse afectada negativamente por [...] la descriminalización de ciertas actividades que actualmente nuestras leyes criminales proscriben". En particular, CCA advertía: "Cualquier cambio respecto a drogas, sustancias controladas o a la migración ilegal afectaría el número de personas arrestadas, sentenciadas y condenadas, y esto reduciría potencialmente la demanda de instalaciones correccionales para alojarlos".[263] Los funcionarios de la empresa, sin embargo, eran optimistas de que ICE seguiría proporcionándoles "una parte importante de nuestras ganancias".[264]

En 2011, el Instituto de Política de la Justicia concluyó que "aunque las empresas carcelarias privadas intenten argumentar que ellos simplemente atienden una 'demanda' que existe de camas en prisión y que responden a las condiciones actuales del 'mercado', la verdad es que han estado trabajando muy duro durante la última década para crear los mercados para sus productos. Conforme han ido creciendo los ingresos de las empresas carcelarias privadas a lo largo de la década pasada, éstas han tenido más recursos para crear poder político, y han utilizado este poder para promover políticas que llevan a mayores índices de encarcelamiento".[265]

Una avenida que han utilizado es el Consejo Americano de Intercambio Legislativo (American Legislative Exchange Council, ALEC, por sus siglas en inglés), un "grupo conservador, orientado hacia el libre mercado y del gobierno limitado", en palabras del director de personal Michael Hough.[266] Los legisladores pagan cincuenta dólares por año para unirse, y las empresas pagan decenas de miles de dólares por un lugar en la mesa, lo que resulta en un presupuesto anual de más de seis millones de dólares. El propósito principal de ALEC es redactar legislaciones modelo. Dado que no hace cabildeo oficialmente, no tiene que informar sobre sus actividades. Y dado que es una organización sin fines de lucro, las corporaciones pueden deducir los impuestos de sus donativos a la organización.[267]

"¿Es cabildeo cuando corporaciones privadas pagan por sentarse en un salón con legisladores estatales para redactar legislaciones que luego estos últimos presentarán en sus estados?, dijo Michael Bowman [director de políticas de ALEC], un excabildero, 'No, porque no estamos defendiendo ninguna posición. No les decimos a los miembros que tomen estos proyectos de ley. Sólo exponemos las mejores prácticas. Nos limitamos a desarrollar políticas en forma de propuesta de ley modelo".[268]

En una reunión de ALEC en 2009, el senador de Arizona Russell Pearce presentó por primera vez su idea de lo que en esa reunión se convertiría en la radical propuesta de Ley 1070, presentada ante el Senado estatal, y se detalló entonces un modelo de legislación. La

SB1070 requería que los inmigrantes portaran en todo momento los documentos que comprobaban su estatus legal y requería que los oficiales de policía detuvieran a los inmigrantes que no fueran capaces de mostrar tales documentos. Después de que se convirtió en ley en abril de 2010, la SB1070 se convirtió en el prototipo de legislación antiinmigrante aprobada en Georgia, Alabama, Indiana, Carolina del Sur y Utah en los años siguientes.

Dos representantes de la CCA, que claramente se beneficiaría con la ley, se sentaron a la mesa en la reunión de ALEC donde se elaboró el texto. "Cuando se le preguntó si era común que las empresas privadas escriban estos modelos de propuesta de ley para los legisladores, Hough respondió: 'Sí, ésa es la manera en la que esto está organizado. Es una alianza público-privada. Creemos que ambos lados, tanto los empresarios como los legisladores, deben sentarse en la misma mesa, juntos'."[269]

La influencia de ALEC y CCA era evidente no sólo en la manera en la que tomó forma la legislación, sino en la respuesta entre los legisladores: "En cuanto la propuesta de ley de Pearce llegó al pleno del senado en Arizona en enero [...] aparecieron treinta y seis copatrocinadores de la ley, un número casi nunca visto antes en el senado [...] dos tercios de estos asistieron a la reunión en diciembre o son miembros de ALEC". Es más, el reporte continúa: "treinta de los treinta y seis copatrocinadores recibieron donativos durante los seis meses siguientes, de parte de cabilderos o de las empresas carcelarias Corrections Corporation of America, Management and Training Coporation y el Geo Group". Dos de los principales asesores de la gobernadora de Arizona, Jean Brewer eran excabilderos de empresas carcelarias.[270] Hablando de la aprobación de la SB1070, el presidente del GEO Group dijo: "Yo creo que las oportunidades a nivel federal seguirán apareciendo como resultado de la situación en la frontera. Esas personas que atraviesan la frontera y son capturadas tendrán que ser detenidas y eso, para mí significa que habrá mejores oportunidades para lo que nosotros hacemos".[271] De hecho, tanto CCA como GEO Group duplicaron sus ganancias a partir del negocio de la detención de migrantes entre 2005 y 2012.[272]

Las comunidades deprimidas económicamente pueden ver a las prisiones privadas como los motores de la oportunidad económica. Un área como ésa es el condado de Pinal, Arizona. CCA es el empleador más grande del condado, en el que cinco instalaciones pueden alojar hasta a tres mil detenidos al día.[273] "El crecimiento de las poblaciones carcelarias ha permitido que los pueblos pequeños tengan superávits en sus presupuestos, en un estado que ha sido vapuleado por la recesión", explicó el periodista Chris Kirkham. "Las comunidades carcelarias en gran medida han evitado pasar las penurias económicas que padecen otras comunidades en Arizona en las que la burbuja de vivienda y la subsecuente crisis de ejecución hipotecaria ha vaciado las arcas de los gobiernos locales".

El pueblo de Florence, en el condado de Pinal, tiene una población de 7 800 y también alberga a 17 000 detenidos. Rebosante de ingresos estatales de la industria carcelaria –5.2 millones en 2011–, el pueblo ha podido ofrecer servicios y construir infraestructura como parques de patinetas, parques para perros y campos deportivos. El administrador del pueblo Jess Knudson presumió que Florence era "uno de los pocos pueblos en Arizona que ha podido mantenerse en números negros en medio de esta recesión". Para Florence, así como para el vecino Eloy y otras comunidades en Arizona, "incrementar la población carcelaria se ha convertido en una estrategia de desarrollo económico primaria". El condado también tiene un incentivo financiero –2 dólares al día por prisionero, que al final suma más de un millón de dólares por año– y el *sheriff* del condado Paul Babeu ha sido uno de los principales campeones del incremento de las detenciones de inmigrantes.[274]

En el condado rural de Irwin en Georgia, la cárcel privada Irwin Detention Center era el empleador principal del condado. Conforme la población carcelaria fue disminuyendo en 2009, el condado se unió con la empresa que administraba la prisión para buscar un contrato con ICE. Un reportaje en *The Nation* decía que paradójicamente, "a pesar de que Georgia y Alabama aprobaron leyes más duras en contra de los migrantes el año pasado, diseñadas para mantener fuera del

Estado a los inmigrantes indocumentados [...] los políticos de ambos estados estaban cabildeando intensamente para traer detenidos migrantes. ICE sucumbió a la presión, y envió a cientos de detenidos a la instalación financieramente inestable en Georgia, que prometía retener a los inmigrantes a bajo costo".[275]

Conclusión

La vida de los indocumentados es ordinaria en muchos aspectos pero sostenida por una incertidumbre permanente. En la película *El Norte*, Nacha, una mujer mexicana e indocumentada veterana intenta convencer a Rosa, una guatemalteca recién llegada de que se inscriba a las clases de inglés gratuitas que ofrece el gobierno. A Rosa le preocupa que la escuela la delate con los servicios migratorios, y Nacha le asegura que no lo harán. "No intentes entender a los gringos", se ríe. "Te volverá loca". Dada la situación y que las políticas son esencialmente incomprensibles, lo mejor que puede hacer un indocumentado es intentar sobrevivir día a día, y esperar que suceda lo mejor.

5

Trabajar (parte 1)

You won't have your names when you ride the big airplane
All they will call you will be "deportees"...
Is this the best way we can grow our big orchards?
Is this the best way we can grow our good fruit?

"Plane Wreck at Los Gatos (Deportee)", 1948
Letra de Woody Guthrie, música de Martin Hoffman[276]

Como hemos visto, el trabajo ha sido central para la experiencia mexicana en Estados Unidos desde el siglo XIX, y los trabajadores mexicanos han sido cruciales para el crecimiento de la economía estadounidense. Antes de 1965, el racismo y la ley –incluidos los programas organizados por el gobierno de trabajadores temporales, como el Programa Bracero– permitieron y justificaron el tratamiento desigual a los trabajadores mexicanos.

Después de 1965, cuando terminó el Programa Bracero y se impusieron restricciones numéricas a la migración mexicana, se necesitaron nuevos sistemas y nuevas razones para mantener el suministro de mano de obra barata mexicana. Ser indocumentado adquirió una nueva importancia en el mercado de trabajo y reemplazó viejos métodos de clasificar legalmente la mano de obra mexicana. Los indocumentados fueron encauzados a los mismos tipos de trabajos que los mexicanos habían realizado desde antes. Reflejo del nuevo significado de la indocumentación, la ley de Reforma Migratoria y Control de 1986 (IRCA, por sus siglas en inglés) fue tanto el primer intento legislativo en la historia del país de hacer frente al tema, así como la primera legislación migratoria que específicamente trataba el tema del trabajo: prohibió la contratación de trabajadores sin documentos.

A primera vista, esto puede parecer paradójico. Si la mano de obra mexicana es tan necesaria, ¿por qué ilegalizarla? La IRCA la ilegalizaba pero con un gran guiño de ojos. A los empleadores se les exige que obtengan algún documento que prueba que sus empleados están autorizados para trabajar, pero no se les exige que evalúen los documentos que les muestran. Pueden castigarlos por contratar trabajadores indocumentados con conocimiento de causa, pero con frecuencia sólo es una pequeña multa. Resulta que la IRCA era mucho más algo cosmético que un verdadero cambio de la estructura laboral del país. Fue una intervención balbuceante que logró hacer más vulnerables a los trabajadores inmigrantes, al tiempo que contribuía a incrementar el número de indocumentados.

Aunque representan una proporción pequeña de la fuerza laboral total (un cinco por ciento), los trabajadores sin documentos continúan ocupando nichos cruciales en la economía.[277] Este capítulo y el siguiente analizarán cómo no tener documentos se convirtió en un factor importante en el mercado laboral y los tipos de empleos que ocupan los indocumentados.

Ilegalizar el trabajo

Aunque la ley migratoria de 1965 prohibió que muchos mexicanos entraran o permanecieran en Estados Unidos, no prohibía específicamente que los indocumentados trabajaran ni tampoco impedía que los patrones los contrataran. La ley migratoria de 1952, conocida como la Ley McCarran-Walter hizo que fuera ilegal "encubrir" o "albergar" a una persona indocumentada, aunque no emplearla. La ley incluía la llamada "Provisión Texas" –para satisfacer los intereses empresariales texanos que dependían de los trabajadores indocumentados mexicanos– que estipulaba que el empleo "no podrá considerarse para dar asilo". Así, en palabras del consejo general del Servicio de Inmigración y Naturalización, "no había prohibición alguna para el empleo de extranjeros ilegales".[278]

La idea de criminalizar el empleo adquirió fuerza hacia el final del siglo. En 1973, el senador Peter Rodino dio a conocer la primera propuesta de ley que sancionaba a los patrones a nivel nacional, pero ésta no fue aprobada en el senado. En 1986, sin embargo, las sanciones fueron un elemento clave de la nueva IRCA. Muchas organizaciones progresistas, incluida la AFL-CIO, la NAACP y el Leadership Council on Civil Rights, una coalición nacional de 185 organizaciones de derechos civiles y el "principal mecanismo de coordinación para la defensa de los derechos civiles ante el Congreso y el Ejecutivo", apoyaron la idea; aunque el Leadership Council estaba "claramente dividido".[279] Un siglo antes, la AFL había excluido a todos los que no fueran blancos de la afiliación. Ahora se unía a las organizaciones de derechos civiles a defender la discriminación con base en la ciudadanía.

En 1990, la NAACP cambió su posición después de un amargo debate. La AFL-CIO hizo lo mismo en 2000. Los partidarios de las sanciones decían que la ciudadanía debería determinar los derechos. La presencia y la contratación de indocumentados, decían, disminuía el salario mínimo y dificultaba que las personas de raza negra o los trabajadores estadounidenses en general obtuvieran empleos decentes. Si se volvía más difícil emplear a los indocumentados, argumentaban, los empleadores tendrían que mejorar las condiciones de trabajo y emplear a ciudadanos. "Si eliminamos estas sanciones, entonces se abre la puerta y el Estado se inundará con una multitud de extranjeros indocumentados que ocuparán los trabajos de los negros o de otras minorías", dijo el presidente de una de las filiales de la NAACP.[280]

Para las organizaciones de latinos, sin embargo, las sanciones a los patrones eran un asunto de derechos civiles, y la discriminación basada en el estatus legal resultaba tan dañina a los trabajadores en general como conducente a la discriminación racial. (Es notable que para ser escuchados en la plaza pública, los defensores de los derechos de los inmigrantes primero tengan que estructurar sus argumentos en términos de discriminación racial –mostrar, por ejemplo, que las políticas antiinmigrantes contribuyen a la discriminación basada en perfiles raciales–, ya que la idea de que los seres humanos merecen los mismos derechos independientemente del estatus de ciudadanía es prácticamente insostenible en el clima actual.) Armadas con un reporte de la GAO de marzo de 1990, en el que se descubrió un "amplio patrón de discriminación", especialmente en contra de latinos y asiáticos quienes, se opinaba, parecían "extranjeros", las organizaciones latinas lanzaron una campaña para presionar al Leadership Council y a la NAACP para retirar su apoyo a las sanciones. Ambas organizaciones lo hicieron finalmente.[281]

Los opositores de las sanciones invirtieron el argumento de que éstas protegían a los trabajadores ciudadanos de una temida oleada de indocumentados. En cambio, insistían en que las sanciones por sí mismas bajaban el piso para todos. Al hacer que un gran grupo de trabajadores esté vulnerable a la explotación –porque tienen pocos recursos bajo la ley–, las sanciones permiten que los empleadores bajen los sueldos y las condiciones de trabajo con mínimo temor de que sus trabajadores protesten o se organicen. Por ello, las sanciones paradójicamente hacen que los inmigrantes indocumentados sean una fuerza de trabajo aún más deseable, porque las sanciones hacen que estén más desesperados y que acepten condiciones de trabajo muy por debajo de las debidas.

Nicholas De Genova explica que, a pesar de que se les conozca como sanciones al "empleador", el sistema en realidad está dirigido en contra de los trabajadores, no de los patrones. Los trabajadores potenciales tienen que comprar documentos falsos, y ha surgido toda una industria para producirlos. Los patrones siguen contratándolos, pero ahora están triplemente vulnerables: están vulnerables ante la industria de los documentos, ante el empleador y ante la posibilidad de ser arrestados y deportados. En lugar de castigar a los empleadores –a quienes rutinariamente se les dan advertencias previas a las inspecciones de sus registros de contratación o se les imponen multas irrisorias, cuando mucho– la ley, en cambio, pone sobre los trabajadores nuevos pesares y nuevas penalidades.[282]

Durante la administración del presidente Bush, las redadas en los lugares de trabajo se convirtieron en la cara más visible de la autoridad migratoria. Estas operaciones de alto perfil le permitían a las autoridades gubernamentales disfrutar de la impresión pública de ser cada vez más estrictos en migración. La Michael Bianco Inc., una fábrica en New Bedford, Massachusetts, en marzo de 2007; la planta Agroprocessors en Postville, Iowa, en mayo de 2008; las plantas empacadoras Swift (en varias sedes) y Smithfield (Carolina del Norte) en diciembre de 2006 y enero de 2007; y la planta de electrónicos Howard Industries en Laurel, Misisipi (agosto 2008), fueron los sitios de unas cuantas de las muchas redadas. Las autoridades migratorias descendían sobre el lugar, reunían a los trabajadores y arrestaban a cientos. Las más grandes fueron las redadas en Swift, donde arrestaron a más de 1 200 trabajadores en seis plantas.

Barack Obama criticó públicamente las redadas cuando era candidato presidencial; en un discurso proclamó: "No conozco a nadie que se beneficie cuando una madre es separada de su hijo pequeño". Pero también defendió las sanciones y denunció los efectos que tiene que "un empleador recorte los salarios americanos al contratar trabajadores ilegales".[283] Como senador, empujó para aprobar E-Verify, un programa federal diseñado para detectar electrónicamente los documentos fraudulentos y prevenir la contratación de indocumentados.

Como presidente, Obama siguió durante su primer período una política que algunos han llamado de "redadas silenciosas". En lugar de descender sobre los lugares de trabajo y efectuar arrestos, la nueva política utilizaba auditorías. ICE requería que un negocio le entregara los formatos de elegibilidad de todos los empleados. "Desde enero de 2009", reportó el *Wall Street Journal* en mayo de 2012, "la administración del presidente Obama ha auditado por lo menos a 7 533 empleadores sospechosos de haber contratado trabajadores ilegales y ha impuesto cerca de cien millones de dólares en sanciones administrativas y criminales —más auditorías y penalidades de las que se impusieron durante toda la administración del presidente George

W. Bush".[284] Con las auditorías, los trabajadores no eran deportados. Pero sí perdían sus trabajos.

Empleos indocumentados

La mayoría de los indocumentados trabajan en tres tipos de labores específicas. Las tres tienden a ser de bajo estatus y de bajo sueldo, ofrecen pocos beneficios –si acaso los ofrecen–, tienen horarios difíciles o inestables, y muy poquita seguridad. Tienden a ser de temporada o involucrar turnos nocturnos. El trabajo por lo general es pesado, incómodo, sucio y hasta peligroso.

Los empleos agrícolas, especialmente en plantaciones o en otras empresas de gran escala siempre han tenido un estatus bajo y han empleado a muchos trabajadores legalmente excluidos. Conforme se extendió la agricultura a gran escala en el suroeste de Estados Unidos durante el siglo XX, los trabajadores migrantes mexicanos se convirtieron en la principal fuerza de trabajo. Hoy, 42 por ciento de los trabajadores agrícolas son migrantes (es decir, que migran siguiendo las cosechas); 75 por ciento de los trabajadores agrícolas nacieron en México, 2 por ciento en Centroamérica y 23 por ciento en Estados Unidos.[285] Sólo cerca de 4 por ciento de los trabajadores indocumentados trabajan en labores agrícolas, pero constituyen entre el 25 y el 90 por ciento de todos los trabajadores agrícolas.[286] La Encuesta Nacional de Trabajadores Agrícolas (National Agricultural Worker Survey), realizada por el Departamento del Trabajo, halló que durante los últimos veinte años aproximadamente el 50 por ciento de los trabajadores agrícolas han sido indocumentados.[287] Algunos analistas, como Rob Williams del Proyecto Justicia para el Migrante Campesino (Migrant Farmworker Justice Project), creen que el porcentaje es mucho mayor, hasta 90 por ciento o más, ya que muchas de las personas entrevistadas no quieren admitir ser indocumentados. La naturaleza estacional y ardua del trabajo en el campo, junto con condiciones peligrosas y mal reguladas y los bajos sueldos hacen que estos empleos no sean atractivos para los trabajadores potenciales que sí tienen el beneficio de la ciudadanía. La mayoría de los trabajadores del campo sólo pueden conseguir trabajo durante unas treinta semanas del año y ganan entre 12 500 a 15 000 dólares anuales.[289]

Segundo, los indocumentados laboran en empleos que han sido *in-sourced* o reubicados dentro de Estados Unidos. Con ésta deslocalización interna las empresas intentan revivir los tipos de condiciones de las que gozaban antes de que aparecieran lo sindicatos y las regulaciones gubernamentales limitaran sus ganancias. Un gran ejemplo es la industria de las empacadoras de carne, quienes cerraron sus plantas sindicalizadas en las zonas urbanas para relocalizarse en el medio oeste rural. Conforme estos trabajos se volvieron cada vez menos atractivos –porque se reubicaron en áreas a las que los trabajadores no querían mudarse y porque las condiciones y la paga decayeron– las plantas también comenzaron a reclutar fuertemente a inmigrantes indocumentados.

Muchos de estos empleos reubicados difieren del trabajo agrícola en que no son estacionales y duran todo el año. Su ascenso coincide con cambios en los patrones migratorios. Ahora muchos migran a largo plazo, no sólo por una temporada, y muchos van más allá de las áreas históricas de migración en California y el suroeste, para asentarse en el medio oeste y especialmente en el sureste del país. A pesar de los bajos sueldos y las condiciones de trabajo, muchos inmigrantes consideran que estos trabajos deslocalizados están un escalón más arriba que la agricultura.[290]

Otro tipo de *in-sourcing* sucede en la industria de la construcción en la que uno de cada cinco empleados es un migrante indocumentado – cerca de un millón en la primera década del siglo XXI.[291] Durante la gran explosión de la construcción entre 1970 y 2006, el empleo total se duplicó a 7.7 millones antes de caer abruptamente durante la crisis provocada por la recesión hipotecaria.[292] La boyante industria de la construcción en centros urbanos como Nevada o en la Nueva Orleans posterior a Katrina atrajo grandes cantidades de inmigrantes indocumentados.

Tercero, han aparecido en décadas recientes nuevas categorías en el sector de servicios. El servicio de comida rápida, la entrega de periódicos y la jardinería son tres áreas con una gran demanda de trabajadores contingentes que aceptan bajos sueldos. Los cambios de estilos de vida, la presión sobre la clase media, el incremento en las expectativas de consumo, y la entrada de las mujeres a la fuerza de trabajo han creado nuevos sectores en la economía que dependen fuertemente de trabajadores indocumentados.

Steve Striffler apunta: "Los latinos se están convirtiendo en sinónimos de la preparación de alimentos y la limpieza en los restaurantes de nuestra nación. Hallar una comida que no haya pasado por manos de inmigrantes mexicanos es una tarea difícil".[293] El pollo, por ejemplo, creció en popularidad durante los ochenta y noventa, ya que se transformó de un producto de baja rentabilidad que generalmente se vendía entero o en partes en un producto altamente procesado –y altamente redituable– en forma de nuggets o palitos. Y, ¿quién realiza ese procesamiento en las nuevas plantas que han creado la actual encarnación del pollo? En grandes cantidades y a lo largo de todo el país, trabajadores mexicanos y centroamericanos, muchos de ellos indocumentados.

Agricultura

Conforme se extendió la siembra de frutas y verduras en California al final del siglo XIX, los agricultores buscaron una fuerza de trabajo que fuera tan manejable y explotable como lo fueron los esclavos africanos en el Sur, o mejor aún, una que sólo estuviera ahí cuando se necesitara para las labores intensas de temporada. "En 1872 un vocero de las granjas de California apuntó que la contratación de trabajadores temporales chinos, quienes se encargaban de su propio alojamiento y luego se 'desvanecían' cuando ya no se les necesitaba los hacía 'más eficientes [...] que la mano de obra negra en el Sur [porque la mano de obra china] sólo se emplea cuando se le necesita, y es, por ello, menos onerosa' que la esclavitud".[294]

Cuando la Ley de Exclusión China (Chinese Exclusion Act) de 1882 eliminó esa opción una década más tarde, los agricultores recurrieron a los mexicanos. El trabajo agrícola de temporada creció muy rápido a lo largo del siglo, al tiempo que las labores agrícolas se centralizaban. La movilidad laboral, escribió Don Mitchell, estaba integrada al sistema. Cita a Harry Drobish, de la Agencia de Asistencia de California (California Relief Administration), quien escribió en 1935 que "la naturaleza de los cultivos [...] incita a la movilidad laboral".[295] Sin embargo, Mitchell dice que Drobish le atribuía a la "naturaleza" lo que en realidad era el resultado de una estructura económica. Las decisiones y las políticas humanas, no la naturaleza, estaban detrás del desarrollo del sistema agrícola en California.[296]

Un reporte para la Comisión sobre Trabajo Migratorio (Commision on Migratory Labor) del presidente Truman en 1951 reparó en la desaparición de las pequeñas granjas que recurrían al trabajo familiar y el crecimiento acelerado de las grandes empresas que utilizaban grandes cantidades de mano de obra migrante. Antes, la mayoría de las granjas no contrataba a trabajadores, o sólo a uno o dos permanentes. Para 1951, cada vez más granjas utilizaban grandes cantidades de trabajadores temporales.[297]

Los trabajadores estadounidenses no querían estos empleos. Como reportó la comisión: "El trabajador agrícola americano todavía es legal y moralmente responsable de dar de comer a su familia". Con el trabajo estacional, "es casi imposible para él cumplir con los estándares americanos de vida".[298] Pero a los patrones no les interesaban los trabajadores permanentes: "Cuando el trabajo termina, ni el agricultor ni la comunidad quiere que se quede el espalda mojada".[299] Es más, los empleadores agrícolas preferían un tipo de relación "feudal" que sólo podían practicar con los migrantes. "No quieren trabajadores que se quejen de las condiciones de trabajo, de vivienda o de las instalaciones sanitarias. Sólo quieren a aquellos que trabajan en silencio y no hacen comentarios ni protestan. Quieren al trabajador mexicano que recién ha cruzado la frontera y que es ajeno a nuestro lenguaje y nuestra forma de vida. Les parece que el mexicano que ya ha estado en el país por algún tiempo y se ha acostumbrado con nuestras costumbres libres no se adecúa al estatus social y económico de un trabajador encorvado".[300]

El Programa Bracero, que inició en 1942, fue la piedra angular en el establecimiento del sistema agrícola californiano basado en un proceso de mano de obra altamente explotada.[301] La mano de obra migratoria era "la fuerza de trabajo *esencial*" al centro de este sistema.[302] Y no únicamente la mano de obra migratoria: con frecuencia y con cinismo, estos trabajadores eran indocumentados. Como lo demostró el geógrafo Don Mitchell, la existencia de un gran grupo de trabajadores migrantes indocumentados, "oficialmente invisibles", fue crucial para el funcionamiento del Programa Bracero; fue algo tácitamente reconocido por aquellos que lo administraban y quienes se beneficiaban de éste. Los agricultores podían solicitar trabajadores contratados vía el Programa Bracero incluso cuando disfrutaban de un exceso de trabajadores migrantes indocumentados (aunque oficialmente invisibles). Esta renovación permanente de la oferta de mano de obra "era un privilegio que los grandes campesinos de California no querían dejar ir fácilmente".[303]

Como explica Mitchell, nunca hubo una carencia de mano de obra en el campo californiano. Los agronegocios en California dependían de trabajadores que eran baratos, temporales y explotables, así como de políticas gubernamentales que garantizaban su acceso ininterrumpido a estos trabajadores, tanto braceros como migrantes indocumentados.[304]

"Para los agricultores, un paisaje productivo y vivo requería que el trabajador se convirtiera más y más en un mero instrumento del poder laboral [… y] cada vez menos y menos en personas vivas".[305] El sistema Bracero contribuyó simultáneamente a la "desestabilización de los trabajadores" y a "la estabilización del paisaje rentable: salvó a los cultivos –precisamente porque destruyó vidas".[306] El geógrafo Richard Walker señala que la enorme prosperidad de la agricultura en California debería –o por lo menos habría podido– mejorar la vida de los trabajadores también. No lo hizo. "La mano de obra barata ha estado integrada sistemáticamente a las relaciones laborales y a la reproducción del capital [...] Los bajos sueldos de la mano de obra agrícola son un factor importante en la sostenida rentabilidad de los agronegocios en California".[307]

Con el final del Programa Bracero en 1964, los trabajadores indocumentados pasaron al frente como la fuerza laboral para la agricultura migrante. El programa fue suspendido gradualmente, entre 1965 y 1967, así que terminó por completo justo cuando entró en vigor el límite de 120 000 inmigrantes anuales –el primer límite numérico en la historia– para el Hemisferio Occidental.[308] Como describí en el capítulo 2, para 1965, el programa ya no era necesario porque el flujo de trabajadores indocumentados era suficientemente amplio como para cumplir con las demandas de los agronegocios.[309] La migración estacional no cesó, excepto que ahora incluso los antiguos braceros migraban sin documentos.[310] Algunos expertos han llamado a este sistema posterior a 1965 de migración indocumentada como un "programa *de facto* de trabajadores invitados".[311]

Las disposiciones especiales para los trabajadores agrícolas en la IRCA de 1986 resaltaban la necesidad especial de trabajadores indocumentados –"ilegales"– en la agricultura. Para solicitar legalizar su estatus, los migrantes (la mayoría mexicanos) tenían que probar que habían vivido en Estados Unidos continuamente desde 1982. Esta disposición estaba fundada en la misma lógica que las legalizaciones pasadas (las de los europeos): la extensión de la residencia superaba las irregularidades técnicas relacionadas con la llegada, y justificaba la legalización.

Sin embargo, las disposiciones para los trabajadores del campo eran distintas: en lugar de requerir los cuatro años de residencia continua, la ley ofrecía estatus legal a los trabajadores agrícolas migrantes que hubieran estado empleados en labores del campo por un período de, por lo menos, noventa días durante la temporada 1985-1986. (O, como se vio antes, para quienes pudieran entregar documentos falsos que dijeran que ese había sido el caso.) Existía esta excepción en la ley precisamente en reconocimiento de la dependencia de la agricultura en los trabajadores migrantes.

Las disposiciones referentes a las sanciones para los patrones en IRCA contribuyó a alejarlos del empleo directo y a fortalecer el uso de Contratistas de Mano de Obra Agrícola (Farm Labor Contractors, FLC, por sus siglas en inglés). A mediados de los ochenta, sólo la tercera parte de las granjas que empleaban trabajadores migrantes utilizaron el sistema FLC y para inicios de los noventa la mitad lo usaba.[312] Este sistema permitía que los empleados evadieran la responsabilidad legal por los trabajadores de los que dependían. Philip Martin concluye que: "Las FLC son prácticamente representantes para la contratación de trabajadores indocumentados y para las violaciones sutiles o escandalosas de las leyes laborales".[313] Apunta que mientras que el sector manufacturero en Estados Unidos se contrajo en los ochenta, el sector agrícola se expandió, como los agricultores que seguían confiados en que podían depender de mano de obra barata. Los trabajadores inmigrantes que cobraban sueldos que estaban por debajo de la línea de pobreza subsidiaron la expansión del modelo de agronegocios que incrementaba la pobreza al mismo tiempo que incrementaba las ganancias.[314]

La IRCA contribuyó al crecimiento del sistema de FLC en tres maneras. Las sanciones a los patrones propiciaron que los agricultores buscaran terceros para asumir los riesgos de emplear a los trabajadores. Muchos extrabajadores migrantes, ahora legalizados bajo el Programa SAW, se aprovecharon de su nuevo estatus y se convirtieron en FLC. Finalmente, el crecimiento del sistema de FLC coincidió con un cambio en México: las regiones de origen tradicionales enviaron menos migrantes y empezaron a hacerlo zonas indígenas del sur de México y Guatemala, en las que las FLC operaban como reclutadores importantes y como intermediarias.[315]

Una fuerza de trabajo temporal que simplemente se mude cuando el trabajo se termina al final de la temporada parece ser ideal desde la perspectiva del patrón. Para los trabajadores, sin embargo, una vida así está caracterizada por la pobreza, la incertidumbre y largos períodos de desempleo. En 2010, *The Economist* reparó en los paralelos entre los migrantes mexicanos de hoy y los desesperados "Okies" que

migraron durante la Gran Depresión sufriendo para encontrar trabajo; comparó a una familia de migrantes mexicanos actuales, los Vegas,
con los Joads del libro *Las uvas de la ira*, de John Steinbeck:

> Con frecuencia utilizan los mismos caminos en que los "Okies"
> viajaron en masa en los treinta mientras huían del terregal de-
> primido de Oklahoma, Texas y Arkansas para buscarse una vida
> en California. Estos Okies están grabados para siempre en la
> psique estadounidense [...] Los Joads y ahora los Vegas están
> motivados por la misma necesidad, jalados por la misma pro-
> mesa. Ahora como entonces, no hay una oficina de contrata-
> ción para los empleos en el campo, así que los migrantes siguen
> pistas y rumores. Con frecuencia, como los Joads, terminan en
> los lugares adecuados en los momentos incorrectos. Félix Vega
> y tres de su grupo, incluida su esposa, arribaron en Oxnard,
> lugar famoso por sus fresas. Pero llegaron fuera de tempora-
> da, así que dormían en las calles, luego en una perrera, luego
> en el coche de alguien. Por dos meses no se bañaron y apenas
> comieron. Finalmente, hallaron empleo recolectando fresas y
> lograron ganar su primer dinero en Estados Unidos.[316]

En el verano del 2010, el sindicato Unión de Trabajadores Campesinos decidió confrontar directamente el mito de que "ellos [los
inmigrantes] se llevan nuestros trabajos". El sindicato organizó
una campaña llamada "Llévense Nuestros Trabajos", en la que in-
vitaba a los ciudadanos y a los residentes legales a solicitar empleos
agrícolas. La campaña obtuvo un empuje extra de publicidad cuando el comediante Stephen Colbert aceptó el reto y luego testificó
ante el Congreso para relatar su experiencia. Tres meses después
de haberla lanzado, el sindicato anunció que su sitio de internet,
takeourjobs.org, había sido visitado por tres millones de personas;
8 600 habían expresado su interés por trabajar en el campo pero
sólo siete habían completado el proceso. "Estos números demuestran que hay más políticos y acusadores interesados en culpar a los

trabajadores indocumentados de la crisis de desempleo en Estados Unidos de lo que hay estadounidenses desempleados que están dispuestos a sembrar y cultivar los alimentos del país", concluyó el sindicato.[317]

En 2010, el Departamento de Agricultura publicó un análisis del probable impacto de un fortalecimiento en la aplicación de las leyes migratorias en el sector agrícola. El reporte citaba la cifra común de que más de la mitad de la fuerza de trabajo agrícola está compuesta de mexicanos indocumentados.[318] Una reducción en la mano de obra migrante indocumentada provocaría un alza en los costos del trabajo, concluyó el reporte, y habría distintos escenarios dependiendo de las características de los cultivos. Cuando fuera posible, la mecanización se expandiría. Cuando la mecanización no fuera posible, los agricultores experimentarían pérdidas en el mercado debido a los altos costos. Finalmente, habría nuevas investigaciones sobre mecanización y esto llevaría a un incremento en los precios al consumidor. Es sorprendente que en ningún caso el reporte previó una mejora en las condiciones de trabajo o un incremento en el empleo de trabajadores domésticos para el campo.[319]

"La industria de las frutas y las verduras en Estados Unidos compite en una economía global con productores de otros países que, con frecuencia, tienen sueldos mucho más bajos. Con el incremento en el comercio internacional, las presiones de la competencia son más altas que nunca. En el verano de 2009, el salario mínimo federal era de 7.25 dólares la hora, y el salario mínimo en California era 8.00 dólares la hora; mientras que el salario mínimo en México oscila entre 3.49 a 4.16 al día, dependiendo de la región", explicaba el reporte.[320] No es sorpresa entonces que muchas de las frutas y verduras que se hallan en el supermercado estén etiquetadas como "Producto de México".

De los costos variables de producción para las granjas de frutas y las verduras, la mano de obra ocupa 42 por ciento, y la mano de obra es "el gasto más grande" de muchos cultivos. Es más, según el reporte de la USDA, "la mayoría [de los trabajadores agrícolas] se mudarán a un empleo no agrícola después de una década de haber empezado a trabajar en los campos".[321] Para el agronegocio, el continuo suministro de trabajadores migrantes (indocumentados) es esencial para su productividad, por eso han cabildeado con intensidad durante un siglo para asegurarse de que este abasto siga estando disponible. Otro reporte de la USDA lo dijo claramente:

> El suministro de trabajadores del campo para la industria agrícola depende de un influjo constante de nueva mano de obra nacida en el extranjero atraída por los sueldos que están por encima de los que ofrecen los países de origen, principalmente México. La política migratoria va a determinar si la mano de obra de esa industria será autorizada o no.[322]

En 2012 el estado de Kansas buscó desarrollar un sistema propio para legalizar a los trabajadores agrícolas indocumentados.[323] Los trabajadores del campo en Georgia entraron en pánico en el verano 2011, cuando una nueva ley hacía que fuera un delito grave que una persona indocumentada solicitara trabajo. El Departamento de Agricultura de Georgia escribió que:

> los trabajadores inmigrantes no residentes, aquellos de estatus legal e ilegal, cosechan cultivos, ordeñan vacas, procesan algodón y mantienen los jardines. Los granjeros y dueños de negocios agrícolas en Georgia le atribuyen la necesidad de estos trabajadores al hecho de que los ciudadanos locales en general no poseen ni les importa desarrollar las habilidades especializadas que van asociadas con la agricultura, y más aún, no demuestran la ética necesaria para cumplir con los requisitos de productividad del negocio agrícola.[324]

La mayoría de los patrones en Georgia contrataban trabajadores por un período de tiempo limitado de uno a tres meses, otra razón más por la que los ciudadanos están renuentes a buscar estos empleos.[325]

Una temporada después de la aprobación de la nueva ley en Georgia, 26 por ciento de los patrones respondieron que habían perdido dinero debido a la ausencia de mano de obra. Para algunos cultivos particulares, como las frutas y verduras que requieren más trabajo (arándanos azules, col, melón, pepino, berenjena, pimientos, calabaza, tabaco y sandía), los agricultores en esta situación se elevaban a más de 50 por ciento;[326] 56 por ciento dijeron que habían tenido problemas para encontrar mano de obra capacitada.[327] "Uno de los temas principales de las respuestas a esta pregunta fue que el trabajo era muy difícil y demasiado demandante físicamente para los ciudadanos (no inmigrantes). Quienes respondieron creían que sólo los trabajadores inmigrantes estaban dispuestos a realizar las tareas que requieren sus operaciones".[328]

La productividad también fue un tema. "Los productores expresaron su gran preocupación por la calidad del trabajo realizado por los trabajadores nativos". Según datos ofrecidos por un productor de cebolla, "un trabajador migrante es el doble de productivo que un trabajador no inmigrante al plantar cebollas Vidalia".[329] Un agricultor de Georgia enfatizó que "los trabajadores americanos no están interesados en ensuciarse, ensangrentarse, en sudar, trabajar los fines de semana y los días feriados, en llegar a trabajar a las 4 de la mañana dos días a la semana y a las 6 de la mañana cinco días a la semana".[330]

Los experimentos utilizando a exconvictos en libertad condicional –y para quienes el trabajo es una condición de su libertad– respaldaban la opinión de este agricultor. Uno de los capataces "probó a los exconvictos [...] les asignó la tarea de llenar un camión y a una cuadrilla de latinos otro. Los latinos llenaron seis camiones con pepinos, y los exconvictos llenaron un camión y cuatro cajas. 'No va a funcionar', dijo [el capataz]. 'Para nada. Si tengo que depender de los exconvictos, nunca voy a sacar los cultivos'".[331]

Philip Martin explica que la mayoría de los trabajadores no van a pasar más de diez años laborando en agricultura. "Según la estructura actual, la agricultura de frutas y verduras requiere un flujo constante de trabajadores del extranjero que estén dispuestos a aceptar estos empleos estacionales en los campos".[332] La mano de obra agrícola es tan marginal, tan extenuante y tan mal pagada que si los trabajadores consiguen el estatus legal rápidamente se buscan trabajos en otros sectores. Por ello, "los agricultores y sus aliados políticos [...] se oponen a una sencilla legalización de los trabajadores no autorizados, que les permitiría obtener empleos fuera del campo. En cambio, los agricultores están de acuerdo con la legalización sólo a cambio de grandes programas de trabajadores temporales que les den un control considerable sobre los trabajadores extranjeros".[333]

Hace sesenta años, el cantautor de folk, Woody Guthrie, se planteaba una pregunta algo retórica: "¿Es ésta la mejor manera de cultivar nuestros grandes huertos? ¿Es ésta la mejor manera de cultivar nuestras buenas frutas?". Durante el medio siglo siguiente, Estados Unidos sólo ha profundizado su "dilema agrícola moderno". Ha creado un sistema agrícola vasto y multifacético que depende de trabajadores desesperados. Es verdad, para muchos mexicanos –desde los días del Programa Bracero hasta hoy– la mano de obra temporal y de bajos sueldos en Estados Unidos les ofrece una alternativa viable y hasta esperanzadora a la pobreza que viven en casa. Pero esto simplemente significa que el sistema agrícola estadounidense depende de la existencia de gente extremadamente pobre en México.[334]

Aunque los sistemas agrícolas de gran escala producen grandes cantidades de comida, también han creado problemas de gran escala: "altos costos de capital; deterioro ambiental de las tierras cultivables a través de la erosión, salinización, compactación y sobreabundancia de químicos; contaminación de lagos, arroyos y mantos acuíferos con pesticidas y fertilizantes químicos; condiciones laborales no sanitarias para los trabajadores, los patrones y las familias; dependencia de una base genética extremadamente estrecha y desestabilizadora en la mayoría de los cultivos; la destrucción de las comunidades rurales; y el incremento de la concentración del control sobre el abasto de los alimentos de la nación". [335] Otras críticas examinan el otro lado, el del consumidor: el incremento en la dependencia de comidas altamente procesadas, altas en azúcar y grasas, de comida chatarra y comida rápida, y como resultado, el incremento de enfermedades como padecimientos del corazón y diabetes.[336]

Conforme enfrentamos en Estados Unidos los problemas de nuestro sistema de producción agrícola, el problema de la escasez de mano de obra y la dependencia continua de trabajadores pobres e indocumentados deben ser una parte central de la discusión. Dada la manera en la que funciona el sistema actualmente, el trabajo agrícola es tan precario y tan duro que sólo los migrantes desplazados, la mayoría de ellos ilegales gracias a las leyes de Estados Unidos, están dispuestos y son capaces de realizarlo. Paradójicamente, la mayoría de estos migrantes han sido alejados de sistemas de agricultura de subsistencia antiquísimos en México, debido a la misma modernización agrícola que ahora requiere su trabajo en otro lado. Una aproximación verdaderamente integral a la reforma migratoria vería estos sistemas económicos y estructurales como interconectados, y no realizaría sólo cambios estrechos a la ley migratoria.

Debemos reconocer la irracionalidad elemental, la inmoralidad y la imposibilidad de sostener el sistema actual de producción de alimentos. Los agricultores se oponen en una abrumadora mayoría al endurecimiento de las leyes migratorias a nivel estatal que hacen que sea más difícil para ellos hallar a los trabajadores estacionales que requieren. A corto plazo, hacer que los trabajadores inmigrantes puedan trabajar legalmente en agricultura respondería a las necesidades tanto de los agricultores como de los trabajadores indocumentados. El problema mayor espera una reforma más profunda y de largo plazo del sistema agrícola global. Podemos empezar reconociendo que el acceso en Estados Unidos a alimentos abundantes y a bajo costo se debe al arduo trabajo de mexicanos pobres, tanto en su país como en el nuestro.

6

Trabajar (parte 2)

El sistema agrícola estadounidense ha dependido de la mano de obra mexicana en su desarrollo a través de muchas décadas. En cambio, la industria del procesamiento de carnes y la de la construcción empezaron a depender de los inmigrantes mexicanos y centroamericanos –en especial indocumentados– al final del siglo XX. Este cambio coincidió con la tendencia al *outsourcing*, cuando las empresas manufactureras comenzaron a trasladar los aspectos más laboriosos de su producción al extranjero. El empleo en manufacturas cayó de veinte millones en su punto alto en 1979 a once millones en 2012.[337] Es imposible trasladar tanto las plantas procesadoras de carne y la industria de la construcción fuera del país. El procesamiento de carnes, sin embargo, podía mudarse de los centros urbanos altamente sindicalizados, como Chicago, al medio oeste, más rural. La construcción creció en nuevas regiones, y duplicó su empleo entre 1970 y 2006, hasta llegar a su punto más alto de 7.7 millones.[338] Ambas industrias emplearon cada vez más a trabajadores inmigrantes e indocumentados.

Construcción

Mientras que el sector manufacturero se encogía en las últimas décadas del siglo XX, el de la construcción se expandía. Pero esta industria también estaba transformándose profundamente. La membresía en los sindicatos se desplomó de 40 por ciento en los setenta a 14 por ciento en 2001. Los sindicatos perdieron terreno especialmente en el área de la construcción inmobiliaria, un área de alto crecimiento, a la que las bajas tasas de interés y los préstamos *subprime* mantenían a flote a lo largo de las primeras décadas del nuevo siglo. Pero conforme el empleo crecía, las condiciones laborales y los sueldos se deterioraban. Los inmigrantes, y en especial los trabajadores indocumentados, incrementaron su presencia en la fuerza laboral.[339] Los sueldos bajos de los trabajadores indocumentados contribuyeron a la burbuja inmobiliaria al hacer que los costos de la construcción fueran artificialmente bajos.[340]

En Las Vegas, la población se duplicó a casi dos millones de personas entre 1990 y 2007, y la proporción de inmigrantes en la población de la ciudad se duplicó también durante el mismo período de tiempo, de 9 a 19 por ciento. Muchos de los recién llegados trabajaban en la construcción hotelera y en servicios relacionados con la industria turística en la ciudad floreciente: la mitad de los trabajadores en la construcción en el estado eran inmigrantes latinos. Para el 2008, Nevada tenía el mayor porcentaje de trabajadores indocumentados que cualquier otro estado, 12 por ciento.[341]

El boom petrolero en Houston en los años setenta también impulsó un alza en la construcción. "La construcción de edificios de oficinas, centros comerciales, naves industriales, departamentos y residencias suburbanas a un nivel récord en los setenta y principios de los ochenta creó una demanda insaciable de mano de obra mexicana migrante. Los trabajadores indocumentados provenientes de las zonas rurales y urbanas en México eran la mano de obra preferida, especialmente entre los contratistas quienes pagaban sueldos bajos y ofrecían malas condiciones de trabajo".[342] La Greater Houston Partnership estima que 14 por ciento de la fuerza de trabajo en el área de la construcción en Houston era indocumentada en 2008, más que en cualquier otra categoría laboral.[343]

En Texas, en general, uno de cada trece trabajadores –cerca de un millón en total– laboraban en la industria de la construcción en 2013. La mitad de ellos eran indocumentados. Un estudio del

Proyecto de Defensa Laboral (Workers Defense Project) en Austin demostró que 41 por ciento de los trabajadores de la construcción en Texas están sujetos a fraudes de nómina, entre otros, estar clasificados ilegalmente como contratistas independientes en lugar de como empleados. Los patrones utilizan este método para evadir sus responsabilidades legales de pagar impuestos de nómina y salarios mínimos, y de ofrecer condiciones de trabajo y beneficios aceptables. Las condiciones de trabajo son tan peligrosas que uno de cada cinco trabajadores de la construcción en el estado requerirán hospitalización por accidentes de trabajo. El estudio descubrió que "en Texas mueren más trabajadores de la construcción que en cualquier otro estado".[344]

En Nueva Orleans, sólo días después del huracán Katrina, el gobierno federal suspendió las sanciones contra los empresarios que les prohibía dar empleo a trabajadores sin documentos. Pronto, el gobierno también suspendió los requisitos federales de estándares para el sueldo en el caso de contratistas que trabajaran en proyectos de reconstrucción con dinero federal. Estas exenciones sentaron las bases para un influjo de trabajadores indocumentados mal pagados.[345] Según cifras del censo, cien mil hispanos se mudaron hacia la costa del Golfo después de Katrina. Los hispanos constituían la mitad de la fuerza laboral trabajando en la reconstrucción, y la mitad de ellos eran indocumentados. Los trabajadores indocumentados formaban "la columna vertebral de la reconstrucción post-Katrina", reportó el *USA Today*.[346] Curiosamente, mientras que los trabajadores seguían siendo indocumentados, ostensiblemente no era ilegal que trabajaran, por lo menos durante el primer mes y medio, debido a las suspensiones de las sanciones a los patrones.

En general, los trabajadores indocumentados representaban una cuarta parte de la fuerza de trabajo en Nueva Orleans en los meses que siguieron al huracán.[347] Casi 90 por ciento ya estaban en Estados Unidos y se mudaron a Nueva Orleans desde otras áreas, principalmente Texas (41 por ciento) y, en menor medida, Florida (10 por ciento).[348] No sorprende que los trabajadores indocumentados recibieran sueldos más bajos y peores condiciones laborales y de vivienda que aquellos que sí tenían documentos.

Cuando el huracán Ike golpeó al sureste de Texas en 2008, los inmigrantes indocumentados realizaron una parte importante de las labores de limpieza. *El Houston Chronicle* reportó que:

> A lo largo de todo el sureste de Texas, los techos necesitan reparación, hay que deshacerse de los escombros y los pueblos esperan reconstruirse. La destrucción causada por el huracán Ike está echando a andar uno de los esfuerzos de reconstrucción más grandes que se hayan visto en el estado desde hace décadas, pero al mismo tiempo resalta un aspecto espinoso presente en la fuerza de trabajo de la región: una gran parte del trabajo de recuperación lo realizan inmigrantes ilegales.[349]

A partir del 2008, cuando reventó la burbuja inmobiliaria, las estadísticas mostraron que, extrañamente, los sueldos en la construcción comenzaron a crecer. Lo que sucedía en realidad es que los recién llegados a quienes se les pagaban bajos sueldos fueron los primeros en perder sus trabajos, así que el incremento en sueldos era más aparente que real. Los trabajadores individualmente no estaban recibiendo mejores salarios; sólo es que en general había menos trabajadores de la construcción con empleos.[350]

Procesamiento de carne

Como la construcción, el procesamiento de carnes es una industria que resulta muy difícil subcontratar al exterior. En cierto sentido, el proceso de trabajo se parece más al de otras grandes empresas manufactureras que al de la construcción, en la que la mayoría de los empleados están contratados por empresas pequeñas y contratistas. Pero mientras industrias como la textil o la electrónica pueden transportar las materias primas y los productos terminados por grandes distancias para ahorrar costos de producción, esta estrategia no es viable cuando se trata de un producto perecedero, voluminoso y, en ocasiones, temperamental. Así que como la construcción, la industria del procesamiento de carne ha tenido que acercar a trabajadores migrantes al punto de producción, en lugar de enviar la producción a países donde sea más barata.

Lance Compa resume cómo sucedió este *in-sourcing* en Nebraska, en un proceso que se ha repetido a lo largo del Medio Oeste:

> Desde su fundación como territorio en 1854 hasta finales del siglo XX, Nebraska ha estado poblado en su mayoría por americanos blancos de origen europeo, a quienes se les unieron una minoría de afroamericanos. Omaha siempre ha sido un centro importante de procesamiento de carnes por su cercanía con el ganado y los cebaderos. Los trabajadores del sur y el este de Europa constituían la mayor parte de la fuerza de trabajo a inicio del siglo XX. En los cuarenta y los cincuenta, los hijos de estos inmigrantes, junto con colegas afroamericanos en puestos clave, crearon sindicatos locales fuertes, parte del United Packinghouse Workers. Como sucedió en la industria en general, en los ochenta y noventa, muchas plantas procesadoras de carnes que ofrecían buenos sueldos y beneficios cerraron. Después de estos cierres, los dueños de las empresas con frecuencia reubicaban las fábricas hacia zonas rurales. En Omaha, algunas compañías volvieron a abrir sus plantas pero empleaban a nuevos inmigrantes con bajos sueldos y sin representación sindical.[351]

Los sueldos en la industria procesadora cayeron 45 por ciento entre 1980 y 2007. La caída en los empleos en la industria resultó "devastadora para el estándar de vida de los trabajadores en una industria que antes mantenía a una clase media trabajadora".[352] Conforme se deterioraron tanto los sueldos como las condiciones de trabajo, los trabajadores inmigrantes se transformaron en el pilar de la fuerza de trabajo. Se estima que para finales de los noventa, una cuarta parte de los trabajadores en las procesadoras de carne eran indocumentados.[353]

En un clima nacional de presión para la vigilancia migratoria, la industria procesadora comenzó a llamar la atención. En 1999, la INS lanzó la Operación Vanguardia en Nebraska, y ordenó la entrega de los registros de contratación para cada empacadora en el estado. Después de revisar todos los 24 000 registros recibidos, la agencia identificó 4 700 casos en los que el estatus migratorio de los empleados estaba en duda. Entregó esa lista a los patrones y requirió que todos los "sospechosos" se presentaran para ser entrevistados por la agencia. Para los empacadores era claro que la "intención de la INS no era capturar a empleados potencialmente no autorizados, sino 'ahuyentar' a aquellos empleados con estatus ilegales".[354]

La operación fue un éxito si se trataba de ahuyentarlos. Sólo mil empleados se atrevieron a presentarse a las entrevistas. Los demás dejaron el trabajo. De un día para otro, la industria del procesamiento de carnes en el estado perdió al 13 por ciento de su mano de obra. Mientras tanto, de los mil entrevistados, treinta y cuatro resultaron no autorizados para trabajar y fueron deportados. "Los funcionarios de las procesadoras de carnes [...] creen que una gran cantidad de estos empleados [de los que desaparecieron] estaban autorizados para trabajar pero eligieron no presentarse debido a la intimidación inherente en cualquier entrevista de este tipo (por ejemplo, la que se deriva de preguntas como '¿es usted o algún miembro de su familia una persona no autorizada a estar en Estados Unidos?')." La Asociación de Ganaderos de Nebraska estimó que sus miembros perdieron cinco millones de dólares y la economía del estado en general perdió veinte millones como resultado del operativo.[355]

La Operación Vanguardia terminó en el 2000, pero en 2006 se inició un nuevo esfuerzo de aplicación de la ley, enfocado en redadas en lugares de trabajo. El 12 de diciembre de 2006, agentes de ICE acudieron a seis plantas procesadoras de la empresa Swift en Iowa, Minnesota, Nebraska, Texas, Colorado y Utah, y arrestaron a mil trescientos de los siete mil trabajadores del turno diurno de la empresa. Swift siguió el patrón de la industria de trasladar sus plantas de zonas urbanas a zonas rurales, y de emplear a grandes cantidades de inmigrantes recién llegados de Latinoamérica, muchos de ellos indocumentados. En varias plantas de Swift, los investigadores pudieron establecer una conexión directa con el Programa Bracero. Dos pequeñas comunidades del estado de Michoacán, Villachuato y La Huacana, que habían empezado enviando reclutas como braceros, ahora eran fuentes principales de migrantes para las plantas de Swift. A éstos pronto se les unieron trabajadores provenientes de Centroamérica. En la planta de Cactus, Texas, la mayoría de los empleados de Swift eran mayas quiches guatemaltecos, muchos de ellos indocumentados.[356]

En una repetición inquietante de las redadas y deportaciones previas de mexicanos como la Operación Wetback, los agentes de ICE se basaron en el aspecto físico para determinar a quiénes detener. Un ciudadano estadounidense de origen mexicano en una de las plantas de Swift en Nebraska relató que "cuando dijeron que todos los ciudadanos estadounidenses se reunieran en este lado, yo fui hacia allá y me paré junto a mi jefe. Mi jefe mostró su licencia de conducir y lo dejaron irse. Yo mostré la mía, junto con mi credencial para votar y no fue suficiente. Él [el agente de ICE] me dijo, no, necesito o tu pasaporte o tu certificado de ciudadanía".[357] La mayoría de los arrestados en las redadas eran acusados no de presencia no autorizada, una violación civil, sino de uso fraudulento de números de seguridad social o de robo de identidad, un crimen.

Las redadas afectaron a muchos más que sólo a los arrestados, ya que los familiares y amigos estaban demasiado asustados para presentarse al trabajo en los días siguientes. El Centro de Estudios sobre la Inmigración observó lo que sucedió en las plantas devastadas en los meses siguientes. Todas lograron reemplazar a los cientos de trabajadores que habían sido arrestados, pero ni las condiciones de trabajo ni los sueldos mejoraron, y ninguna de las fábricas empezó a contratar ciudadanos estadounidenses. Las compañías buscaron por todo Estados Unidos trabajadores que estuvieran dispuestos a aceptar esos empleos, y la mayoría de los trabajadores perdidos fueron reemplazados por inmigrantes de Birmania y de algunas zonas de África que tenían estatus de refugiados y, por lo tanto, autorización legal para trabajar.[358]

La redada en Postville

En mayo de 2008 tuvo lugar otra redada devastadora en la planta de Agriprocessors en Postville, Iowa. Agriprocessors representaba una cruza entre una nueva industria y el *in-sourcing*. Aunque procesar carne en general es una industria antigua que se trasladó a nuevas áreas rurales, el procesamiento kosher había sido una industria local, de escala pequeña antes del final del siglo XX. "En los ochenta, antes de que abriera la planta en Postville, casi toda la carne kosher era vendida por carniceros locales. Llegaba en cuartos de libra crudos procedente de mataderos rentados por rabinos, y rara vez llegaba más allá de las principales ciudades de las costas".[359]

La familia Rubashkin lo cambió todo. Ubicaron su nueva planta en el pequeño pueblo de Postville, Iowa, y propusieron convertir la carne kosher en un producto de alcance nacional producido de manera masiva.

> Los Rubashkins crearon un mundo en el que es posible comprar carne kosher fresca tanto de res como de aves en supermercados comunes en todo el país, incluso en zonas con pocos judíos [...] los cambios que introdujeron los Rubashkins lograron algo más que expandir el alcance de la carne kosher. Acercaron a la comida kosher a toda una nueva base de clientes: los judíos seculares e incluso gente no judía que jamás se habría detenido en una carnicería. La expansión también permitió que las comunidades ortodoxas se expandieran hacia zonas en las que nunca habían estado".[360]

Agriprocessors también era distinto de otros empacadores por haber elegido el pequeño pueblo de Postville como su ubicación. La mayoría de los empacadores, al salir de los centros urbanos, se mudaron a pueblos de tamaño mediano, de entre treinta y sesenta mil personas. Postville, con su población de 1 400 personas, era "un pueblo sin semáforos, sin restaurantes de comida rápida y con un periódico semanal que por años tuvo una sección llamada 'El jardín de la semana'".[361] La mayoría de los trabajadores fueron reclutados de dos pequeños pueblos en Guatemala. Poco más del 75 por ciento de los trabajadores eran indocumentados, y algunos eran menores de edad.[362] Las condiciones laborales en la empresa eran pésimas.

"Una de las trabajadoras –una mujer que aceptó ser identificada con el pseudónimo de Juana– llegó a este rincón rural de Iowa desde Guatemala hace un año", decía un reportaje. Desde entonces ha trabajado entre diez y doce horas en el turno de la noche, seis noches a la semana. La mano que utiliza para cortar está hinchada y deforme, pero no tiene seguro médico para acudir a revisársela. Trabaja por un sueldo que empezó en 6.25 dólares la hora y luego subió a 7 dólares. Según algunos expertos en la industria resulta ser uno de los sueldos más bajos para cualquier matadero del país.[363]

En mayo 2008, agentes de ICE acudieron a la planta y arrestaron a 389 de sus 900 trabajadores, la mayoría de ellos guatemaltecos. Conforme inició su larga saga de encarcelamiento y deportación, el resto de los inmigrantes del pueblo entraron en pánico. "En el transcurso de unas semanas, unos mil pobladores mexicanos y guatemaltecos –una tercera parte del pueblo– desapareció. Fue como si hubiera sucedido un desastre natural que no dejó evidencia tras de sí, solo silencio".[364]

La redada a Agriprocessors en mayo de 2008 fue "la mayor operación de su tipo en un solo sitio en la historia de Estados Unidos".[365] Dado que uno de los intérpretes de la Corte, Erik Camayd-Freixas, escribió una protesta detallada por las irregularidades en el procedimiento, que después circuló ampliamente en internet, y fue enviada al Congreso, el público tuvo acceso a una imagen inusualmente completa del proceso. Según el relato de Camayd-Freixas: "El arresto, el juicio y la condena de 297 trabajadores indocumentados en Postville fue un proceso plagado por irregularidades en cada etapa del camino". El gobierno acusó a los trabajadores en masa, sin ofrecer ninguna evidencia, del crimen de "robo de identidad agravada". Después, los fiscales los forzaron para que aceptaran declararse culpables del crimen menor, pero un crimen al fin y al cabo, de mal uso de un número de seguridad social.[366]

Los trabajadores guatemaltecos sabían que estaban en el país sin permiso legal. Pero eso es una violación civil, no un crimen. El único castigo debió haber sido la expulsión. A través de sus propias fuentes de información, la mayoría de los indocumentados saben que tienen muy pocos derechos en el sistema de cortes migratorias. La mayoría de ellos no tenían ni idea de lo que significaban las acusaciones criminales, y cuando los presionaron para aceptar el acuerdo, la mayoría lo hizo. Muchos aceptaron por desesperación, ya que eran los proveedores únicos de sus familias, y no podían aguantar estar detenidos mientras esperaban el juicio. Ellos suponían que serían deportados rápidamente. No imaginaban que lo que habían aceptado era una sentencia de cinco meses en prisión.

Camayd-Freixas describe escenas desgarradoras en las que los abogados de oficio intentaron explicar las acusaciones criminales y aconsejar a los arrestados. Una de las conversaciones ilustra la total desconexión entre el mundo de los trabajadores y el sistema legal en el que estaban atrapados.

El cliente, un campesino guatemalteco que temía por su familia, pasó la mayor parte del tiempo llorando en nuestra mesa en una esquina de la abarrotada sala de visitas de la cárcel. ¿Cómo llegó hasta acá desde Guatemala? "Caminé". ¿Cómo? "Caminé por un mes y diez días hasta que crucé el río [...] Sólo quería trabajar un año o dos, ahorrar y regresar con mi familia, pero no va a ser así [...] El buen Dios sabe que sólo estaba trabajando y no le hacía daño a nadie".

Este hombre, como muchos otros, de hecho no es culpable. "Conocimiento" e "intención" son elementos necesarios de las acusaciones [criminales], pero la mayoría de los clientes que entrevistamos no sabían ni siquiera qué es un número de seguridad social o para qué servía. A este trabajador, por ejemplo, un empleado de la planta le había llenado los documentos, ya que no sabía ni escribir ni leer en español, mucho menos en inglés. Pero el abogado aún así tenía que aconsejarle que lo mejor para él era declararse culpable. Él no podía tomar una decisión. "Ustedes hacen y deshacen", dijo. "Así que pueden hacer conmigo lo que quieran". Para él éramos parte del sistema que le impedía ser deportado a su país, donde estaban sus hijos, su esposa, su madre y su hermana que dependían de él. Él era su único proveedor y no sabía cómo se iban a sostener con él encerrado cinco meses en la cárcel. Ninguna de las "opciones" realmente le servía. Atrapado entre la desesperación y la desesperanza, sólo lloraba. Le había fallado a su familia, y estaba devastado. Fui por unas servilletas pero no las quiso. Le ofrecí un vaso de refresco, que declinó supersticiosamente, y dijo que podía estar "envenenado". Su espíritu nativo-americano estaba roto y no podía pensar. Miró durante un largo rato a la hoja que tenía que firmar, como si la leyera, aunque yo sabía que estaba rezando para recibir consejo y protección. Después de firmar con un garabato, dijo: "Dios sabe que ustedes sólo están haciendo su trabajo para mantener a sus familias, y su trabajo es impedir que yo mantenga a la mía".[367]

Como Swift, Agriprocessors buscó otras fuentes de trabajadores inmigrantes marginados después de la redada. "En una de sus decisiones más desesperadas, Agriprocessors reclutó a 170 personas de la isla Palau en Micronesia, la cual tiene estatus como un antiguo protectorado estadounidense, y por ello sus ciudadanos pueden trabajar de manera legal en Estados Unidos. En septiembre de 2008, los nativos de Palau viajaron 72 horas y 12 875 kilómetros en avión y autobús antes de llegar a Postville con poco más que unas chanclas, shorts y playeras coloridas".[368]

Seis meses después, la planta cerró. Fue vendida después y reabierta, y como otras fábricas de la industria, implementó el sistema E-Verify. Sin embargo, un periodista descubrió en 2011:

que muy pocos nativos de Iowa trabajan ahí. Limpiar esta pequeña comunidad de su mano de obra ilegal, lejos de haber liberado empleos para los ciudadanos nacidos en Estados Unidos, ha resultado en la quiebra de negocios y en menores oportunidades. Casi cuatro años después, muchas de las casas siguen vacías y las ventas gravables en el comercio local son casi 40 por ciento más bajas que en 2008.

Para encontrar personal para trabajos que aún ofrecen pésimos salarios y condiciones de trabajo, los nuevos dueños de la planta han reclutado a una mezcla de refugiados y otros inmigrantes, que en cuanto descubren nuevas oportunidades abandonan el pueblo, y crean con ello una constante rotación entre la población. El cambio a una mano de obra legal ha hecho que la comunidad se sienta menos estable, dicen algunos locales, y no queda claro si Postville puede volver a ser un lugar en el que los inmigrantes vuelvan a echar raíces, a criar a sus hijos, y a vivir en relativa armonía con sus muy diferentes vecinos.[369]

Años después, un investigador se reunió con las familias que habían sido deportadas, incluidos dieciséis niños ciudadanos nacidos en Estados Unidos. Aryah Somers reportó que los niños "crecen en pobreza extrema, con muy poca educación y escasa atención médica [...] los niños están malnutridos y apenas saben leer y escribir en español o inglés". Sus padres planeaban enviarlos de vuelta a Estados Unidos, una vez que cumplan diez o doce años y que puedan viajar solos.[370]

Aunque la administración del presidente Obama ha disminuido la política de redadas en lugares de trabajo del presidente Bush, el sistema E-Verify se expande con rapidez. E-Verify fue creado en 1997 bajo el auspicio del Acta de la Reforma de Inmigración Ilegal y Responsabilidad del Inmigrante (Illegal Immigration Reform and Immigrant Responsability Act, IIRIRA) de 1996, y requiere que los empleadores participantes revisen en varias bases de datos federales para asegurarse de que sus nuevas contrataciones sean o un ciudadano o un inmigrante que tiene autorización para trabajar en Estados Unidos. El sistema inicialmente era voluntario, pero en 2007, la Oficina de Administración y Presupuesto obligó a que todas las agencias federales de gobierno evaluaran sus nuevas contrataciones con el sistema y en 2009, obligó a que ciertos contratistas y subcontratistas federales lo utilizaran con sus empleados existentes y con las nuevas contrataciones. Varios estados, empezando con Arizona en 2007, han hecho obligatorio que todos los empleadores del estado utilicen E-Verify.[371] Otros estados han intentado restringir su uso.[372] S.744, la propuesta de ley que proponía una reforma migratoria integral, apoyada por el presidente Obama y aprobada por el Senado en junio de 2013 hubiera hecho obligatorio el sistema para todos los empleadores del país. (Al momento de enviar este libro a la imprenta, la propuesta de ley parece tener pocas posibilidades de ser aprobada en la Cámara de Representantes o de convertirse en ley.)

Pero la experiencia de la industria del procesamiento de carne muestra que eliminar a los trabajadores indocumentados, ya sea a través de redadas en los lugares de trabajo o a través del uso de E-Verify, no ha incrementado las oportunidades de empleo para los ciudadanos. En cambio, ha desestabilizado los negocios y las comunidades, ha creado flujos temporales de refugiados y ha perjudicado a incontables inmigrantes, ciudadanos y negocios, sin ningún beneficio para nadie. Muchos están en contra del uso de E-Verify porque la GAO descubrió que está plagado de errores y falsas alarmas, como han mostrado ampliamente varias investigaciones realizadas por la GAO entre 2005 y 2011.[373] A pesar de que es verdad que el programa ha atrapado equívocamente a grandes cantidades de migrantes con autorización para trabajar y a ciudadanos naturalizados, esa no es la única o la razón principal para oponerse a él. Incluso si el programa operara perfectamente, su impacto en individuos, negocios, comunidades y en la economía en general sólo causaría más daños.[374]

Nuevos empleos: jardinería

Otros de los sectores que emplean a grandes cantidades de trabajadores indocumentados son pequeños nichos sin regulación dentro del sector servicios, como la jardinería, los servicios de niñeras y el reparto de periódicos. Los primeros dos son sectores en los que el empleo ha crecido en décadas recientes, mientras que en el último ha disminuido. Pero los tres han resultado ser refugios para los trabajadores indocumentados, en parte porque implican bajos sueldos, falta de beneficios, horarios difíciles y condiciones de trabajo pesadas, aisladas y algunas veces peligrosas. Estas malas condiciones de trabajo tienen un paralelo con las condiciones de trabajo en industrias que han sido subcontratadas (manufactura) o que han sido *in-sourced* (procesamiento de carnes, construcción). Los productos baratos ofrecidos, obtenidos como resultado de la subcontratación y del *in-sourcing*, junto con los servicios baratos que proveen estas nuevas industrias de servicio, han contribuido al crecimiento en el consumo y las ilusiones de afluencia en Estados Unidos.

La industria de la jardinería ha crecido de manera sostenida desde la década de los setenta, de la mano con la industria de la construcción. Las casas, las empresas y los edificios públicos recién construidos crearon una demanda de servicios de jardinería. Las empresas de jardinería respondieron a esa demanda creando nuevos productos y servicios, algunos de los cuales ahora se consideran esenciales.[375]

En las últimas décadas, dos cambios adicionales y relacionados han contribuido al incremento en la demanda de servicios de jardinería. Primero, las filas de los súper ricos, quienes contratan las compañías de jardinería para mantener las áreas verdes de sus palacios, han incrementado. Segundo, las familias suburbanas de clase media y media alta, que antes cuidaban sus propios jardines, ahora están demasiado ocupados y están contratando a gente para que realice las labores que antes ellos o sus hijos hacían. Con el crecimiento de la industria, las nuevas vacantes han sido cubiertas por inmigrantes, en especial por inmigrantes indocumentados.

Una de las muchas compañías que se han expandido y transformado en esta nueva era pertenecía a Nikita Floyd. *El Washington Post* describió su trayectoria:

> Al inicio de los noventa, Floyd tenía menos de una docena de empleados, todos ellos de raza negra. Ahora, 73 por ciento de todos los trabajadores en jardinería en Washington son inmigrantes, junto con 51 por ciento de conserjes en las oficinas y 43 por ciento de los trabajadores de la construcción [...] Los veinte empleados de invierno son todos hombres de El Salvador, excepto por dos mujeres afroamericanas que administran la oficina. En el verano emplea al doble de hombres, todos inmigrantes. La experiencia de Floyd ilustra el impacto que tienen los inmigrantes. Lo que empezó como sólo un tipo con una podadora, ahora es un negocio con ventas anuales de más de 2.5 millones de dólares. Él reconoce el papel de sus empleados inmigrantes en el crecimiento de su negocio y paga diez dólares por hora, aunque cuando hay un clima inclemente no hay trabajo y no hay paga. Es un trabajo agotador en el invierno; una persona puede pasar todo el día golpeando la tierra congelada con una pala o quizá necesite subirse a un árbol con una motosierra en una mano y sin ningún tipo de red de seguridad.[376]

Como en las asociaciones de agricultores o de empacadores discutidas anteriormente, la Asociación de Contratistas en Jardinería de California se opone fuertemente a la criminalización del trabajo de los inmigrantes e implícitamente reconoce la dependencia de la mano de obra indocumentada en su industria. Al pedir la legalización, la asociación apunta que "el *statu quo* es insostenible, ya que pone a los patrones en una situación de 'no preguntes, no digas' en la que nunca pueden tener certezas sobre su fuerza de trabajo". La industria opera bajo una constante falta de mano de obra, según explica la asociación:

La industria de la jardinería depende mucho de una fuerza de trabajo inmigrante. La jardinería es una labor físicamente demandante. Es algo que se realiza en temperaturas muy altas, muy bajas, o incluso a veces bajo la lluvia. Algunos de los empleos en jardinería son estacionales. Los trabajadores nacidos en Estados Unidos se sienten cada vez menos atraídos a esos empleos. Dado que involucra labores manuales, es hasta cierto punto una labor de jóvenes. Sin embargo, la fuerza de trabajo estadounidense está envejeciendo. Al mismo tiempo, la industria de la jardinería está creciendo y por ello requiere de más trabajadores, en parte porque esta misma población que envejece tiende a ampliar el mercado de los servicios de jardinería. Los inmigrantes, quienes tienden a ser jóvenes, cubren esta necesidad no atendida en la industria de la jardinería.[377]

Nuevos empleos: niñeras

La jardinería no es el único empleo de servicios que ha proliferado con el uso de inmigrantes indocumentados en décadas recientes. Varias figuras públicas de alto perfil han sido avergonzadas por periodistas cuando estos descubren que han empleado a trabajadoras domésticas indocumentadas. La abogada Zoe Baird, quien trabajó para la administración del presidente Carter y en el Departamento de Justicia, fue removida de la nominación para procuradora general por el presidente Bill Clinton cuando se reveló que había empleado a trabajadores indocumentados como chofer y niñera. La segunda opción del presidente Clinton, Kimba Wood, tuvo que ser removida por la misma razón.[378] Cuando Mitt Romney era candidato en las primarias republicanas en 2007, y una gran parte de su campaña era una plataforma antiinmigrante, el Boston Globe publicó una investigación que mostraba que varios trabajadores indocumentados habían cuidado del terreno de 2.5 hectáreas alrededor de su casa en Belmont, Massachusetts.[379] A la mitad de su campaña, la candidata republicana a gobernadora de California y ex CEO de eBay, Meg Whitman despidió a la niñera que había trabajado con ella durante nueve años porque supuestamente se enteró entonces de que era indocumentada.[380] Y Bernard Kerik abandonó su nominación a jefe del Departamento de Seguridad Nacional en 2004 cuando se supo que él también había contratado a una niñera que no tenía documentos.[381]

Pero no sólo los multimillonarios contratan niñeras, jardineros y trabajadoras domésticas. En 2001, la socióloga Pierrette Hondagneu-Sotelo describió la proliferación de servicios durante los veinte años previos que transformaron la vida de la clase media en Los Ángeles. En la época en la que publicó sus investigaciones, Los Ángeles aún estaba a la vanguardia; una década más tarde, lo que ella describió se había convertido en algo común para todo Estados Unidos. Escribió:

> Cuando llegas a muchos hoteles o restaurantes del sur de California, lo más probable es que te reciba el auto un valet latino. Los conserjes, cocineros, pintores, limpia alfombras y jardineros que hacen que las oficinas, los restaurantes y los centros comerciales sigan funcionando también es muy probable que sean inmigrantes mexicanos o centroamericanos, como lo son muchos de los que trabajan tras bambalinas en las lavanderías, las casas de asistencia, los hospitales, los hoteles y los complejos de departamentos [...] Hace tan sólo veinte años, estos servicios y productos de consumo relativamente baratos no estaban tan disponibles como lo están ahora. La economía de Los Ángeles, el paisaje y el estilo de vida se han transformado de tal manera que ahora dependen de la mano de obra de inmigrantes latinos con sueldos bajos.[382]

El número de jardineros y empleados domésticos en Los Ángeles se duplicó entre 1980 y 1990.[383]

La naturaleza barata de estos servicios –en parte porque con frecuencia es la mano de obra migrante la que los provee– ha ayudado a perpetuar la ilusión de movilidad socioeconómica para las personas de la clase media y la clase trabajadora.[384] Esta ilusión opaca otros cambios en la economía estadounidense sucedidos a lo largo de los últimos cincuenta años, al tiempo que la expansión acelerada de la clase media que comenzó después de la Segunda Guerra Mundial se detenía y luego se revirtió en los setenta, para terminar reemplazada por la creciente inequidad económica. Paradójicamente, Hondagneu-Sotelo halló que la inequidad social creciente ha llevado a que exista un mayor número de personas empleadas como trabajadores domésticos. La clase media trabaja más para mantener su estándar de vida y depende cada vez más de servicios de bajo costo provistos por los más empobrecidos.[385] Antes, a los trabajadores domésticos los empleaban las familias suburbanas de clase media alta. Para la década de los ochenta, los empleadores incluían a "quienes vivían en departamentos con sueldos modestos, madres solteras, estudiantes universitarios y ancianos con sueldos fijos. Viven en pequeños búngalos o en condominios, no sólo en casas enormes". Incluso las trabajadoras domésticas latinas de pronto comenzaron a contratar a otras mujeres inmigrantes para limpiar, cocinar o cuidar a sus hijos mientras ellas a su vez ofrecían esos mismos servicios a sus clientes con mayor poder adquisitivo.[386]

Es revelador que Los Ángeles haya sido la vanguardia. En los noventa, "cuando los angelinos, acostumbrados a emplear a una niñera/ama de llaves de tiempo completo por entre 150 a 200 dólares a la semana, se mudaban a Seattle o Durham, se sorprendían al descubrir que 'el costo de vivir así' se disparaba rápidamente. Sólo entonces se dieron cuenta de la medida en la que su estilo de vida próspero y su hogar funcional dependía de una latina inmigrante".[387] Conforme la población de inmigrantes latinos se expandió del suroeste a otras partes del país, el acceso a los servicios que éstos proveen también se extendió.[388]

El Business Review reportó que "las niñeras son una industria que crece en una economía lenta". Con más padres trabajando y los servicios de guarderías caros o inexistentes, la industria de las niñeras ha llenado ese hueco.[389] El *Arizona Republic* reportó que "los horarios de trabajo poco convencionales, un incremento en la conciencia y las opciones flexibles de cuidado han encendido el crecimiento en la industria de las niñeras. Al mismo tiempo, los padres cada vez tienen más deseo de un cuidado personalizado".[390]

El *New York Times* hizo un comentario sobre lo extendido de este supuesto problema de las niñeras, a propósito del caso Zoe Baird: "Como todos se enteraron, hasta que alguien convenientemente sin hijos se convirtió en Procurador General, la contratación de cuidadoras ilegales es una práctica endémica entre pasantes de abogados y secretarias así como entre ejecutivos con sueldos de 250 000 dólares al año, en ciudades como Nueva York, Los Ángeles o Miami –puntos de entrada a Estados Unidos, y por eso centros de población inmigrante. Las ciudades con redes de niñeras o cuidadoras tienden a carecer del más frágil, el más tenue sistema de guarderías que existe en otras partes del país".[391]

Reparto de periódicos

Es obvio que el reparto de periódicos ha existido desde hace mucho tiempo. Pero el sistema de reparto de periódicos ahora es algo totalmente nuevo. Ya no lo hace un niño del vecindario, a pie o en bicicleta, que recorre las calles lanzando los periódicos a las puertas de los vecinos. Ahora, 81 por ciento de los repartidores de periódicos son adultos, y muchos de ellos inmigrantes indocumentados. Una mirada a la manera en la que esta industria está estructurada ayudará a explicar por qué.[392]

En muchas áreas del país, los periódicos se entregan a través de un sistema de contratistas independientes –el mismo sistema que utilizan las empresas de construcción para evadir sus responsabilidades como patrones. Los periódicos trabajan con una empresa contratista, que a su vez enlaza a los trabajadores que deben firmar un documento en el que confirman que no están empleados, sino que son contratistas independientes. En Connecticut, las catorce personas que respondieron a una encuesta de editores de periódicos en el estado confirmaron que utilizan este sistema.[393] Asimismo, en Boston, una misma empresa distribuye el *Wall Street Journal, New York Times* y *Boston Globe,* y emplea contratistas para que repartan los tres periódicos en un área designada.

Como contratistas independientes, los trabajadores pueden no recibir el salario mínimo ni ser elegibles para recibir compensaciones, o beneficios por desempleo. (Los estados y las cortes varían su manera de tratar estos casos, pero los editores de periódicos casi de forma unánime insisten en que sus repartidores son contratistas, no empleados.) En un caso en el que los contratistas independientes demandaron y apelaron para ser reconocidos como grupo colectivo para entablar una demanda colectiva, el Tribunal del Distrito Sur de California describió el trabajo en los siguientes términos:

Los Demandantes entregan cada mañana el *North County Times* a los hogares de los suscriptores. Cada mañana los repartidores del periódico acuden a uno de varios centros de distribución en el condado de San Diego. Los repartidores acuden a diferentes horas; aunque generalmente arriban entre la 1 y las 4 de la mañana, algunos llegan más temprano, otros más tarde. Los horarios de llegada dependen de los días de la semana.

Los repartidores están obligados por contrato a repartir los periódicos ya ensamblados antes de las 6 de la mañana cada día laboral y a las 7 de la mañana en sábados y domingos.

Al llegar, los repartidores se responsabilizan de ensamblar los periódicos. Algunos ensamblan los periódicos en el centro de distribución –pagan una cuota como renta– y otros los ensamblan en algún otro lugar. Ensamblar los periódicos puede incluir doblar e insertar: las inserciones, secciones, preprensas, muestras, suplementos y otros productos a discreción de NCT. Algunos de los repartidores compran ligas y bolsas al Acusado y otros las compran aparte. Los repartidores también tienen que pagar su propia gasolina y gastos de transporte en los que puedan incurrir durante la entrega los periódicos.[394]

Quienes firman el contrato lo hacen para entregar los periódicos los 365 días del año y empezar no más tarde de las 4 de la mañana, todos los días. No pueden fallar ningún día a menos que consigan quién los reemplace, deben tener auto y deben tener una licencia de conducir válida. Tienen que pagar la gasolina y el mantenimiento del auto, en el cual conducirán cientos de kilómetros a la semana. Todo esto por menos del salario mínimo. Durante las emergencias climáticas de invierno, cuando el transporte público se detiene y el gobernador de Massachusetts declara un estado de emergencia, cierra los edificios públicos y le pide a los residentes que se mantengan en sus casas y que los negocios permanezcan cerrados hasta que las barredoras hayan limpiado las calles, los contratistas independientes reciben un brusco mensaje junto con sus periódicos: "SE ESPERA NIEVE [...] NOSOTROS TRABAJAREMOS. SE ESPERA QUE CUBRAN SUS RUTAS. PLANEEN POR ANTICIPADO: LLEGUEN TEMPRANO. NO DEJEN QUE SU COCHE SE ATASQUE. ANTICIPEN QUE TENDRÁN QUE LIMPIAR LA NIEVE PARA SACARLO".[395]

Es un trabajo que, en otras palabras, está hecho para los inmigrantes indocumentados.

Conclusión

En general, el alza de trabajadores indocumentados en las últimas décadas ha ido acompañada de un alza en las labores invisibles y explotadoras que realizan. El trabajo que realizan y que en general no se reconoce es el fundamento crucial del estándar de vida y de consumo del que disfruta casi todo el mundo en Estados Unidos. Pero claramente se trata de un sistema económico que mantiene a muchas personas desempleadas y a otro grupo de personas atrapado dentro de un estatus legal que los restringe a que realicen sólo los peores trabajos.

Algunos han argumentado que el influjo de trabajadores indocumentados deprime el mercado laboral, que baja los sueldos para los trabajadores con menos educación y crea más competencia para obtener empleos en la parte baja de la escala de sueldos. El economista laboral George Borjas ha propuesto este argumento de manera muy convincente, y muchos comentaristas que proponen que restrinjamos la migración lo hacen utilizando sus argumentos.[396]

Otros economistas, sin embargo, han descubierto que la mano de obra barata que realizan los indocumentados en realidad incrementa los salarios e incluso los empleos de los trabajadores con sueldos bajos. Al incrementar la productividad, los trabajadores indocumentados que reciben sueldos bajos pueden incrementar el capital disponible para la inversión, la contratación y los sueldos. Dado que los trabajadores indocumentados suman a la población, su consumo estimula a la economía.[397] Un estudio reciente intentó documentar el impacto económico esperado de la deportación versus la legalización de la población indocumentada en Arizona. El estudio halló que la legalización sería mucho más benéfica y la deportación mucho más costosa para los ciudadanos estadounidenses.

> Los inmigrantes indocumentados no sólo "llenan" empleos, también crean empleos. A través del trabajo que realizan, del dinero que gastan y de los impuestos que pagan, los inmigrantes indocumentados mantienen los empleos de muchos otros trabajadores en la economía estadounidense, inmigrantes y nativos por igual. Si los indocumentados desaparecieran súbitamente, los trabajos de muchos estadounidenses desaparecerían también. En contraste, si los inmigrantes indocumentados recibieran un estatus legal, sus sueldos y su productividad incrementaría, gastarían más en la economía y pagarían más impuestos, y con ello se crearían más empleos.[398]

Dos películas recientes, una de ficción y un documental, demuestran este efecto. *Un día sin mexicanos* imagina que California despierta una mañana cubierta en una niebla extraña que ha provocado que todos los pobladores de origen mexicano desaparezcan. Los no mexicanos van dando tumbos por su vida, intentando llenar los huecos y al mismo tiempo dándose cuenta de qué tan dependiente es su economía y su vida diaria de los inmigrantes mexicanos. En una escena conmovedora al final, después de que la niebla se disipa y los mexicanos reaparecen, la Patrulla Fronteriza se encuentra con un grupo de migrantes en la noche. Los alumbran con sus linternas y les preguntan, "¿Son mexicanos?". Cuando los migrantes dicen que sí, los patrulleros los reciben con un aplauso.

El documental *9 500 Liberty* analiza un caso en el que la fantasía de *Un día sin mexicanos* se volvió realidad. En el Condado de Prince William, en Virginia, un decreto local en 2007 requirió que la policía detuviera e interrogara a cualquier sospechoso de ser indocumentado. Aunque el decreto finalmente fue rechazado, la movilización antiinmigrante a la que dio lugar, así como el miedo que provocó su implementación llevó a que muchos inmigrantes se fueran. Cerraron negocios, las escuelas y los vecindarios se vaciaron y el mercado inmobiliario colapsó; la mayoría de ciudadanos blancos en el condado comenzaron a dudar de los supuestos beneficios de expulsar a los indocumentados.

Aunque el sistema actual beneficia a muchas personas en Estados Unidos, debemos reconocer también su injusticia elemental y pensar seriamente en cómo opera y qué podemos hacer para volverlo más justo. Si los inmigrantes están siendo explotados por el sistema actual, y si ser indocumentado es uno de los conceptos que sostiene a esta inequidad y este trato injusto, entonces necesitamos cuestionar el concepto mismo de indocumentación.

El sistema beneficia a la mayoría de los estadounidenses de manera material, dado que los estadounidenses –incluidos los pobres– consumen una proporción extraordinaria de los recursos del planeta. Sólo 4 por ciento de los niños del mundo son estadounidenses, y sin embargo consumen 40 por ciento de los juguetes del mundo.[399] A pesar de que muchos estadounidenses no tienen trabajo, están en deuda y se la ven muy difícil para pagar los costos de sus seguros de salud y para poner comida en la mesa, *aún así consumen mucho más de lo que les corresponde*. Lo hacen porque hay una cadena económica que los vincula a trabajadores que están marginados legalmente, ya sea porque trabajan en otros países o porque trabajan de manera ilegal dentro de Estados Unidos.

Ser indocumentado tiene todo que ver con el trabajo y con la economía. Es uno de los componentes clave del sistema global a finales del siglo XX . Cada uno de los países llamados industrializados –o dicho con mayor precisión, de los países anteriormente industrializados, ahora en proceso de desindustrialización– depende, para mantener sus altos niveles de consumo, de la mano de obra de trabajadores que están excluidos legalmente. Como Estados Unidos, estos países dependen de las ventajas legales que otorgan las fronteras, los países y la ciudadanía, para poder imponer reglas distintas a distintas personas y mantener a una clase trabajadora excluida legalmente.

Este sistema también crea increíbles ganancias para unos cuantos. Un sistema económico más justo distribuiría los recursos del planeta de manera mucho más igualitaria. Si podemos entender la indocumentación como un mecanismo para crear y perpetuar la inequidad económica, será mucho más sencillo para nosotros rechazarlo desde el principio.

7

Menores y familias

Aunque la necesidad de trabajar –y la disponibilidad del trabajo– han tenido un papel central en el crecimiento tanto de la inmigración como de la indocumentación en el último medio siglo, cada trabajador es también un ser humano. Como todos los demás, los trabajadores indocumentados tienen hijos y familia. La población indocumentada y aquellos afectados por vía de las relaciones familiares por la indocumentación incluyen a muchos más que sólo el hombre soltero que trabaja. Conforme se ha ido incrementando la vigilancia fronteriza durante las últimas dos décadas y la migración estacional de los trabajadores se ha transformado en asentamientos familiares de largo plazo, cada vez más y más menores son afectados por problemas relacionados con el estatus migratorio.

Algunos menores son indocumentados, mientras que otros viven en familias con estatus migratorios mixtos, en las que uno o ambos padres, hermanos, y otros parientes son indocumentados. Otros más tienen estatus temporales o inestables. Algunos menores, ya sean ciudadanos o indocumentados, pierden a sus padres o a otros miembros de su familia debido a la deportación, mientras que otros cruzan la frontera ilegalmente para reunirse con los padres a los que habían perdido debido a la migración. Prácticamente todos los padres que llegan a Estados Unidos, lo hacen buscando una vida mejor para sus hijos; la ley estadounidense dice proteger los intereses de los menores. Pero la ley migratoria hace que la vida de los menores sea frágil e impredecible.

Cerca de 17 por ciento de todos los hispanos y 22 por ciento de todos los jóvenes hispanos entre dieciséis y veinticinco años son inmigrantes no autorizados, según estimaciones del Pew Hispanic Center en 2009. Estos porcentajes se refieren a todos los hispanos, nacidos en el país o inmigrantes. Entre los inmigrantes, los números son, claro, mucho más altos. Se estima que un 41 por ciento de todos los hispanos nacidos en el extranjero y 58 por ciento de los jóvenes hispanos nacidos en el extranjero son inmigrantes no autorizados.[400]

Otros jóvenes se ubican en las zonas entre dos categorías, como quienes están solicitando asilo o aquellos que han recibido el Estatus de Protección Temporal, y cuya presencia actualmente es legal, pero cuyo estatus es frágil dado que podría revocarse fácilmente –lo que Cecilia Menjívar llamó "legalidad liminar".[401] El Programa DACA del presidente Obama, aprobado en 2012, creó otro estatus temporal que otorgaba a ciertos jóvenes indocumentados un respiro de la ilegalidad de dos años, pero sin garantías de lo que sucedería después. Aunque era inmensamente popular entre los latinos (Romney lo llamó el "gran regalo" para los votantes hispanos), DACA hizo muy poco para solucionar el problema de fondo de la indocumentación.[402]

El sistema migratorio en general está diseñado para negarle muchos derechos a los adultos indocumentados, pero, en algunos casos, las leyes para proteger a los menores trascienden el estatus y se aplican a todos los menores. Las leyes y las políticas entonces están en una lucha entre dos propósitos contradictorios: castigar las violaciones al estatus migratorio o proteger los derechos de los menores y su necesidad de estar con sus padres. En el caso de los menores ciudadanos estadounidenses, hijos de padres indocumentados, el propósito de mantenerlos con sus padres puede contradecir el propósito de expulsar a los padres, y el propósito de promover el interés superior del niño entra en conflicto con las leyes que castigan a sus padres por su estatus. En algunos casos, los jueces han decidido que el interés superior de un niño es que él o ella permanezca en Estados Unidos y que se revoque el derecho de patria potestad de los padres deportados. En otros casos, las leyes migratorias impiden que los menores entren a Estados Unidos para reunirse con sus padres. Los jóvenes indocumentados también pueden ser deportados y se enfrentan a la discriminación legal que les impide trabajar, ir a la universidad o recibir beneficios públicos.

De ser prácticamente invisibles en la esfera pública hace apenas una década, los jóvenes indocumentados, en especial aquellos que han crecido en Estados Unidos, han dado un paso al frente al organizarse en pos de los derechos migratorios. Su activismo desafía abiertamente la propaganda antiinmigrante y puede estar cambiando la manera en la que el público ciudadano ve a los indocumentados.

Jóvenes y solos

Las últimas dos décadas han sido testigos de un incremento dramático en la cantidad de jóvenes que huyen de sus casas en México y Centroamérica e intentan cruzar la difícil frontera solos. Pueden estar buscando alejarse de la violencia, las pandillas, o el abuso doméstico, o pueden estar realizando un intento desesperado por reunirse con sus padres en Estados Unidos. Todos ellos se enfrentan a los mismos peligros que enfrentan los adultos, y más.

Los jóvenes indocumentados, en especial los centroamericanos que huyen de las guerras civiles, comenzaron a cruzar la frontera por sí solos en la década de los ochenta. En ese entonces, el sistema migratorio de detenciones no tenía las facultades ni la capacidad para lidiar con los jóvenes detenidos: simplemente eran encarcelados y tratados como adultos. Durante los noventa, el INS reportó que 8 500 menores habían sido capturados mientras intentaban cruzar la frontera sin documentos, y el 70 por ciento de ellos iban solos. La mayoría eran mexicanos y rápidamente fueron devueltos a su país gracias a un acuerdo con el gobierno mexicano. Los no mexicanos, en cambio, fueron detenidos en instalaciones migratorias por largos períodos de tiempo en lo que esperaban una audiencia migratoria.[403]

Una serie de demandas y de decisiones de la Corte a partir de 1985 dieron paso finalmente a que en 1997, el entonces INS desarrollara políticas para lidiar con los menores detenidos. Según la resolución de

Flores contra Meese de ese año, el INS desarrolló estándares distintos para los menores que tomaban en cuenta sus edades y sus necesidades. Los menores debían ser entregados, si era posible, a un familiar responsable; se les ubicaría en el entorno menos restrictivo posible y la agencia implementaría estándares apropiados para el trato con ellos.

Un estudio del gobierno de Estados Unidos en 2001 explicó que la mayoría de los jóvenes que encontró el INS eran todavía de origen mexicano y generalmente los retenían por unas horas antes de imponer una salida voluntaria a México. El estudio enfatizaba que la Patrulla Fronteriza se aseguraba de que los jóvenes fueran regresados a miembros de su familia o a funcionarios del gobierno mexicano y no simplemente "dejados al otro lado de la frontera".[404] La mayoría de los menores que terminaron bajo custodia del gobierno estadounidense eran, entonces, centroamericanos. Los números de los menores bajo custodia (en vez de ser devueltos) incrementaron rápidamente en la primera década del nuevo siglo, de unos cuantos miles a diez mil al año.[405] El sistema luchaba por mantenerse a la par del influjo de jóvenes.

A partir de 2002, cuando el INS fue reemplazado por el ICE, a las órdenes del nuevo Departamento de Seguridad Nacional, la responsabilidad de los menores detenidos fue transferida al Departamento de Salud y Servicios Sociales y a la Oficina de Reubicación de Refugiados (ORR).[406] Y en 2003, el ORR creó la División de Servicios para Menores no Acompañados (Division of Unaccompanied Children's Services, DUCS por sus siglas en inglés) para gestionar la colocación de los menores indocumentados.[407]

El tratamiento de los menores detenidos mejoró cuando se involucraron las agencias de servicios sociales. En lugar de ser albergados por tiempo indefinido como criminales adultos, los niños fueron enviados a instalaciones especiales en las que tenían acceso a servicios educativos y sociales, y la mayoría de ellos fueron dejados en libertad en unas semanas y entregados a familiares en Estados Unidos (muchos de ellos también indocumentados). Las instalaciones deben de proveer "educación en aulas, servicios de salud, actividades de sociabilidad y recreación, preparación vocacional, servicios de salud mental, gestión de los casos y, cuando sea posible, ayuda para la reunión familiar".[408] Según el *New York Times*: "No es inusual que los jóvenes recuerden su paso por los albergues de detención [...] como uno de los mejores momentos de sus golpeadas vidas".[409]

Aun así, en 2006, un estudio descubrió que los menores detenidos "caen en el laberinto confuso del sistema de migración y asilo". A pesar de los cambios en las disposiciones para las detenciones, la ley migratoria no distinguía entre menores y adultos, y hasta 2004, las cortes trataban a cualquier menor, sin importar la edad, como un adulto.[410] En 2012, otro estudio descubrió que los menores detenidos por violaciones migratorias "entran a un sistema laberíntico y fragmentario en el que pueden interactuar con una gran cantidad de agencias dentro de varios departamentos del gobierno federal, así como una multitud de contratistas de gobierno".[411]

La repatriación automática de niños mexicanos fue desafiada cuando en 2008, el Congreso aprobó la Ley de Protección y Reautorización de Víctimas de Tráfico Humano propuesta por William Wilberforce (Trafficking Victims Protection and Reauthorization Act). La ley respondía a las preocupaciones de que las políticas de deportación contribuían al abuso y la explotación de menores. Dejaba claro que no podía repatriarse a un menor si era víctima de tráfico humano o si tenía una posibilidad viable de recibir asilo y si no aceptaba voluntariamente ser repatriado. Esto significó que en lugar de regresar a los niños mexicanos de inmediato, ICE tenía que evaluar cada caso de manera individual.[412] Aun así, en 2009, el 70 por ciento de los menores bajo custodia de ORR procedían de Centroamérica, principalmente de El Salvador, Guatemala y Honduras, ya que a la mayoría de los niños mexicanos se les deportaba.[413]

La cantidad de menores mexicanos que cruzan la frontera solos se ha mantenido constante o ha decaído durante los últimos años, junto con los cruces de adultos mexicanos. El número de menores sin compañía provenientes de Centroamérica, en cambio, ha incrementado dramáticamente, hasta duplicarse de 2011 a 2012. "La avalancha de jóvenes ilegales cruzando la frontera comenzó el otoño pasado, pero se ha acelerado este año", reportó el *New York Times* en agosto de 2012.[414] Durante 2012, más de 14 000 jóvenes, la mayoría de ellos centroamericanos, quedaron bajo custodia de ORR. En los primeros tres meses de 2013, cruzaron siete mil más, lo que sugiere que el número de ingresos sigue creciendo.[415]

La crisis política y económica en Centroamérica –exacerbada por el involucramiento militar y las políticas comerciales de Estados Unidos– prácticamente ha garantizado que los menores sigan intentando escapar. "Casi toda la migración de menores surge a partir de los problemas complejos y antiguos en sus países de origen –problemas que no tienen soluciones sencillas ni de corto plazo".[416] Según la Comisión de Mujeres Refugiadas (Women's Refugee Commission), que entrevistó a 150 jóvenes que intentaban cruzar la frontera solas, la mayoría huyen de la violencia doméstica, las pandillas y el tráfico de drogas. "Están dispuestas a enfrentar los riesgos y las incertidumbres del viaje hacia el norte para escapar de los peligros presentes que enfrentan en casa".[417]

"Las condiciones en Centroamérica se han deteriorado a tal punto que cuando la Comisión de Mujeres Refugiadas le preguntó a los menores si se arriesgarían a realizar el peligroso viaje hacia el norte a través de México otra vez sabiendo los riesgos, la mayoría respondió que sí. Dicen que quedarse en su país les garantiza la muerte, y que realizar el peligroso viaje por lo menos les da una esperanza de sobrevivir. Muchos de ellos expresaron extrañar sus países, y decían que no habrían salido si no fuera por el miedo que tienen a morir."[418]

El gobierno no estaba preparado para este influjo y al principio no pudo cumplir con los estándares de 1997. "Los menores eran retenidos hasta por dos semanas en las instalaciones de detención temporal de CBP. Estas instalaciones no están diseñadas para detenciones de largo plazo o para alojar niños. Las luces permanecen encendidas veinticuatro horas al día, y no hay ni regaderas ni espacios de recreación. Durante el influjo, estaban tan llenas que los niños se turnaban para acostarse en el piso de concreto". El ORR comenzó a abrir "centros de emergencia" para alojar a los jóvenes detenidos.[419]

La cantidad de llegadas a la frontera de Estados Unidos revela sólo una parte del problema, ya que el gobierno mexicano también reportó que se duplicó la cantidad de detenciones de menores centroamericanos viajando por el país en 2012.[420] Quizá sólo la mitad de los menores que salen de Centroamérica llegan a la frontera con Estados Unidos. En el camino enfrentan los mismos peligros que los migrantes de mayor edad: ser lastimados o morir en el tren, secuestros, violaciones, tortura y coerción.

Está claro que las condiciones de los menores detenidos cruzando la frontera han mejorado mucho durante la última década. También está claro, sin embargo, que una situación en la que decenas de miles de menores huyen de sus pueblos en México y Centroamérica cada año es una situación desesperada. No es suficiente con sugerir que esos países deben resolver sus propios problemas; Estados Unidos tiene una larga historia de involucramiento militar, político y económico en la región, incluyendo el derrocamiento y el establecimiento de gobiernos. Sigue dando ayuda económica y militar a políticas y programas que diseña y aprueba. Estas políticas y programas se traducen en grandes ganancias y productos baratos para los ciudadanos y las corporaciones estadounidenses, al tiempo que exacerban la misma crisis social que está detrás de la migración. Aquellos que estamos en Estados Unidos debemos buscar soluciones de fondo que vayan más allá de ofrecer un trato humano y servicios sociales a estos menores después de que cruzan la frontera.

Perder a sus padres

Hasta los niños ciudadanos estadounidenses están en riesgo de perder a sus padres a causa de una deportación. Aunque la administración del presidente Obama anunció desde el principio que su política de detención y deportación se enfocaría en los individuos que habían cometido crímenes o que representaran una amenaza a la seguridad nacional, las deportaciones se incrementaron dramáticamente durante su período, hasta llegar a 400 000 al año. Casi todos los deportados son, como la mayoría de los inmigrantes indocumentados, miembros de la comunidad con trabajos, hogares y familias. Sus vidas se cruzan cada día con ciudadanos estadounidenses. En muchos casos, son padres de ciudadanos estadounidenses.

Como sucede con los menores que cruzan la frontera, el número de menores que pierden a sus padres por deportación también ha estado creciendo. Desde 1998 hasta 2007, alrededor de 8 por ciento de aquellos removidos eran padres de ciudadanos estadounidenses; en 2011, ese porcentaje creció a 22 por ciento. Durante la primera mitad del 2011, más de 46 000 padres de menores nacidos en Estados Unidos fueron deportados. El Centro de Investigación Aplicada (Applied Research Center) estimó que hasta el 2011, había más de 5 000 menores ciudadanos estadounidenses viviendo en casas de adopción temporal debido a que sus padres habían sido deportados o estaban en algún centro de detención migratoria. Algunos fueron adoptados dado que sus padres deportados o encarcelados carecían de los recursos para hacer cumplir sus derechos parentales.[421]

El término "niños ancla" se usa con frecuencia en estas discusiones e implica que dar a luz a un hijo en Estados Unidos le otorga a los padres ciertos derechos o privilegios especiales. Pero no es así. El niño, como ciudadano estadounidense, tiene derecho a recibir todos los beneficios que la ciudadanía ofrece, incluido un pasaporte estadounidense, la libertad de permanecer o salir del país, y acceso al trabajo y a los servicios sociales. El estatus de indocumentado de los padres, sin embargo, no se modifica en ningún sentido por la existencia de ese llamado niño ancla. Los padres de ciudadanos pueden ser, y son, deportados con regularidad.

Los memorandos Morton sobre discreción de la fiscalía emitidos por el director de ICE, John Morton, durante la administración del presidente Obama en 2010 y 2011, buscaban revisar las políticas de la agencia reconociendo las dificultades provocadas en los niños cuando sus padres eran detenidos y deportados. El primer memorando sugería que ICE "no debería gastar recursos de detención en extranjeros quienes padecen enfermedades físicas o mentales serias, o quienes son discapacitados, están embarazadas, lactando o son ancianos, o *demuestran que son los principales proveedores de niños* o de una persona débil". Desafortunadamente, los nuevos lineamientos no redujeron el número de padres separados de sus hijos por ICE.[422] El memorando de 2011 iba un poco más allá, mencionando específicamente que un factor que ICE debe considerar al decidir si perseguir un caso era la relación del inmigrante con ciudadanos estadounidenses. Aún así, éste era uno más de una lista de sugerencias, y no un mandato específico:[423]

> Detrás de las estadísticas hay historias: un bebé que llora cuando lo quitan de los brazos de su madre y se lo entregan a los trabajadores sociales mientras se llevan a la madre esposada, sin derechos parentales por orden de un juez; los menores adolescentes que ven cómo arrastran a sus padres del hogar; los padres inmigrantes que desaparecen en un sistema de detenciones que parece un laberinto, en el que frecuentemente terminan encerrados a cientos de kilómetros de sus casas, separados de sus familias por meses y sin contacto con las agencias de servicios sociales que decidirán el destino de sus hijos.[424]

Consideremos el caso de Sandra Molina, una inmigrante indocumentada de Guatemala. Se casó con un inmigrante con estatus legal que se convirtió en ciudadano desde el 2009. Tenían dos hijos, ambos ciudadanos estadounidenses. Cuando su esposo se convirtió en ciudadano, decidieron que Sandra regresara a Guatemala para que él pudiera patrocinar su reingreso legal a Estados Unidos. Incluso en el caso de ser la cónyuge de un ciudadano estadounidense, no hay ninguna garantía de que el permiso legal será otorgado. En el caso de Sandra, fue denegado a pesar de que ella no tenía antecedentes criminales ni ningún otro obstáculo aparente para negarle el ingreso legal.

Intentó entonces cruzar la frontera de manera ilegal para reunirse con su familia, pero fue capturada y regresada a Guatemala.

Ahora, el ingreso legal es aún más complicado. Intentar reingresar después de ser deportado es un delito grave, castigado con cárcel, y una de las prioridades para la deportación durante la administración del presidente Obama han sido aquellos que reingresan después de ser deportados. En México, Sandra dice que "se siente tan desesperanzada acerca de su vida que ha pensado en terminar con ella. 'Sólo quiero que me perdonen', dice llorando por teléfono. 'Siento que estoy volviéndome loca, extraño tanto a mis hijos. Son todo lo que tengo. No puedo seguir sin ellos'. En su hogar en Stamford, sus hijos están sufriendo también. El más pequeño llora constantemente, el mayor se ha vuelto iracundo y retraído. Aunque su tragedia está documentada en grandes fólders que incluyen el testimonio de psicólogos y terapeutas acerca de la necesidad que tienen los niños de su madre, todas las apelaciones de ayuda humanitaria han sido negadas".[425]

El caso de una inmigrante indocumentada ecuatoriana a quien detuvieron con su hijo de quince años, ilustra las contradicciones que resultan de las agendas de distintas agencias de gobierno. La madre había vivido en Estados Unidos durante cuatro años y tuvo una hija que nació ahí. Entonces, cuando su hija tenía un año, mandó traer a su hijo de quince años, quien fue detenido al cruzar la frontera y puesto bajo custodia de DUCS. Siguiendo las políticas de DUCS, fue llamada y le entregaron a su hijo. "Recibí la llamada de que fuera a recogerlo", explica desde su celda en la cárcel, "así que dejé a mi hija con una amiga que vive al lado y me fui en autobús a Arizona. Recogí a mi hijo y nos fuimos directo al autobús. En la estación, se me acercaron unos oficiales y nos detuvieron a los dos. He estado encerrada aquí desde hace nueve meses sin ver a mi bebé. Sólo tenía un año cuando la dejé con mi amiga. No sé qué está pasando ahora con ella".[426]

Cuando los padres desaparecen en el sistema migratorio así, corren el riesgo de perder la custodia de sus hijos.[427] Las cortes pueden negarles los derechos parentales después de que los deportan o los detienen. En el sistema de justicia criminal, los prisioneros tienen garantizados ciertos derechos y cierto acceso a servicios. Los inmigrantes detenidos, en cambio, caen dentro de un inframundo legal y constitucional. Las circunstancias de su detención con frecuencia hacen que sea imposible que cumplan con los requisitos necesarios para conservar la custodia de sus hijos. Los parientes que podrían cuidar al menor en ausencia de los padres pueden estar temerosos de identificarse porque ellos también son indocumentados. Desde la perspectiva de los servicios sociales infantiles, el sistema de detención y deportación puede crear obstáculos insuperables que imposibilitan cumplir con la meta de permitir que los padres cuiden de sus hijos.[428] "En el sistema de servicios sociales infantiles, los padres inmigrantes corren el riesgo de perder a sus hijos sin tener la protección del debido proceso constitucional que otros padres reciben".[429] Un número desconocido de estos niños está siendo adoptado contra los deseos de sus padres, quienes, una vez deportados, con frecuencia no tienen recursos para pelear cuando un juez estadounidense decide que sus hijos están mejor ahí.

En un caso del 2007, una mujer guatemalteca e indocumentada fue arrestada durante una redada en la planta procesadora de pollos en la que trabajaba en Misuri. Cuando estaba detenida, le retiraron la custodia de su hijo de seis meses y fue puesto en adopción. El juez sentenció que "ingresar ilegalmente a un país y cometer crímenes en este país no es un estilo de vida que pueda proveer estabilidad a un menor". Sus derechos parentales fueron suspendidos y el infante fue adoptado. Aunque la Suprema Corte de Misuri revirtió la decisión del juez en 2011, la sentencia fue a su vez revertida por un juez que asentó que ella "efectivamente había abandonado a su hijo". La madre fue deportada, y dejó a su hijo con sus padres adoptivos.[430]

Aprender a ser indocumentado

Otros menores indocumentados, entre ellos los que hoy protagonizan el activismo político de los indocumentados, fueron traídos o mandados traer por sus padres desde muy pequeños. Estados Unidos ahora está criando a una generación de menores sin documentos, y las propuestas jurídicas para hacerle frente a sus estatus –que van desde el derecho de pagar las colegiaturas de residentes en universidades públicas estatales, hasta la Ley DREAM (Development, Relief and Education for Alien Minors)– revelan la incomodidad que su existencia plantea. "Son americanos en su corazón, en su mente, en todo sentido menos en uno: en papel", dijo el presidente Obama.[431] Como dijo una estudiante indocumentada: "Respiro, como y vivo en Estados Unidos, y lo he hecho desde que tengo memoria".[432] Las declaraciones del presidente nos recuerdan que el lugar de nacimiento de una persona es un hecho casi totalmente arbitrario. ¿Debe entonces ser utilizado para determinar las oportunidades de vida que tendrá en el futuro?

Los niños, claro, no saben mucho acerca de su estatus o de leyes migratorias a menos que sus padres hayan decidido explicarles el tema del estatus. Por lo general, su interacción principal con la autoridad estatal se da a través de la escuela, y desde 1982, las escuelas están obligadas a tratar a todos los niños de la misma manera, sin importar el estatus. En este año, la decisión de la Suprema Corte en el caso de Plyler contra Doe echó abajo una ley en Texas que permitía que los distritos escolares locales negaran la entrada a menores que carecieran de la documentación legal y que retenía los fondos estatales para su educación si los distritos locales decidían inscribirlos. La Corte juzgó que negar a los niños el acceso a la educación no sólo violaba la cláusula de protección igualitaria de la Enmienda Catorce de la Constitución, también les imponía una dificultad de por vida injustificada y no tenía ningún beneficio para el Estado.[433] Por ello, los menores quizá nunca se vean confrontados por el tema de la documentación en su vida cotidiana.

La mayoría de los ciudadanos cobra conciencia de la importancia de los documentos de identidad cuando son adolescentes y quieren solicitar una licencia de conducir o quieren solicitar su primer trabajo. Por primera vez se les pedirá que desempolven su acta de nacimiento o su tarjeta de seguridad social para probar su estatus como ciudadanos. José Antonio Vargas, un inmigrante indocumentado de Filipinas, describió el *shock* que muchos jóvenes indocumentados experimentan cuando se dan cuenta por primera vez de que hay algo acerca de su estatus legal que los separa de sus compañeros. Vargas se unió y ayudó a impulsar un movimiento creciente entre los jóvenes indocumentados que busca romper el silencio, salir de las sombras y desafiar abiertamente al sistema que los excluye.

En el verano de 2011, Vargas publicó un largo artículo en el que contaba su propia historia de vida en la *New York Times Magazine*. Comenzó por relatar cómo su madre lo envió, a la edad de doce años a vivir con sus abuelos en Mountain View, California, y cómo le costó trabajo aprender inglés y sobresalir en la escuela.

> Un día, cuando tenía dieciséis, fui en bicicleta al DMV (Departamento de Vehículos Motorizados) para solicitar mi permiso para conducir. Algunos de mis amigos ya tenían licencias, así que me pareció que era el momento. Pero cuando le entregué al encargado mi *"green-card"* como prueba de residencia, le dio vuelta y la examinó. "Es falsa", me dijo susurrando. "No vuelvas a venir aquí".
>
> Confundido y asustado, pedaleé a la casa y confronté a [mi abuelo] Lolo. Recuerdo que estaba sentado en el garaje recortando cupones. Dejé caer mi bicicleta y corrí hacia él mostrándole mi *"green-card"*. "*¿Peke ba ito?*", le pregunté en tagalog. ("¿Es falsa?") Mis abuelos eran ciudadanos naturalizados –él trabajaba como guardia de seguridad y ella como mesera– y habían comenzado a mantenerme a mí y a mi madre cuando yo tenía tres años, después de que el ojo alegre de mi padre y su incapacidad para mantenerlos desembocó en la separación de mis padres. Lolo era un hombre orgulloso, y vi la vergüenza que le cubrió la cara cuando me dijo que había comprado la tarjeta, junto con otros documentos falsos, para mí. "No se la muestres a nadie más", me advirtió.[434]

Filipinas presenta un caso particularmente enredado de lo que significa la migración, la ciudadanía y los documentos, ya que fue colonia
estadounidense durante la primera mitad del siglo XX, y los filipinos
eran considerados unilateralmente como nacionales estadounidenses
autorizados para viajar libremente al país hasta 1934. (La categoría
"nacionales" fue creada a principios del siglo XX y aplicaba a personas
que vivían en los territorios recién adquiridos por Estados Unidos en
el Caribe y en el Pacífico. Eran, en esencia, personas sin estado, sin
país y sin ciudadanía.) Decenas de miles de filipinos fueron reclutados
para viajar legalmente a Estados Unidos a través de programas de en-
fermeras y de intercambio militar, mientras Estados Unidos mantenía una enorme presencia militar allá. La migración de Vargas fue un
producto de esta historia, así como de los giros y las transformaciones
de la ley migratoria estadounidense.

En Filipinas, la tía abuela de Vargas se casó con un filipino-ame-
ricano que estaba trabajando en una base militar estadounidense, y
con ella inició una cadena de migraciones. Utilizando las preferencias
familiares que estaban presentes en la ley, solicitó el ingreso de su
hermano y su esposa (los abuelos de Vargas), quienes entraron al país
con visas de inmigrantes en 1984 y más tarde se convirtieron en ciudadanos naturalizados. El abuelo entonces solicitó el ingreso de sus
dos hijos. Los ciudadanos, sin embargo, sólo pueden patrocinar a sus
hijos si éstos no están casados. La madre de Vargas era soltera; ella y
su esposo se habían separado hacía casi una década. Pero, temerosos
de que inmigración considerara que la solicitud era fraudulenta basada en su matrimonio previo, el abuelo decidió retirarla.

Entonces, la familia entró en el inframundo de los documentos
falsos; consiguió un pasaporte alterado y una *green-card* (un permiso
de residente permanente) y mandaron a José de doce años con un
coyote –quien, según le dijeron era su tío– a vivir con sus abuelos
en 1993. El niño nunca supo de la naturaleza extra-legal de aquellos
arreglos ni tampoco que había nada no autorizado acerca de su presencia en Estados Unidos.

La experiencia de transición a la madurez que tuvo Vargas, sim-
bolizada por su rechazo en el DMV, cae dentro de lo que el sociólogo

Roberto González describe como la "transición hacia la adultez" para muchos de los jóvenes indocumentados. González explica que, convertirse en adulto también involucra una "transición hacia la ilegalidad", ya que la "educación pública y las leyes migratorias chocan para producir un cambio en las experiencias y los significados del estatus para los jóvenes indocumentados justo en el inicio de su transición hacia la vida adulta".[435] Estos jóvenes, aunque la ley los trata igual durante la infancia, son excluidos de los ritos de pasaje que atraviesan la mayoría de los jóvenes estadounidenses para convertirse en adultos. Se quedan en un "limbo del desarrollo". El estatus económico extremadamente bajo de la mayoría de las familias de indocumentados impulsa a los jóvenes a asumir una responsabilidad financiera mucho mayor que la de sus compañeros con documentos –aunque no se les permite, oficialmente, trabajar. Al mismo tiempo, se les separa de las otras etapas de transición por las que atraviesa la mayoría, como aprender a conducir, registrarse para votar, inscribirse a educación superior o abrir una cuenta de banco.[436] Es un *shock* que la sociedad que los había criado de pronto les cierre las puertas. Una estudiante escribió: "No se me ocurriría poner en duda el juramento a la bandera o las clases de historia que nos enseñaron [...] Al mirar atrás, debí cuestionar el juramento que le hacía cada mañana a un país que me rechazaba".[437]

Activismo juvenil

Esta generación de jóvenes indocumentados que hoy está llegando a la mayoría de edad en Estados Unidos no tiene precedentes históricos. La mayoría de los adultos indocumentados son individuos que fueron criados en otros países y que llegaron al país ya adultos. Supieron lo que era vivir en sus países de nacimiento, y llegaron a Estados Unidos por voluntad propia (aunque, claro, bajo circunstancias que ellos no eligieron). Su experiencia de vida en Estados Unidos ha sido la de ser indocumentados.

Sus hijos, aunque también sean indocumentados, han tenido una experiencia de vida totalmente distinta. Fueron criados y asistieron a la escuela en el país, en donde les repetían que ésta es una nación de inmigrantes, un país que trata a todos igual. Les enseñaron que si trabajan mucho, pueden ingresar a la universidad y conseguir un buen empleo. Les enseñaron que tienen derechos, porque eso es lo que las escuelas les enseñan a los niños de este país. Les enseñaron acerca de la "Desobediencia Civil" de Thoreau y acerca de Martin Luther King Jr. y las luchas por alcanzar la justicia y la igualdad racial. En casa, sus padres les enseñan que los trajeron al país para que tuvieran una mejor vida.

Cuando Carola Suárez-Orozco, Marcelo Suárez-Orozco e Irina Todorova estudiaron a varias generaciones de jóvenes inmigrantes y sus experiencias en las escuelas en Estados Unidos, descubrieron que los inmigrantes de primera generación son los que tienen los logros más altos. Están muy conscientes de los sacrificios que hicieron sus padres para darles oportunidades a ellos, y "estos sacrificios parentales impulsan a muchos estudiantes inmigrantes a entregarse de corazón a su travesía educativa".[438]

Descubrir que son indocumentados y lo que eso significa es un *shock* inesperado e inaceptable para muchos de estos niños. Nunca se sintieron ni sabían que eran distintos de sus compañeros de clase. Observemos estos testimonios de estudiantes: "No tener ciudadanía es casi como si estuviera atado al piso con un grillete"; "Es como si alguien te diera un auto pero no le pusiera gasolina"; "Te dicen que puedes lograr lo que quieras o lo que te propongas, pero no te dicen que eso es sólo para unos cuantos".[439]

Justo cuando esta nueva generación de jóvenes indocumentados estaba terminado la preparatoria, la Ley de Reforma de la Asistencia Pública (Welfare Reform Act) y la IIRIRA de 1996 hicieron que fuera prácticamente imposible que asistieran a la universidad. Al prohibir que recibieran ayuda económica pública y al privarlos de residencias estatales, las leyes en realidad les cerraban la puerta de acceso a la educación superior.[440]

A lo largo de la última década, estos jóvenes han estado a la vanguardia de la organización en pos de los derechos de inmigrantes. El acceso a educación superior es un punto focal para los estudiantes de alto aprovechamiento. A nivel estatal, han peleado por el derecho a ser considerados residentes del Estado y acudir a las universidades públicas. A nivel nacional, han peleado por que se apruebe la ley DREAM, que les daría derechos educativos y que los pondría en el camino hacia la ciudadanía.

En Texas, el gobernador republicano Rick Perry firmó la primera ley de colegiaturas estatales en 2001, la cual permitía que los estudiantes indocumentados fueran considerados como residentes del estado para fines de colegiatura. California más tarde el mismo año aprobó una ley similar, y otros estados han seguido el ejemplo. Para mediados de 2013, catorce estados ofrecían colegiaturas estatales a estudiantes indocumentados que estuvieran calificados.[441]

Algunos de los argumentos acerca de la colegiatura estatal eran estrictamente económicos. Los proponentes explicaban que incrementaría las ganancias estatales simplemente al permitir que más individuos se inscribieran en las universidades públicas, mientras que los oponentes temían que permitir que los indocumentados asistieran reduciría el número de sitios disponibles para los estudiantes ciudadanos. El número de estudiantes que podían aprovechar estas disposiciones ha sido bajo: desde el 2005 a la fecha, ha habido 1 620 en los sistemas de la Universidad de California y de la Universidad Estatal de California, y 5 100 en Texas, incluidos los sistemas de los centros de estudios superiores, que contabilizan cerca del 80 por ciento de los estudiantes indocumentados.[442] La Fundación de Contribuyentes de Massachusetts estimó que una ley así permitiría inscribirse a unos 350 estudiantes por año en ese estado, la mayoría de ellos en los centros de estudios superiores.[443]

La colegiatura estatal ha sido una lucha a nivel estatal. Sólo el gobierno federal puede encargarse del problema más amplio, el del estatus. La Ley DREAM, propuesta y derrotada o abandonada varias veces en el ámbito federal, crearía un camino hacia la ciudadanía para ciertos jóvenes indocumentados. Las distintas versiones de la ley varían un poco en ciertas cuestiones específicas, pero en general se enfocan en una población que se ha conocido como "DREAMers" (soñadores): jóvenes entre dieciséis y treinta años de edad que fueron traídos a Estados Unidos por sus padres antes de que cumplieran los dieciséis años –es decir, como menores–, quienes pudieron haber cruzado la frontera (o haber permanecido en el país) de manera "ilegal" pero no por su decisión o voluntad. La ley les extendería a estos jóvenes estatus legal por seis años. Si acuden a la universidad o se enlistan en el ejército por dos años, su estatus provisional puede convertirse en una ruta hacia la ciudadanía.[444] (Algunos individuos y organizaciones se oponen a la disposición del servicio militar, y argumentan que se está intentando crear una conscripción de facto para jóvenes latinos, ya que la mayoría de ellos no podrían costear la universidad, incluso si recibieran tarifas estatales.)[445]

El Instituto de Políticas Migratorias estimó en 2010 (basado en cifras de 2006-2008) que había unos 2.1 millones de jóvenes indocumentados que eran potenciales beneficiaros de la Ley DREAM. Casi un millón de estos tienen menos de dieciocho años.[446]

La Ley DREAM fue presentada en varias ocasiones en el Senado y en la Cámara desde 2001, y fue incluida en la S-2611, la Ley de Reforma Migratoria Integral (Comprehensive Immigration Reform Act) aprobada por el Senado en 2006 (y más tarde derrotada en la Cámara de Representantes), y en la S.744, la Ley de Seguridad Fronteriza, Oportunidad Económica y Modernización Migratoria aprobada por el Senado en 2013.

Muchos de los proponentes vieron los derechos de los DREAMers como la primera línea en una lucha mucho mayor sobre el significado de ser indocumentado. Al ponerle una cara empática –estudiantes excepcionales de preparatoria– junto con la palabra y el concepto de indocumentación, buscaron echar abajo la imagen más conocida que asocia el estatus con la criminalidad.

Aún así, hubo un debate importante en el movimiento sobre esta táctica. Al enfatizar la inocencia de los estudiantes traídos a Estados Unidos de niños sin que ellos tuvieran nada que decir al respecto, ¿no estaban admitiendo tácitamente la culpabilidad de los padres de estos estudiantes, ya que ellos habían sido quienes tomaron la decisión? Los estudiantes se presentaban como individuos indocumentados excepcionales y meritorios, ¿y con eso no estaban sugiriendo que los demás indocumentados de alguna manera no eran meritorios del cambio de estatus?

Aunque algunos estaban recelosos de la manera en la que la Ley DREAM parecía privilegiar y separar a la sección de la población indocumentada más aceptable públicamente, la mayoría de las organizaciones creían que abría la posibilidad de desafiar el concepto de ser indocumentado. Los jóvenes indocumentados que crecieron en Estados Unidos no cumplen con el perfil que muchos tienen de los "inmigrantes ilegales". Muchos de estos jóvenes están motivados para aprovechar el privilegio relativo que significa ser angloparlantes, miembros asimilados y educados de la sociedad estadounidense, para combatir públicamente el sentimiento antiinmigrante y antiindocumentado.

La Ley DREAM respondía a y creaba una válvula de escape para el gran impulso organizador de la juventud indocumentada. Claudia Anguiano, quien ha estudiado la historia del activismo de estudiantes indocumentados a fondo, describe tres fases. De 2001 a 2007, "utilizaron estrategias de identificación para crear una identidad colectiva que contrarrestara los estereotipos negativos y deshumanizantes de 'extranjeros ilegales', e identificaron a los DREAMers como *estudiantes excepcionales*". Durante los siguientes dos años, "las estrategias de autorrepresentación funcionaron para unir a los jóvenes indocumentados mediante la creación de una coalición nacional de organizaciones, y a través de identificarse a sí mismos como *indocumentados y sin miedo*". Finalmente, durante el 2010, "los activistas utilizaron estrategias autónomas y se identificaron a sí mismos como *DREAMers sin remordimientos*. Las estrategias de intervención incluyeron el uso de tácticas de desobediencia civil para reclamar que se adopte la legislación".[447]

En 2009, los DREAMers fundaron la organización Unidos Soñamos (United We Dream) para coordinarse nacionalmente y para utilizar la táctica de hacer público su estatus o de contar sus propias historias como arma política. "Los líderes se dieron cuenta de que promover que los jóvenes cuenten las historias de sus vidas y de sus aspiraciones truncas en la clandestinidad, puede ser una estrategia personalmente liberadora y al mismo tiempo pueden resultar convincentes para los americanos escépticos".[448] Tomando inspiración del movimiento de los derechos de los gays, muchos de ellos han promovido que otros salgan del clóset, además de organizar ceremonias públicas para hacer público el estatus. José Antonio Vargas sugiere en su ensayo con el título desafiante de "Ni legal, ni me voy" ("Not Legal, Not Leaving") que "estamos viviendo en una edad dorada de hacer público el estatus".[449] Hacer público esto puede ser una liberación personal, pero también es parte de un proyecto más amplio que busca la aceptación social y legal, es decir transformar fundamentalmente las estructuras legales de la pertenecía al país y poner en tela de juicio las creencias que están detrás y justifican el sentimiento antiinmigrante.

La activista DREAMer Gaby Pacheco ha acompañado la mayor parte de este proceso. Pacheco, como José Antonio Vargas y muchos otros, supo que era indocumentada cuando solicitó su permiso para conducir. Ella llegó de Ecuador a Miami con sus padres cuando estaba a punto de comenzar el tercer grado. Empezó a organizarse para pelear por los derechos de los estudiantes indocumentados en 2004, cuando fundó la organización Estudiantes por los Derechos de los Inmigrantes (Students for Immigrant Rights) en Florida y empezó a trabajar con la Coalición de Inmigrantes en Florida y Presente.org. "De ser cuatro que nos reuníamos para promover la aprobación de la Ley DREAM, ahora tenemos dieciséis secciones en toda Florida. Estudiantes en Busca de Derechos Igualitarios (Students Working for Equal Rights) es parte de la red Unidos Soñamos, coordinada por estudiantes y que representa a veintiséis estados", explicó.[450]

En enero de 2010, Pacheco se unió a otros estudiantes inmigrantes de Florida para realizar una marcha de dos mil quinientos kilómetros hasta Washington, D.C., parte de una campaña sostenida y pública para exigir derechos para los indocumentados. "Dijeron que el riesgo de que agentes de inmigración los detuvieran durante la caminata no fue mucho mayor del que enfrentamos en nuestra vida diaria. 'Estamos conscientes del riesgo' dijo [un participante ...] 'Estamos arriesgando nuestro futuro porque nuestro presente es insoportable'". ICE no quiso emitir ningún comentario sobre este tema.[451]

"Hacer público mi estatus no me puso en peligro, me ha protegido", escribió Vargas. "Un periodista nacido en Filipinas, con educación universitaria y extrovertido no es la cara que el gobierno quiere poner en su programa de deportaciones". También quería utilizar su caso para hacer pública la naturaleza arbitraria de la aplicación de la ley migratoria. "¿Quiénes vuelan por debajo de los radares y quiénes se convierten en algunos de los 396 906 desafortunados [a quienes deportan]? ¿Quién se queda, quién se va y quién decide?".[452]

Un año después de hacer público su estatus migratorio, contó su intento por descubrir lo que ICE planeaba hacer con él.

Después de varios meses de esperar que algo sucediera, decidí ir a confrontar a los funcionarios migratorios yo mismo. Ya que vivo en la ciudad de Nueva York, llamé a la oficina local de ICE. Los operadores estaban desconcertados cuando les expliqué la razón de mi llamada. Finalmente me transfirieron con un oficial de ICE.

"¿Planean deportarme?", le pregunté.

Rápidamente me di cuenta de que a pesar de haber hecho público mi estatus como indocumentado, yo no existía ante los ojos de ICE. Como muchos inmigrantes indocumentados, nunca me han arrestado. Por ello, nunca he tenido contacto con ICE.

"Después de revisar las bases de datos ICE correspondientes, la agencia no tiene registro de haberse topado con el señor Vargas", me escribió en un correo electrónico Luis Martínez, un vocero de la oficina ICE en Nueva York.

Entonces contacté a las oficinas centrales de ICE en Washington. Esperaba tener algunos indicios acerca de mi situación y la de todos los demás que están haciendo público su estatus.

¿Cómo ve ICE estos casos? ¿Revelar el estatus migratorio públicamente puede echar a andar un proceso de deportación, y si es así, cómo se decide? ¿ICE planea deportarme?

"No comentamos casos específicos", fue todo lo que me dijeron.[453]

En medio de un activismo cada vez más visible y de una cobertura mediática favorable, el Congreso volvió a discutir la Ley DREAM al final de 2010. Aunque se aprobó en la Cámara de Representantes, los partidarios de la ley no pudieron conseguir los suficientes votos para evitar una táctica dilatoria (*filibuster*) en el Senado.

La mayoría de los republicanos se opusieron a la Ley DREAM en la votación del 2010, incluso algunos que la habían apoyado en intentos previos. La Cámara estaba a punto de ser de mayoría republicana. Para algunos DREAMers, era el momento de alejarse de la estrategia legislativa. "En una reunión después de la votación con el senador Harry Reid de Nevada, el líder de la mayoría, Gaby Pacheco dijo que se le acercó y le dijo al oído: 'Sabe que el presidente tiene el poder para dejar de deportarnos. Sabe que usted podría decirle que lo haga'. Sorprendido, el señor Reid le dio un abrazo y se alejó". A principios de 2011, Unidos Soñamos decidió cambiar de tácticas y enfocarse en el presidente. En julio, durante la reunión del Consejo Nacional de La Raza en Washington, cuando Obama intentó explicar que no podía saltarse al Congreso para otorgar derechos a los inmigrantes, los DREAMers "comenzaron a gritar: *'Yes you can!' 'Yes you can!'* (¡Sí puedes!)".[454]

Mientras tanto, el memorando Morton de junio de 2011 específicamente incluía a los DREAMers como categoría que ameritaba "discreción de la fiscalía", en esencia sugiriendo que ICE se refrenara de perseguirlos por violaciones migratorias. (Ver el capítulo 8 para una discusión más detallada de la discreción de la fiscalía.) Los DREAMers vieron esto como una concesión y como una apertura para realizar más acciones.

En marzo de 2012, el republicano de Florida –y potencial candidato a vicepresidente– Marco Rubio anunció que estaba preparando su propia versión de la Ley DREAM. Aunque no quiso entrar en detalles, Rubio enfatizó que contrario a versiones anteriores de la ley, la suya no abriría un camino a la ciudadanía para los jóvenes indocumentados. "Creo que algo que debemos empezar a debatir es la diferencia entre ciudadanía y legalización [...] Uno puede legalizar el estatus de alguien en este país y con eso otorgar bastante certidumbre sobre su futuro sin tener que encaminarlos hacia la ciudadanía, y creo que eso es algo en lo que podemos hallar consenso", explicó Rubio. Harry Reid, demócrata y partidario de la Ley DREAM, declaró con sorna que ésa era una "versión diluida" y que haría "todo lo que estuviera en su poder" para oponerse a ella.[455]

Aun así, los demócratas estaban preocupados por ceder la iniciativa –y posiblemente votos latinos– a los republicanos durante un año electoral. Los DREAMers elogiaron el paso dado por Rubio y siguieron retando a Obama para que tomara alguna acción presidencial. En mayo, presentaron a la administración una carta firmada por más de noventa profesores de derecho que detallaban los precedentes legales y los pasos que el presidente podía tomar para detener las deportaciones de los jóvenes indocumentados.[456]

"El plan [de Rubio] pone a Obama en un lugar muy apretado", reportó el *Washington Post*:

> Los demócratas están reacios a ver los esfuerzos de Rubio como otra cosa que un gambito político para reparar la imagen manchada de su partido con los hispanos y para promocionar su propia imagen como un posible candidato a vicepresidente o un contendiente por la Casa Blanca en el futuro. Pero si Obama no intenta por lo menos trabajar con Rubio, puede arriesgarse a perder uno de los puntos centrales de atracción con el voto hispano –que es su aliado más feroz en Washington –y dejar como antecendente que la culpa por la falta de acciones para resolver los males migratorios del país la tiene el Partido Republicano.[457]

En junio, Obama retomó la iniciativa para los demócratas cuando anunció su programa DACA.

DACA

Mucho menor que una reforma migratoria integral, incluso menor que la Ley DREAM, DACA ofrecía un respiro de dos años para jóvenes que, según Obama, fueran estadounidenses "en todos sentidos menos en uno: en papel". "Somos mejor nación que una que expulsa a jóvenes inocentes", explicó.[458] Aunque su anuncio fue celebrado por muchos inmigrantes indocumentados jóvenes y muchas organizaciones de derechos de inmigrantes, no convirtió esos jóvenes en "estadounidenses", y como la Ley DREAM, implícitamente planteaba preguntas acerca de la naturaleza misma del estatus migratorio y de la ilegalidad que resultaban incómodas tanto para los DREAMers como para sus oponentes.

DACA seguía los pasos de la Ley DREAM al enfocarse en gente menor de treinta años y que hubiera llegado a Estados Unidos antes de cumplir los dieciséis, que hubiera vivido en el país de manera ininterrumpida desde 2007, y que estuviera en la escuela, hubiera terminado la preparatoria o fuera veterano. (Vargas, quien entonces recién cumplió treinta y uno, estaba entonces excluido.) Contrario a la Ley DREAM, DACA no abría ningún camino hacia la ciudadanía. Se limitaba a ofrecer una tregua de dos años ante la deportación y, durante esos dos años, otorgaba permiso para trabajar.

El Pew Hispanic Center estimó que hasta 1.4 millones de jóvenes serían elegibles para beneficiarse de DACA. La mitad de ellos tenían menos de dieciocho, y la otra mitad entre dieciocho y treinta estaban o inscritos en la escuela o eran graduados de preparatoria. Setenta por ciento de ellos eran de México. Juntos, los candidatos de DACA representaban a poco más del 10 por ciento de los inmigrantes indocumentados en Estados Unidos.[459]

Durante el primer mes (16 de agosto al 15 de septiembre), la Oficina de Ciudadanía y Servicios Migratorios (US Citizen and Immigration Services, USCIS por sus siglas en inglés) recibió 82 361 solicitudes.[460] Un mes después, la agencia anunció que había recibido 179 749 solicitudes DACA y que había aprobado 4 591.[461] Para abril de 2013, la USCIS reportó un total de 488 782 solicitudes recibidas y 472 004 aprobadas. La gran mayoría de los solicitantes eran de México (354 002), seguidos de El Salvador (18 949), Honduras (12 603) y Guatemala (11 817).[462]

Grace Meng de Human Rights Watch señaló que DACA estaba dirigido sólo a cierto sector de los jóvenes inmigrantes. "La idea que tiene el programa de lo que es 'estadounidense' no incluye a los niños que recolectaron las naranjas para hacer tu jugo ni los tomates de tu hamburguesa", explicó. Es más probable que los hijos de trabajadores migrantes rurales no estén en la escuela –la abandonan cuatro veces más que el promedio nacional– y es menos probable que tengan manera de documentar su presencia continua requerida para calificar para DACA. Es claro, escribe Meng, que:

> el programa de acción diferida no fue diseñado para los hijos de trabajadores del campo, quienes como muchos inmigrantes a lo largo de la historia de Estados Unidos, viven vidas muy diferentes de las que viven los menores suburbanos de clase media [...] No sorprende que la administración del presidente Obama haya diseñado un programa para los mejores y más brillantes de los menores inmigrantes. Pero el hecho de que la acción diferida probablemente excluya a muchos de los hijos de campesinos sólo subraya hasta qué punto la ley migratoria está fuera de sintonía con la realidad de una economía que depende de los inmigrantes no autorizados.[463]

Al proponer una reforma migratoria –ya sea una de largo alcance como la Ley DREAM o una tan limitada como DACA– para este grupo restringido de personas, los legisladores y partidarios han sugerido que este grupo –e implícita pero inevitablemente, no otros grupos– se merece el acceso a algún tipo de estatus legal. Al reconocer que estos jóvenes son estadounidenses, la implicación es que los demás indocumentados no son estadounidenses sino que son irremediablemente extranjeros. Si se define a estos jóvenes como inocentes –porque fueron traídos a Estados Unidos por sus padres, antes de tener la edad suficiente como para poder tomar una decisión independiente– entonces sus padres, quienes tomaron la decisión y los trajeron consigo, son culpables por implicación.

Cuando en mayo de 2011 los senadores Robert Menendez (D-Nueva Jersey), Dick Durbin (D-Illinois) y Harry Reid (D-Nevada) propusieron una versión reciente de la Ley DREAM, la presentaron precisamente en esos términos. Según Reid, la ley es para "menores traídos a este país por sus padres sin que tengan ninguna culpa de ello". "No debemos castigar a los menores por las decisiones previas de sus padres", añadió Menendez. El senador Ben Cardin (D-Maryland) coincidió con que "no debemos hacer responsables a menores inocentes de los pecados de sus padres".[464]

Para muchos menores es difícil aceptar la lógica que contrapone su propia inocencia a la culpabilidad de sus padres. Un DREAMer protestó diciendo: "Una mujer muy valiente me trajo a este país. Es mi héroe. Es mi madre. Dejó a todos y todo lo que conocía atrás para darme una vida mejor [...] No la voy a culpar [...] Le agradezco que me haya traído aquí".[465]

Al referirse a la frontera interna que separa a los indocumentados del resto de la sociedad estadounidense, otro DREAMer escribió:

¿Es posible que DACA esté perpetuando esta frontera interna? DACA fue aprobada en gran medida debido a la presión que los DREAMers pusieron sobre los políticos y el presidente Obama. Pero, me pregunto, ¿qué más pudo haber influido para la aprobación de DACA? El potente movimiento de DREAMers ha comenzado a tener visibilidad ante el público en general en el país y el movimiento ha hecho que muchas personas se pregunten por qué estos estudiantes [...] están siendo castigados. Los DREAMers han hecho que esta frontera interna sea visible

para el país [...] Para que Estados Unidos pueda seguir perpetuando la indocumentación como una "cosa" indeseada e ilegal,
es que han elegido ayudarnos de una manera que nos mantiene
en el mismo estado de ciudadanía de segunda clase, pero con un
título más bonito y logra que el público en general deje de plan-
tearse la pregunta [...] La indocumentación permite que este
país conserve su mano de obra barata y discrimina en contra
de todos quienes no son blancos. Y, con los estudiantes indocumentados fuera del foco, la noción de que los indocumentados
sean extraños a la sociedad, puede seguir prosperando.[366]

Muchos han dicho que DACA es el primer paso y no una solución. "Al
tener este alivio y este acceso a mayores recursos, podemos seguir luchando más fuerte para que haya el mismo alivio para la comunidad en-
tera", dijo Lorella Praeli, directora de promoción para el grupo Unidos
Soñamos. "Esta lucha de los DREAMers en nuestra comunidad nunca
ha sido una lucha para nosotros solos [...] Es una lucha por nuestras familias".[367] Sólo un mes después de la elección de 2012, Unidos Soñamos
acordó una nueva plataforma que exigía "un camino incluyente hacia
la ciudadanía". Un reportero del *New York Times* describió la reunión:

> Su decisión de pelear por el estatus legal de sus familias fue muy
> emotiva. Cuando se preguntó en sesión plenaria cuántos habían
> sido separados de sus padres o de algún otro familiar a causa de
> la deportación, cientos de manos se alzaron. Fueron muy críti-
> cos del presidente Obama por deportar a más de 1.4 millones
> de personas durante su primer período.
>
> "Cuando Obama deporta a todas estas personas, y nos se-
> para de nuestras familias, estoy cansado de eso", dijo Regem
> Corpuz, un estudiante de diecinueve años de la Universidad de
> California, Los Ángeles, nacido en Filipinas.
>
> "El sueño de nuestras familias era tener un futuro mejor",
> dice Ulises Vásquez del condado de Sonoma, California, "pero
> nuestro futuro tiene que ser con nuestras familias unidas".

En la reunión, varios padres siguieron el ejemplo de sus hijos e hicieron una ceremonia para hacer público su estatus migratorio y para contar sus historias públicamente por primera vez.[468]

DACA estaba plagado de otras contradicciones también. El candidato presidencial Mitt Romney anunció que, si era elegido, de inmediato frenaría el programa, aunque dijo que no revocaría el estatus a quienes ya estuvieran aprobados. Con la elección de Obama, el programa parecía estar seguro, por lo menos por los dos años que había sido anunciado que duraría. Pero muchos de los supuestos beneficiarios de la ley se encontraron perdidos entre las múltiples contradicciones del sistema migratorio que DACA no puede trascender.

Para muchos inmigrantes jóvenes, los documentos que necesitan entregar para probar que cumplen con los requisitos del programa son precisamente los documentos de los que carecen. El *New York Times* se preguntó: "¿Cómo documentas una vida indocumentada?" La cosa se pone particularmente difícil cuando se trata de registros de trabajo. Para aquellos que trabajaban y les pagaban por debajo de la mesa, en efectivo, no hay registros que documenten las transacciones. Para quienes utilizaron números de seguridad social falsos, entregar esa evidencia los incrimina de otro delito. Más aún, los patrones no quieren buscar o proveer estos registros porque pueden, también, verse involucrados en problemas legales.[469]

Lo que es más, DACA no afecta las acciones de ICE, que abrió casos de deportación contra un número importante de participantes potenciales. En cambio, lo que hizo fue poner en pugna a dos ramas del Departamento de Seguridad Nacional: mientras que la USCIS administraba DACA, los abogados de ICE seguían encargados de perseguir casos de deportación. Con 325 000 casos pendientes en su atascado sistema, ICE empezó a perseguir –e incluso deportar– a jóvenes, a pesar de que USCIS estaba revisando o aprobando sus solicitudes para ser incluidos en la acción diferida.[470]

Obama defraudó a muchos DREAMers cuando anunció que los beneficiarios de DACA estarían excluidos de los programas de seguro médico federal incluidos en la Ley de Cuidado de Salud Asequible (incluido Medicaid y subsidios federales para adquirir un seguro privado), a pesar de que los inmigrantes considerados "presentes legalmente" sí son elegibles. El *New York Times* apuntó irónicamente que "los inmigrantes a quienes se les otorgó ese respiro [es decir, acción diferida] generalmente entrarían dentro de la definición de residentes 'presentes legalmente' [...] Pero la administración emitió una regla a finales de agosto que excluía específicamente a los jóvenes inmigrantes de la definición de 'presentes legalmente'".[471]

El Departamento de Seguridad Nacional otorgó a los estados la decisión sobre si las personas con estatus DACA podían obtener una licencia de conducir o recibir beneficios estatales como colegiaturas estatales para universidades y centros de estudio. La gobernadora de Arizona declaró que los jóvenes DACA no eran elegibles para obtener sus licencias de manejo, mientras que Massachusetts se convirtió en el primer estado que los hizo elegibles para recibir colegiaturas estatales. En Michigan, la oficina del Secretario de Estado anunció que los jóvenes DACA no podrían obtener una licencia de conducir. "Dependemos del gobierno federal para decidir quiénes están aquí de manera legal; nosotros no determinamos eso", explicaron. "Hasta ahora, el gobierno federal no ha dado a los estados la información que indique que DACA otorga estatus legal". Un beneficiario de DACA del estado Michigan dijo con ironía: "Estoy atrapado en una situación en la que puedo ir a trabajar, puedo ir a la escuela, soy legal, pero no puedo ir a trabajar ni ir a la escuela".[472]

Mientras el presidente Obama celebraba su victoria en la elección de 2012, resaltó a los jóvenes inmigrantes. "Creemos en una América generosa, en una América compasiva, en una América tolerante y abierta a los sueños de la hija inmigrante que estudia en nuestras escuelas y realiza el juramento a nuestra bandera, al joven del sur de Chicago que ve una vida más allá de la esquina, al hijo del fabricante de muebles en Carolina del Norte que quiere ser doctor o científico, ingeniero o emprendedor, diplomático o incluso presidente", dijo con emoción Obama.

"El presidente fue muy claro al referirse a los jóvenes inmigrantes a los que apoya con su respaldo a la Ley DREAM y con la acción diferida", dijo Julianne Hing, reportera para temas de inmigración de la revista Colorlines.com. "Pero debe decirse que su apoyo se debe a que los jóvenes inmigrantes le han acercado el fuego a los pies y han exigido incesantemente un trato más humano para ellos y para sus familias".[473] La propuesta de reforma migratoria integral del Senado (S.744) aprobada en junio de 2013 incluía la versión más generosa de la Ley DREAM, pero dado que la propuesta se estancó en la Cámara, el futuro de los jóvenes inmigrantes sigue tan incierto como siempre.

8

Soluciones

Para poder hablar de soluciones, tenemos que comprender las raíces y la naturaleza real del problema. Muchos políticos y otros que entienden el control migratorio como un asunto de seguridad y soberanía, imaginan que hay hordas de gente de color, pobre buscando apropiarse de los recursos de esta tierra que ahora llamamos Estados Unidos. Esta formulación del problema es una exacta inversión de los asentamientos europeos en el país desde la perspectiva de los indígenas norteamericanos.

También es una imagen espejo de la relación que tiene Estados Unidos con los países de origen de los indocumentados –principalmente México, y otros países de Latinoamérica. En cada caso, los productos y las ganancias acumuladas en los países de origen son una de las fuentes principales de afluencia y abundancia en Estados Unidos. Una rápida mirada a cualquier supermercado, o tienda de electrónicos o de ropa revela los orígenes tercermundistas y con frecuencia latinoamericanos de muchos de los productos que consumimos. Aún más invisibles son las minas, los pozos petroleros, las multinacionales y las ganancias detrás de estos productos. Pero el flujo de recursos es innegable.

La historia que se taladra en la mente de los niños estadounidenses insiste en que esta "nación de migrantes" fue fundada y construida por europeos. El reverso invisible de esta narrativa es la narrativa imperial de conquista y despojo que continuó hasta el final del siglo XIX y sobre la cual se construyó esta nueva "nación de inmigrantes [blancos]".

La narrativa de la "nación de inmigrantes" es en gran medida una narrativa racial. Los inmigrantes se concebían como europeos blancos (las únicas personas a las que se les permite la naturalización), y su presencia y confort dependían de la labor de personas que eran excluidas jurídicamente del Estado. A lo largo del siglo XIX y durante buena parte del XX, los mexicanos, como los afroamericanos antes de 1868, fueron aceptados por su mano de obra como un mal necesario. Se consideraba que no amenazaban la naturaleza blanca del país que los miraba como trabajadores explotables y no como ciudadanos potenciales. La historia de la dependencia de la mano de obra mexicana junto con la negativa a otorgar derechos a los trabajadores mexicanos es, sin duda, muy larga.

El Tratado de Guadalupe Hidalgo y la Compra de La Mesilla, en 1853 le ofreció la ciudadanía estadounidense a los ciudadanos mexicanos que residían en los territorios recientemente adquiridos. Al especificar "ciudadanos mexicanos", las leyes excluían a la población indígena en la zona. Y al ofrecer la ciudadanía a los mexicanos en una época en la que la ciudadanía se restringía a los blancos solamente, implicaba que las leyes considerarían a los mexicanos como blancos. A la mitad del siglo, entonces, "fue posible [...] ser al mismo tiempo blanco y mexicano en Estados Unidos".[474] Sin embargo, como explica Katherine Benton-Cohn en su detallado estudio de cuatro pueblos fronterizos en Arizona, la nacionalidad mexicana adquirió un componente racial a través del trabajo para convertirse en "no blanco" durante el siglo XIX. Cuando los mexicanos eran trabajadores, y no terratenientes, se les empezó a definir legalmente como racialmente mexicanos y eso los descalificó para obtener ciudadanía.

"Cuando los mexicanos eran dueños de ranchos y de granjas, las categorías raciales eran nebulosas y poco importantes. Pero en el pueblo de Bisbee, dedicado a la minería de cobre, a los trabajadores mexicanos se les segregaba económicamente a través de sus bajos sueldos ('sueldos mexicanos') y geográficamente mediante experimentos en la planeación del pueblo. Para la mayoría de los residentes no mexicanos de Bisbee, los mexicanos eran concebidos como peones o como potenciales dependientes del gobierno, no como vecinos o socios comerciales, no como colegas o correligionarios, y sin duda no como posibles parejas matrimoniales.

En estas zonas, en las que los mexicanos eran definidos como racialmente mexicanos a través de su estatus laboral, "los 'americanos' eran cada vez más sinónimos de 'blancos' y los 'mexicanos' comenzaron a significar lo opuesto de ambos".[475]

Nicholas De Genova menciona la "antigua ecuación entre la migración mexicana y una mano de obra migrante supuestamente temporal, desechable (y al final deportable), en su mayoría masculina (hombres solteros o que habían dejado a sus mujeres e hijos)".[476] La Comisión Dillingham de Migración de 1911 mencionó que "[los mexicanos] no se asimilan con facilidad, pero esto no tiene gran importancia siempre y cuando la mayoría de ellos regrese a sus lugares de origen. En el caso del mexicano, es menos deseable como ciudadano que como trabajador".[477] "De alguna u otra manera", concluye De Genova, "la política estadounidense se aseguraba de que 'la mayoría de ellos' se mantuvieran como trabajadores temporales".[478]

Las leyes que restringían la ciudadanía a los blancos no restringían el derecho de trabajar a los blancos. Al contrario, el Congreso repetidamente ha creado nuevas categorías de personas no blancas que están concebidos específicamente como trabajadores. (Los trabajadores esclavos constituían la categoría original del "trabajador pero no posible ciudadano".) La posibilidad de ser deportados se convirtió en un factor crucial para solidificar la relación entre la "mexicanidad" como raza y trabajador temporal como estatus legal. La amenaza de la deportación sirvió para institucionalizar el carácter frágil de la exigencia de derechos por parte de los mexicanos cuando llegaban, invitados, a trabajar en el país. La deportación se podía utilizar para servir a las necesidades de los patrones, y también era posible utilizarla para disuadir los esfuerzos por organizarse en sindicatos o cualquier otro tipo de protesta social.[479] Hasta los años sesenta, las justificaciones raciales parecían ser suficientes para invocar la deportabilidad y discriminar legalmente a los mexicanos.

Hacer ilegal la inmigración

Después de los sesenta, cuando la raza fue finalmente rechazada como un criterio para impedirle a las personas el acceso a lugares públicos, a la ciudadanía o la entrada al país, nuevas formas de exclusión legal e ilegal ocuparon su lugar. Las dos últimas grandes reformas migratorias, la de 1965 y la de 1986, convirtieron a los trabajadores mexicanos en trabajadores "ilegales" y este estatus jurídico fue utilizado para justificar la discriminación. Paradójicamente, las dos reformas también ayudaron a incrementar la población tanto inmigrante e indocumentada.

La ley de 1965 es vista en general como un triunfo de los derechos civiles. Una manera típica de verla dice que "terminó con la discriminación" y "representa un parteaguas significativo en la historia migratoria estadounidense, en particular por haber rechazado explícitamente décadas de políticas migratorias que eran sistemáticamente excluyentes y restrictivas". Los expertos en migración coinciden en que el clima del movimiento en favor de los derechos civiles de los años sesenta sirvió de contexto para la reforma migratoria de 1965.[480]

A pesar de esta generosa interpretación, la ley de 1965 en realidad era "clara e inequívocamente restrictiva" en lo que toca a migrantes mexicanos.[481] A lo largo de los cincuenta y principios de los sesenta, cientos de miles de mexicanos cruzaban la frontera cada año como braceros o al lado de ellos. De pronto, el Programa Bracero fue cancelado y a la migración mexicana se le impuso una cuota. Para 1976 se aplicó la cuota de 20 000 visas de inmigrante al año. La migración circular, estacional de mexicanos que había tenido lugar durante décadas y que había atraído muy poco la atención nacional, de pronto se convirtió en una "violación anual y altamente visible de la soberanía estadounidense por extranjeros hostiles a los que cada vez más se les veía como invasores y criminales".[482]

Si las nuevas restricciones pretendían disminuir la migración desde Latinoamérica, fallaron terriblemente. En cambio, todos los tipos de migración desde Latinoamérica crecieron después de 1965: la temporal, la permanente, la ilegal y la legal. La migración legal desde Latinoamérica creció de cerca de 450 000 entre 1950 y 1960 a más de 4 millones entre 1990 y 2000, mientras que el número de latinoamericanos indocumentados viviendo de largo plazo en Estados Unidos creció de casi ninguno en 1965 a cerca de 10 millones en la primera década del nuevo siglo.[483]

Otras "consecuencias no previstas" derivaron del creciente patrullaje fronterizo de los noventa y el nuevo siglo. Dado que los cruces fronterizos cada vez fueron más difíciles, más peligrosos y más caros, los migrantes estacionales cambiaron sus patrones y se quedaron en Estados Unidos, y en ocasiones se llevaron también a su familia. La población indocumentada creció rápidamente en esas décadas, no porque estuvieran llegando más migrantes, sino porque estaban saliendo menos. "Hubo entonces una pronunciada caída en el flujo de salida de migrantes indocumentados, no un incremento en el flujo de entrada. Ésta fue la responsable de la aceleración en el crecimiento de la población indocumentada durante los noventa y principios de los dos miles, y esta caída en la migración que regresa a sus países de origen se debió en gran medida a los esfuerzos de patrullaje y aplicación de la ley por parte de Estados Unidos".[484]

Una serie de leyes a partir de 1990 le hicieron la vida más difícil a los no ciudadanos, incluidos los portadores de *green-cards*. Los privilegios de reunificación familiar favorecían a los ciudadanos por encima de los residentes permanentes. En 1996, a los residentes permanentes se les impidió recibir muchos de los servicios sociales, y la Ley de Antiterrorismo y Pena de Muerte Efectiva (Antiterrorism and Effective Death Penalty Act) hizo que los no ciudadanos fueran deportables por una gran variedad de crímenes, incluso los cometidos en el pasado distante. Más tarde, en 2011, la Ley PATRIOT hizo que se pudiera arrestar y deportar a prácticamente cualquier no ciudadano simplemente por decisión del Procurador General de Estados Unidos.[485]

En respuesta a este clima cada vez más punitivo para los no ciudadanos, más y más inmigrantes eligieron naturalizarse. Como nuevos ciudadanos, ahora podían aprovechar las preferencias familiares que creó la ley de 1965 y solicitar la entrada de sus familiares. Todo esto contribuyó al incremento de la inmigración en general.[486]

Causas estructurales del incremento en la migración

Los cambios legislativos en Estados Unidos jugaron un gran papel en incrementar tanto la inmigración documentada como la indocumentada, pero también fueron importantes las enormes convulsiones políticas y económicas que arrasaron a Latinoamérica en la época después de 1965 y los cambios en la economía global. Los movimientos políticos que buscaban el cambio social fueron aplastados por una oleada de dictaduras de derecha extremadamente represivas que se extendieron a lo largo de todo el continente. Las economías de la oferta y los programas de ajuste estructural desgarraron los sistemas de seguridad social e incentivaron la extracción y la producción orientada hacia la exportación. Estas nuevas políticas desordenaron las economías tradicionales y al mismo tiempo crearon expectativas y esperanzas que no podían ser cumplidas. Mientras tanto, el consumo y la inequidad se dispararon en Estados Unidos, lo que creó una altísima demanda de trabajadores migrantes baratos. Las tecnologías globalizadoras y las cadenas migratorias transformaron la posibilidad de la migración de ser algo remoto a algo realista. Los factores detrás del incremento en la emigración en Latinoamérica, en especial México y Centroamérica, eran sin duda múltiples.

Aun cuando los políticos estadounidenses despotrican en contra de la inmigración ilegal y a favor del control en la frontera, han perseguido políticas que han servido para incrementar los flujos migratorios. Las políticas impuestas a Latinoamérica, que han acabado con la agricultura de subsistencia y han degradado el trabajo en el campo, limitado las oportunidades de empleo y los servicios sociales, han sentado las bases para la emigración. Las políticas locales que crean una demanda de trabajadores inmigrantes de sueldos bajos y que han establecido redes de reclutamiento son las que estructuran los destinos de los flujos migratorios. Y estas son precisamente las políticas que ha implementado Estados Unidos.

A lo largo del ultimo siglo, Estados Unidos ha promovido consistentemente en Latinoamérica economías orientadas a la exportación con base en la inversión extranjera. Se ha opuesto y ha derrocado a los gobiernos latinoamericanos que intentaron tomar el control de los recursos de sus países o redistribuirlos mejor. Durante las décadas más recientes, las políticas estadounidenses que promueven medidas de austeridad neoliberal y el fundamentalismo del mercado han tenido efectos nocivos en la sociedad latinoamericana. Minan la agricultura de subsistencia, el empleo y los sistemas de seguridad social, al tiempo que incrementan la violencia estructural e individual en América Latina. Estados Unidos ha utilizado instituciones internacionales, intervenciones militares, acuerdos comerciales y privilegios corporativos para llegar a una situación en la que, con el 4 por ciento de la población mundial consume entre el 25 y el 50 por ciento de los principales recursos del planeta, al tiempo que crea, de manera simultánea, una enorme demanda de mano de obra estacional, informal y de bajos sueldos. Por ello, Estados Unidos sigue sentando las bases para las grandes migraciones desde América Latina.[487]

Quizá los partidarios del control fronterizo crean que aunque en el pasado funcionó tener una frontera abierta, estos cambios estructurales han hecho que sea imposible tenerla en el mundo actual. Enfocarse en asegurar –o mejor dicho, militarizar– la frontera, sin embargo, sólo sirve para reforzar las condiciones estructurales que están detrás de la migración. Como dice Jacqueline Stevens: "Los regímenes ilegítimos se benefician de las políticas migratorias restrictivas de sus vecinos. En la mayoría de los países gobernados por tiranos, no detienen la emigración con patrullajes amplios de la policía en sus fronteras. Más bien, los países vecinos que temen la incursión de los refugiados económicos y políticos se encargan de ello".[488]

En el caso de Estados Unidos y Latinoamérica, el argumento de Stevens debe afinarse. No es pura coincidencia que los países pobres y violentos de América Latina coexistan con el súper consumidor Estados Unidos. Las políticas particulares y deliberadas de Estados Unidos, desde las invasiones y las ocupaciones hasta la asistencia militar, los préstamos y las inversiones, han creado los estados y las economías latinoamericanas y las disparidades que son la raíz de las migraciones hoy. Los intentos de sellar la frontera sólo refuerzan las inequidades mismas que contribuyen a la migración.

Desafiar a la discriminación

Las campañas para fortalecer y endurecer a las leyes migratorias son bastante bien conocidas y están relacionadas con las sucesivas medidas punitivas en contra de los migrantes indocumentados desde la década de los ochenta. Pero las organizaciones que defienden los derechos de los inmigrantes, en particular de los indocumentados, también han crecido en las últimas décadas del siglo XX.[489]

El nativismo ha sido parte de la sociedad y la cultura estadounidense desde la fundación del país, pero las posturas y los movimientos específicamente antiindocumentados empezaron a partir de 1965 y en especial después de 1986. El Partido Republicano mencionó por primera vez la necesidad de hacer cumplir las leyes migratorias en su plataforma nacional en 1980, y en 1984 por primera vez "afirmó el derecho de Estados Unidos a controlar sus fronteras y expresó su preocupación acerca de la inmigración ilegal". El Partido Demócrata mencionó la inmigración ilegal por primera vez en su plataforma en 1996.[490] Durante este período también crecieron los movimientos populares en defensa de los derechos de los indocumentados.

Las organizaciones de derechos de los méxico-americanos como LULAC han adoptado posturas contradictorias frente a los indocumentados e incluso frente a los inmigrantes en general a lo largo del siglo XX. Los méxico-americanos han buscado afirmar sus derechos al manifestar su patriotismo y al distanciarse de los recién llegados, incluso cuando sus comunidades, sus amigos y sus familias incluyen inmigrantes recientes tanto con documentos como sin ellos.[491] Incluso el sindicato Los Campesinos Unidos (United Farm Workers), compuesto principalmente de inmigrantes, ha vacilado a la hora de defender los derechos de los indocumentados.

Sin embargo, los derechos de los méxico-americanos, de los inmigrantes y de los indocumentados también están interrelacionados. El movimiento chicano de los sesenta y setenta rechazaba el énfasis en el patriotismo y la asimilación de las generaciones previas, e insistía en un nacionalismo cultural que uniera a la gente de origen mexicano, independientemente de su estatus migratorio. (El movimiento adoptó el nombre "chicano" para enfatizar las raíces indígenas de los mexicanos y para diferenciar su experiencia histórica de la de los inmigrantes europeos). "Las familias chicanas se convirtieron en el nuevo 'ferrocarril subterráneo' (*undeground railroad*)", explica evocativamente Alma Martínez, al referirse a los vínculos entre los chicanos nacidos en Estados Unidos y los nuevos inmigrantes, incluidos los indocumentados.[492] Mientras los políticos y los medios alzaron la voz en contra de los indocumentados, crecieron las redes y las organizaciones que buscaban defender sus derechos.

En los ochenta, una cantidad cada vez más grande de refugiados centroamericanos se unieron a lo que había sido hasta entonces un fenómeno principalmente mexicano. El Movimiento Santuario, que crecía a partir de las organizaciones de refugiados centroamericanos y de las congregaciones religiosas anglosajonas, buscó ayudar a los refugiados salvadoreños y guatemaltecos en Estados Unidos sin estatus legal. También crecieron organizaciones entre la comunidad refugiada, como el Centro de Refugiados Centroamericanos (Central American Refugee Center, CARECEN, que después se transformó en el Centro de Recursos Centroamericanos, Central American Resource Center), fundado en 1983. Éstas y otras organizaciones preocupadas por los derechos de los refugiados salvadoreños (y en menor medida de los guatemaltecos), fueron las primeras en plantear en la esfera pública la pregunta sobre los derechos de los indocumentados. También enfatizaban cómo la intervención estadounidense estaba detrás de tanta violencia que provocaba que las personas huyeran de Centroamérica.

Una serie de demandas, enfocadas en el derecho al asilo, reflejaban la preocupación de estas organizaciones con la situación de los refugiados centroamericanos. Orantes-Hernandez contra Meese y Perez-Funes contra District Director requirieron que el INS fortaleciera el derecho de los centroamericanos a solicitar y obtener asilo durante la mitad de la década de los ochenta. Finalmente, en 1990, American Baptist Church contra Thornburgh requirió que el INS reabriera los casos de asilo que habían sido injustamente denegados. Las organizaciones que estaban detrás de las demandas también trabajaron para que se terminara la ayuda militar de Estados Unidos a El Salvador. Se enfocaban en la crisis centroamericana y en sus víctimas, más que en el tema de ser indocumentado *per se*.

La primera reforma integral

La Ley de Reforma y Control de la Inmigración (IRCA) de 1986 era integral en el mismo sentido que lo han sido las propuestas de reforma en el siglo XXI. Combinaba lo punitivo –en forma de sanciones a los patrones y de incremento en la seguridad fronteriza– con la legalización o la amnistía. La lógica era que al legalizar a cierta parte de la población indocumentada, al incentivar a que otros se vayan (a través de las sanciones a los patrones que harían que fuera más difícil hallar trabajo), y al hacer que fuera más difícil que más indocumentados entraran al país, las cantidades de indocumentados debían reducirse significativamente.

IRCA ha tenido implicaciones complicadas para los indocumentados. Para aquellos que pudieron documentar su presencia desde 1982 o su elegibilidad para el estatus de Trabajador Agrícola Especial, la posibilidad de obtener el estatus legal es invaluable. (Como discutimos antes, la ley también creó un mercado negro de documentación falsa para quienes buscaban documentar su elegibilidad.) Las cláusulas sobre las sanciones a los empleadores, sin embargo, crearon un nuevo sistema para marginar y discriminar a los indocumentados. Al ofrecer el estatus legal a algunos, pero no a todos los indocumentados, IRCA (como lo hacen la Ley DREAM y DACA) abrió la puerta para un racismo aún más pernicioso en contra de quienes se quedaban fuera.

La Red Nacional para los Derechos de Inmigrantes y Refugiados (National Network for Immigrant and Refugee Rights) se fundó en 1986, y salió de una coalición que se fusionó en 1985 para organizar un Día Nacional de Justicia para Inmigrantes y Refugiados, en oposición a las propuestas legislativas que buscaban imponer sanciones a los patrones por la contratación de trabajadores indocumentados, que fueron incorporadas a IRCA en 1986. Después de la aprobación de la ley, se formaron nuevas organizaciones como la Coalición de Inmigrantes de Nueva York (New York Immigrant Coalition) y la Coalición de Apoyo a Inmigrantes y Refugiados de Massachusetts (Massachusetts Immigrant and Refugee Advocacy Coalition) para ayudar a que los inmigrantes obtuvieran estatus legal y para combatir la discriminación que resultó de la aplicación de las sanciones a los patrones (y a veces para cuestionarlos sobre la noción misma de éstas).

A pesar de ser supuestamente integral, IRCA no cumplió con su fama. Cerca de 1.7 millones de inmigrantes se legalizaron por medio de las disposiciones de IRCA, que de esta manera consiguió reducir la cantidad total de la población indocumentada. Sin embargo, el crecimiento gradual de población indocumentada no pareció haber cambiado mucho. Como explican Karen Woodrow y Jeffrey Passel: "El decremento total de la población indocumentada de 3.1 millones en 1986 a 1.9 millones en 1988 se puede atribuir a [...] inmigrantes antes indocumentados que cambiaron su estatus al de residentes legales bajo las disposiciones de IRCA".[493] En otras palabras, la ley no llevó ni a un incremento en las salidas y ni a un decremento en las llegadas de inmigrantes indocumentados.

De hecho, "después de tomar en cuenta a este grupo [el de los legaliza-
dos], nuestra investigación sugiere que la población de indocumentados
puede haber incrementado entre junio de 1986 y junio de 1988 [...] Es
decir que IRCA no ha interrumpido el flujo de nuevos inmigrantes indocumentados hacia Estados Unidos".[494]

La AFL-CIO apoyó las sanciones a los patrones en 1986. Pero,
como escribió Jeff Stansbury un año después: "IRCA no es una ley de
control fronterizo", más bien, es una "ley de control de trabajadores".
En palabras del abogado de la Asamblea de Juristas Asiáticos (Asian
Law Caucus), Bill Tamayo: "La nueva ley ha codificado la existencia de
una clase de trabajadores baratos y altamente explotados, no blancos ni
angloparlantes, con muy pocos o ningunos derechos". Y los empleadores no perdieron el tiempo para utilizar la ley como un arma en contra de los trabajadores que intentaron organizarse en sindicatos.[495] En
2000, la AFL-CIO corrigió su postura y llamó a rechazar las sanciones
a los patrones.[496] La vicepresidenta ejecutiva de la AFL-CIO, Linda
Chavez-Thompson, explicó que: "Muchas veces los patrones contratan trabajadores indocumentados con pleno conocimiento, y luego
cuando los trabajadores intentan mejorar las condiciones de trabajo,
los patrones utilizan la ley para despedirlos o intimidarlos".[497]

Los partidarios de las sanciones a los patrones argumentaban que
al hacer más difícil para los indocumentados conseguir trabajo, la ley
lograría disuadirlos de siquiera migrar. Para los mexicanos que con-
templan la posibilidad de migrar, sin embargo, las sanciones a los
patrones no parecen detenerlos mucho. En un importante estudio
de las comunidades de origen en México, realizado en 1990, "los entrevistados dejaron muy claro que conseguir un empleo en Estados
Unidos es mucho más importante para ellos que cualquier ley que el
Congreso pueda aprobar: si tienen un prospecto sólido de trabajo,
migrarán, con o sin documentos. Nuestros estudios de campo sugie-
ren que el robusto crecimiento de las oportunidades de empleo en
Estados Unidos durante la segunda mitad de los ochenta fue el factor
más importante para motivar la actual ola de emigración, junto con
los efectos persistentes de la crisis económica en México".[498]

La década antiinmigrante de los noventa

En los noventa, se echó a andar una movilización antiindocumentados o antiilegales, en especial en California, donde la Propuesta 13 de 1978 había diezmado las finanzas del estado. Durante la gubernatura del republicano Pete Wilson, los inmigrantes "ilegales" se convirtieron en unos muy convenientes chivos expiatorios.[499] La Propuesta 187 en 1994 fue la primera de muchos esfuerzos estatales y nacionales para imponer austeridad empezando con los más vulnerables. También llamada "Salvemos Nuestro Estado", la propuesta buscaba impedir que los indocumentados recibieran servicios públicos. El texto de la propuesta de ley comenzaba diciendo: "La gente de California declara lo siguiente: que han sufrido y están sufriendo dificultades económicas causadas por la presencia de extranjeros ilegales en el estado. Que han sufrido y están sufriendo daños y perjuicios personales causados por la conducta criminal de los extranjeros ilegales en el estado. Que tienen el derecho a la protección de su gobierno de cualquier persona o personas que entren en el país ilegalmente".[500] Wilson "hizo de la inmigración indocumentada la piedra angular de su campaña de reelección en 1994".[501] El lenguaje y la lógica de la Propuesta 187 se extendió muy rápido durante los años siguientes entre el movimiento antiindocumentados.

Muchas de las disposiciones de la Propuesta 187 nunca entraron en vigor, ya que permanecieron en litigio o fueron rechazadas en las cortes. Sin embargo, como sucede en California, sucede en el país. Después de que el demócrata Bill Clinton se convirtió en presidente en 1993, Wilson unió el sentimiento antiinmigrante con una grandilocuencia anti-Washington, y aseguraba que el gobierno federal había fallado a la hora de proteger las fronteras del país. Los ataques de Wilson ayudaron a que Clinton se moviera hacia la derecha en el tema de la vigilancia fronteriza, ya que Clinton quería hacerse del electorado californiano, cada vez más antiinmigrante.[502]

La retórica "antiilegales" era muy parecida y estaba relacionada en muchos sentidos con la una reacción antiafroamericanos y antiderechos civiles. Reemplazaba el lenguaje explícitamente racista con un ataque doble en contra de las personas de color. Primero, empezando en la elección de 1980, los conservadores "una y otra vez mencionaron el asunto de la asistencia social, enmarcándolo sutilmente como un contexto entre los trabajadores blancos muy esforzados y los afroamericanos pobres que se negaban a trabajar".[503] El segundo era la retórica sobre la ley y el orden.[504]

> El cambio hacia una actitud general de "dureza" ante los problemas asociados con las comunidades de color comenzó en los sesenta [...] Para el final de los ochenta, sin embargo, no sólo los conservadores lideraron el movimiento de "endurecerse", espetaban la retórica asociada antes únicamente con los segregacionistas. Los políticos y legisladores demócratas ahora intentaban quitarles a los republicanos el control de los temas relacionados con el crimen y las drogas, al respaldar leyes anticrimen y antidrogas –todo en un esfuerzo por hacerse de los llamados "votantes bisagra" que estaban yéndose al Partido Republicano.[505]

Para el final de 1993, "los políticos se tropezaban unos con otros para asumir una postura dura sobre reforzar la frontera y la migración no autorizada".[506] En 1994, el presidente Clinton implementó la Operación Guardián para "controlar" la frontera y para quitarle protagonismo a Pete Wilson y tomar la delantera en los esfuerzos por hacer cumplir la ley en la frontera mientras las elecciones se acercaban.[507] En 1996, Clinton luchó por aprobar las punitivas leyes de Reforma al Bienestar Social y la de Reforma Migratoria que echaban a andar a nivel federal mucho de lo que California había intentado hacer a nivel estatal. Con estas leyes, Clinton hizo que tanto la reforma al bienestar social y la ley y el orden fueran los puntos centrales del programa del Partido Demócrata, y vinculó los aspectos antiafroamericanos y los aspectos antiinmigrantes de estas dos políticas. En el pánico que siguió a los ataques del 11 de septiembre, la Ley PATRIOT de 2001 y la subsecuente creación del Departamento de Seguridad Nacional en 2003 fortalecieron los controles institucionales en contra de los inmigrantes potenciales y actuales, así como el clima ideológico de sentimiento antiinmigrante.

Joseph Nevins explica que la creciente atención que el gobierno le puso a la vigilancia fronteriza en los noventa sirvió para crear esa supuesta crisis migratoria. A través de su retórica sensacionalista y sus justificaciones, así como sus ostentosas políticas para hacer cumplir la ley, el Estado ayudó a convencer a la población de que tal crisis existía en realidad.[508]

Los republicanos estaban divididos entre sus aliados tradicionales en la comunidad empresarial –quienes tenían muy pocos incentivos para unirse a la histeria antiilegal– y el nuevo populismo de derecha. Texas se fue en la dirección opuesta a California en los noventa. "En Texas, la economía estaba boyante; los suburbios de Dallas, Houston, Austin y San Antonio estaban explotando; y miles de inmigrantes ilegales se sentaban en las vigas, con las pistolas de clavos en las manos, y construían esos vecindarios. Por eso, el entonces gobernador Bush y su hombre Karl Rove crearon una estrategia distinta a la de sus colegas californianos: una estrategia amigable con los hispanos. ¿El resultado? En 1998, George W. Bush deshizo a su oponente demócrata, con casi la mitad del voto hispano –un triunfo que lo puso en el camino hacia la presidencia un año después".[509] En 2001, la decisión del gobernador republicano en Texas, Rick Perry de firmar la primera ley de colegiaturas estatales para inmigrantes en 2001 representó la cresta de la ola pro inmigrante.

Una década más tarde, los republicanos en Texas han seguido el camino de sus colegas en California. Los republicanos en Texas promovieron un plan de reorganizar los distritos y una ley de identificación de votantes que las cortes federales han echado abajo por considerarla discriminatoria. Hasta el 2010, Perry declaró que una ley como la S.B. 1070 de Arizona "no sería la dirección correcta para Texas".[510] Para 2012, sin embargo, defendía a Arizona. "Ningún estado debe estar secuestrado por un gobierno federal que se niega a hacer cumplir las leyes del territorio [...] Las personas de Arizona han tomado acciones que son consistentes con la ley federal y son una respuesta directa a las fallas de esta administración para asegurar las fronteras de nuestra nación. La ausencia del cumplimento de las leyes federales echa a perder la integridad de las leyes de nuestra nación".[511] Es más, Perry estaba buscando que en Texas se implementara una versión de esta legislación, prohibiendo las ciudades santuarios que prevendrían que las agencias policiacas locales entraran a hacer cumplir las leyes de inmigración federal.[512]

"Integral" versus "Aplicación de la ley" en el nuevo siglo

En enero de 2004, el presidente y candidato George W. Bush había elogiado la historia migratoria del país en un discurso entre cuya audiencia se encontraban representantes de la LULAC y otras organizaciones hispanas. Bush reconoció la necesidad que hay en el país de trabajadores migrantes y expresó una gran solidaridad por los indocumentados:

La reforma debe confrontar un hecho elemental de la vida y la economía: algunos de los empleos generados en la creciente economía estadounidense son empleos que los ciudadanos estadounidenses no están llenando. Sin embargo estos empleos representan una tremenda oportunidad para trabajadores del extranjero que quieren trabajar y cumplir con sus deberes como esposos o esposas, como hijos o hijas. Esta búsqueda de una mejor vida es uno de los deseos básicos de los seres humanos. Muchos trabajadores indocumentados han caminado milla tras milla, a través del calor del día y el frío de la noche. Algunos han arriesgado sus vidas cruzando el desierto fronterizo o han confiado su vida a las brutales bandas de traficantes de personas. Los trabajadores que sólo quieren ganarse la vida terminan en las sombras de la vida estadounidense, temerosos, con frecuencia víctimas de abusos y explotación. Cuando son víctimas de un crimen tienen miedo de llamar a la policía o de buscar ayuda del sistema legal. Están separados de sus familias allá en sus países, y temen que si dejan nuestro país para visitar a sus parientes en casa quizá jamás puedan regresar a sus empleos.

Por consiguiente, Bush proponía ofrecer un estatus legal temporal a todos los trabajadores indocumentados del país. Aunque enfatizaba que el estatus sería temporal –inicialmente por tres años, pero renovable– también enfatizó que aquellos que quisieran solicitar la ciudadanía deberían tener un camino para hacerlo.[513]

Varias propuestas en el Congreso de una reforma migratoria amplia fueron lanzadas durante la primera década del nuevo siglo: la Ley de América Segura y Inmigración Ordenada, de John McCain y Ted Kennedy (S.1033) en 2005; la Ley de Aplicación y Reforma Migratoria Integral, de John Cornyn y Jon Kyl (S.1438), también del 2005; la Ley de Reforma Migratoria Amplia, de Arlen Specter (S.2611), que fue aprobada en el Senado en 2006; y finalmente la Ley de Fronteras Seguras, Oportunidad Económica y Reforma Migratoria de 2007 (S.1348), que tomaba elementos de las tres anteriores y fue promovida por lo senadores McCain, Kennedy y Kyl, así como por el entonces presidente Bush. La reacción de la derecha en contra de lo que ellos llamaron amnistía fue adquiriendo tracción política y contribuyó al fracaso de estas propuestas, aunque todas ellas incorporaban fuertes medidas antiinmigrantes eufemísticamente llamadas "componentes de aplicación de la ley". Rara vez se dijo que la combinación de legalización con aplicación de la ley utilizada por primera vez en 1986 había dado lugar a un incremento enorme en el tamaño de la población indocumentada. Las propuestas en general recibían críticas de la derecha, y no tantas de la izquierda. La reforma integral, así como así, se había convertido en el grito de guerra de los liberales y los partidarios de los derechos de los inmigrantes.

Mientras estas propuestas integrales se estancaban, la Cámara aprobó una legislación extraordinariamente punitiva que era el epítome de lo que se dio en llamar la aproximación de "sólo aplicación de la ley": la Ley para el Control de la Inmigración, el Antiterrorismo y la Protección de las Fronteras (H.R. 4437) de 2005. Este voto se convirtió en el catalizador de un nuevo nivel de movilización a favor de los derechos de los inmigrantes: las grandes manifestaciones en la primavera, y en especial el 1º de mayo de 2006.

Nuevas protestas en el nuevo siglo

El estudio académico más importante de las manifestaciones de 2006 resalta que han hecho ver pequeñas incluso a los movimientos de protesta más grandes de la historia del país, que con frecuencia alcanzaban el medio millón de manifestantes. "En un período corto de tiempo, doce semanas entre la mitad de febrero y principios de mayo de 2006, se estiman que entre 3.7 millones y 5 millones de personas salieron a la calle en más de 160 ciudades a lo largo de Estados Unidos para marchar en favor de los derechos de los inmigrantes".[514] Las protestas fueron únicas también porque se llevaron a cabo dentro del sistema político pero los manifestantes eran sobre todo personas que están excluidas del Estado: los indocumentados.

Las organizaciones de activismo local, las asociaciones o clubes y los sindicatos, así como los medios en español y la Iglesia católica tuvieron un papel importante en hacer publicidad y en motivar a los participantes.

Los conductores de radio y los DJs de estaciones de radio populares en español respaldaron las marchas y animaron a los oyentes a que asistieran. Además, las dos principales cadenas de televisión en español, Univisión y Telemundo, la promovieron mediante anuncios de interés público transmitidos durante los populares noticieros de la tarde, hicieron reportajes sobre los preparativos para las marchas y entrevistaron a los organizadores en los noticieros; también hubo conversaciones informales durante los *talkshows* y los programas de variedad; incluso incorporaron el tema a las tramas de las telenovelas.[515]

Las organizaciones a nivel nacional asumieron un papel secundario, mientras diferentes coaliciones se movilizaron en distintas ciudades.[516] La culminación de muchas de estas protestas llegó el 1º de mayo, cuando una protesta coordinada de "un día sin inmigrantes" llevó a que la gente saliera de sus trabajos y a que los negocios cerraran a lo largo del país para ilustrar la importancia que tienen los inmigrantes en la economía y su papel en la vida diaria de los ciudadanos.

Otra cosa que los inmigrantes y las comunidades de indocumentados tenían a su favor fueron los reformadores en el movimiento laboral, quienes estaban promoviendo posturas más pro inmigrantes y pro indocumentados. En el otoño de 2003, la AFL-CIO, UNITE-HERE y la SEIU patrocinaron el primer Viaje por la Libertad de los Trabajadores Inmigrantes (Immigrant Workers Freedom Ride). Los trabajadores indocumentados salieron de 101 ciudades alrededor de todo Estados Unidos y se dirigieron hacia Washington, D.C., donde cabildearon y exigieron un cambio legislativo, y hacia Nueva York, donde realizaron manifestaciones públicas.[517] Un estudio sugiere que el Viaje por la Libertad de los Trabajadores Inmigrantes tres años antes sentó las bases y unió a los grupos para las movilizaciones del 2006.[518]

En la medida en la que las protestas estaban enfocadas a impedir que la H.R.4437 se convirtiera en ley, tuvieron éxito: el Senado declinó considerar la propuesta, y de hecho, aprobó su propia reforma integral más tarde, en mayo de 2006 (que entonces fue rechazada por la Cámara).

Algunos analistas creen que fue la agenda migratoria de Bush y las batallas a propósito de la reforma migratoria integral las que provocaron las derrotas republicanas en el Congreso en 2006. Después de la victoria de Obama en 2008, las reacciones negativas en contra de la tendencia pro-inmigrante del Partido Republicano se

hicieron presentes en forma del movimiento del Tea Party, que rebasaron a los republicanos por la derecha libertaria y antiinmigrante. Los republicanos actualmente están divididos entre apelar a la
población creciente de votantes hispanos –quienes tradicionalmente votan a favor de los demócratas– y hacerle el juego al sentimiento
antiinmigrante de extrema derecha avivado por los comentaristas
conservadores de radio y el Tea Party. Treinta y cinco por ciento
de los hispanos votaron por el presidente Bush en 2000, y más de
40 por ciento lo hicieron en 2004, cuando el apoyo hispano hacia
los republicanos llegó a su punto más alto.[519] En 2008, con Barack
Obama compitiendo contra John McCain y Sarah Palin, el voto republicano hispano cayó a 31 por ciento. En 2012, con Mitt Romney
que como candidato tomó una postura abiertamente antiinmigrante, este porcentaje bajó más, a 27 por ciento. Mientras tanto, el voto
hispano creció para constituir el 10 por ciento del total de los votos;
subiendo del 8 por ciento en 2004 al 9 por ciento en 2008.[520]

Empresas de consultoría y la batalla cultural

Rinku Sen argumenta que a pesar de los éxitos en 2006, la batalla
cultural por los derechos de los indocumentados se perdió con el alza
de la xenofobia después del 11 de septiembre de 2001. Fox News, los
comentaristas conservadores de radio, los *reality shows*, y otros medios
y fuentes de entretenimiento le ofrecieron al público batallas épicas
entre "extranjeros criminales" y una fuerza policiaca asediada, en lo
que Sen llama "una batalla cultural racial por la identidad de la nación".[521] Sen critica especialmente a las organizaciones de derechos
de inmigrantes, quienes han buscado y han seguido los consejos de
consultorías y han elaborado sus mensajes "para la mayoría", y con
ello aceptan tácitamente, en lugar de cuestionar, los sentimientos comunes en contra de los inmigrantes. Muchas de las grandes organizaciones se han apoyado en consultorías como Westen Strategies, que
utiliza encuestas y grupos de enfoque para determinar qué mensajes
resonarán con los distintos sectores del público estadounidense.

El fundador de la consultoría, el psicólogo Drew Westen, animó a los defensores de los inmigrantes a ceder a la antipatía del público por los inmigrantes considerados ilegales, en lugar de cuestionar esa postura. Las organizaciones deben apuntar al centro, dijo, y evitar hablar de derechos de inmigrantes y en cambio apoyarse en algunas frases clave que resonarán con aquellos que son menos solidarios con la causa. Sus encuestas descubrieron que frases como "reforma migratoria integral" y "reparar un sistema migratorio descompuesto" funcionaban especialmente bien con votantes de centro. Western descubrió que un mensaje efectivo comienza "tomando medidas duras para asegurar nuestras fronteras", sigue con "castigar a los empleadores ilegales", y, finalmente, termina con "requerir que aquellos que llegaron aquí sin permiso se ponga en fila, trabajen duro, obdezcan nuestras leyes y aprendan nuestro idioma".[522] Su consultoría trabaja y ha sido comisionada por las principales organizaciones de derechos de inmigrantes, como el Centro para el Progreso Americano, y la Reforma Migratoria para América. De hecho, las frases clave de Westen han comenzado a colarse en las propuestas migratorias de todos los políticos.

El partido demócrata también construyó su agenda para el siglo XXI basada en encuestas e investigaciones con grupos de enfoque acerca de qué mensajes resonarán más con el público estadounidense. Un estudio comisionado por Democracy Corps y Greenberg Quinlan Rosner Research cuando se acercaba la elección de 2008 dijo que la inmigración era "particularmente importante en distritos en donde había contienda por el Congreso y estados en los que las opiniones sobre inmigración ilegal son más negativas. No mostrar una verdadera determinación para controlar este problema costaría votos de demócratas que buscan reelección".

Como Westen, los autores recomendaban "reconocer el problema, proponer ideas pragmáticas y duras para detener el flujo de la inmigración ilegal con un camino hacia la ciudadanía lleno del tipo de requisitos que cualquiera debe cumplir si van a recibir el honor de ser un ciudadano estadounidense". Sus puntos incluían los siguientes:

Atacar a Bush [entonces presidente] por haber perdido el control del problema; hacer cumplir la ley tanto en la frontera como con los empleadores; oponerse a beneficios no esenciales; y responsabilizarse por un camino hacia la ciudadanía.

Una gran mayoría de votantes apoyan el camino hacia la ciudadanía si somos serios al respecto: hay que excluir a cualquiera que ha cometido un crimen, otros pagan una multa e impuestos, aprenden inglés y se forman al final de la fila. Pero si los votantes sólo escuchan la parte acerca del camino hacia la ciudadanía sin escuchar las responsabilidades, no apoyarán esto –y castigarán a los demócratas que buscan reelegirse. Pero si los demócratas "lo entienden" y son muy serios acerca de controlar el problema, incluidos los beneficios, sus líderes pueden conseguir el apoyo para resolver este problema.[523]

Como candidato, Obama hizo eco de esta posición cuando detalló su visión de la reforma migratoria integral, y se comprometió a buscar su aprobación. "Puedo garantizar [...] que el primer año tendremos una propuesta de ley migratoria que apoyo y que estoy promoviendo. Y quiero que avance lo más rápido posible", dijo en mayo de 2008.[524] "Necesitamos una reforma migratoria que asegure nuestras fronteras, que castigue a los patrones que explotan a la mano de obra inmigrante; una reforma que finalmente saque de las sombras a los doce millones de personas que llegaron a este país de manera ilegal al requerir que cumplan con los requisitos para convertirse en ciudadanos legales", le dijo a la Asociación Nacional de Funcionarios Latinos Electos (National Association of Latino Elected Officials) en junio.[525] Una gran coalición de organizaciones de derechos de inmigrantes apoyó esta idea de una reforma integral, a pesar de sus aspectos punitivos y apoyó la candidatura y la presidencia de Obama.

Obama siguió reiterando este mensaje una vez que llegó al poder. "La manera de arreglar nuestro sistema migratorio descompuesto es a través de una reforma migratoria integral, con sentido común", declaró en la celebración del Cinco de Mayo en 2010, como si estuviera recibiendo la señal directamente de Westen.

> Esto quiere decir responsabilidad de parte del gobierno para asegurar nuestras fronteras, algo que hemos hecho y que seguiremos haciendo. Quiere decir responsabilidad de parte de las empresas que violan la ley al ignorar a los trabajadores estadounidenses y explotar a trabajadores indocumentados –tienen que hacerse responsables de las consecuencias. Quiere decir responsabilidad de parte de las personas que están viviendo en el país de manera ilegal. Tienen que admitir que violaron la ley y tienen que pagar impuestos y pagar una multa y aprender inglés, y estar bien con la ley –y luego formarse para ganarse su ciudadanía.[526]

Continuó hablando de los mismos temas después de ganar la elección de 2012:

> Cuando digo reforma migratoria integral [...] Pienso que deben incluir una continuación de las medidas para fortalecer la seguridad fronteriza que hemos aplicado, porque tenemos que asegurar nuestras fronteras. Creo que debe contener sanciones severas para las compañías que saben que están contratando trabajadores indocumentados y abusan de ellos. Y creo que debe haber un camino hacia el estatus legal para aquellos que han vivido en el país, quienes no están involucrados en actividades criminales, y están aquí simplemente para trabajar. Es importante que paguen los impuestos pasados, es importante que aprendan inglés, es potencialmente importante que paguen una multa, pero hay que darles la avenida a través de la cual pueden resolver su estatus legal en este país; creo que es muy importante.[527]

Una base de las principales organizaciones de derechos de inmigrantes vinculadas con el Partido Demócrata sigue promoviendo este tipo de reforma integral. Organizaciones como La Red New Democrat, el Consejo Nacional de La Raza, la Asociación Nacional de Funcionarios Latinos Electos y Designados, la Alianza We Are America, el Fondo Educativo Mi Familia Vota, y Democracia USA son identificadas como organizaciones cercanas a Washington. Enfatizan el potencial del creciente voto latino, la necesidad de incorporar a los nuevos votantes al Partido Demócrata y la necesidad de que el partido llegue a este nuevo electorado mediante un proyecto de reforma integral.

Unas cuantas organizaciones y partidarios se oponen a la estrategia basada en grupos de enfoque. Oscar Chacón, director ejecutivo de la Alianza Nacional de Comunidades Latinoamericanas y Caribeñas (National Alliance of Latin American and Caribbean Communities, NALAAC), rechazó el consenso en torno a "integral" argumentando que "es un lenguaje opresivo, punitivo y restrictivo". El reporte de 2008 de Democracy Corps "no era otra cosa que un esfuerzo de los grupos cercanos a D.C. por justificar sus perspectivas con una encuesta de opinión". Los demócratas "aceptan cada vez más las premisas de los cabilderos antiinmigrantes". "Debemos intentar cambiar la manera de pensar de las personas ante esta situación [...] en lugar de buscar la manera de hacer que los sentimientos antiinmigrantes sean tolerables", insistió Chacón.[528]

Una vez que Obama llegó al poder, la idea de una reforma integral sufrió una muerte silenciosa. La administración Obama se pasó al lado de la aplicación de la ley, promoviendo e imponiendo los programas Comunidades Seguras y E-Verify. Comunidades Seguras, un programa de la era Bush que le daba facultades a las policías locales para compartir sus datos de arrestos con ICE, pasó de ser un programa piloto voluntario a uno que Obama insistió en imponer a nivel nacional en 2013. E-Verify también pasó de ser un programa voluntario a uno obligatorio para las empresas que tuvieran contratos de gobierno –unas 170 000, empleando a cuatro millones de trabajadores– y sugerido para todas las demás.[529]

Las organizaciones de derechos de inmigrantes que habían trabajado con Obama estaban desilusionadas cuando en los primeros años de su presidencia pareció condescender a la derecha antiinmigrante en lugar de compensarlos a ellos por el apoyo que le dieron a su candidatura. Finalmente en 2010, les lanzó una migaja a los partidarios de los derechos inmigrantes: la discreción fiscal.

Los memorandos del comisionado para inmigración John Morton de 2010 y 2011 (descritos en el capítulo 7), instruían a los agentes de ICE a ejercer "discreción fiscal" con respecto a las violaciones a la ley migratoria. El término se refiere al derecho que tienen las agencias policiacas para elegir los casos que persiguen y para decidir cuándo le dan a los transgresores un respiro del proceso. Morton reconocía que ICE no podía deportar a todos los millones de personas que están en Estados Unidos sin autorización, e instruyó a ICE que priorizara casos de seguridad nacional, seguridad fronteriza y seguridad pública al seleccionar sus objetivos. Los inmigrantes que no habían cometido crímenes más allá de las violaciones a la ley migratoria, o que tenían a ciudadanos estadounidenses que mantener, o que no representaban ningún riesgo para la seguridad nacional o para el público, en general eran elegibles para recibir tal discreción.[530]

Un factor que complicaba estas nuevas prioridades es que aunque la entrada sin autorización es una violación civil a la ley migratoria, el "reingreso después de la expulsión" es considerado un delito grave. Las nuevas reglas definen la entrada sin inspección como una violación de baja prioridad, pero un segundo intento de entrar sin inspección convierte a la persona en un delincuente y, por lo mismo, en una alta prioridad de expulsión. De hecho, de los 3 391 953 extranjeros removidos por ICE en 2011, más de la mitad (203 571) carecían de violaciones criminales. De los 188 382 que sí tenían antecedentes criminales, cerca del 60 por ciento eran culpables de delitos menores con drogas, violaciones de tránsito o violaciones migratorias.[531] Para el año fiscal 2012, ICE anunció con orgullo que había alcanzado un nuevo récord de remociones con 409 849. Un poco más de la mitad de los removidos (225 000) habían sido sentenciados por delitos graves y menores, aunque la mayoría de ellos, como es común, eran violaciones de tránsito o migratorias. Solo cerca de 7 000 eran culpables de crímenes violentos.[532]

Hacia el final de 2011, ICE inició una revisión caso por caso de los más de 300 000 casos de expulsión pendientes para determinar cuáles ameritaban ser desechados de acuerdo con los nuevos lineamientos. Conforme avanzó el 2012, sin embargo, los defensores de los inmigrantes se preocuparon por la baja cantidad de casos que resultaban desechables. Para mediados de 2012, sólo unos cuantos miles de las decenas de miles de casos revisados fueron aprobados para desecharse.[533] La discreción fiscal parecía entregar mucho menos de lo que prometió.

Ya con la campaña de 2012 en pleno, Obama finalmente ofreció su programa DACA. DACA abrió algunas puertas importantes, como ya discutimos en el capítulo 7, y puede que haya contribuido al regreso de una reforma migratoria integral en 2013 a la agenda del Congreso. Las reformas debatidas en 2013, sin embargo, han seguido el énfasis propuesto por las consultorías: aplicación de la ley seguida de un camino punitivo hacia la ciudadanía, o incluso, algo menos que ciudadanía.

¿Podemos abandonar la "aplicación de la ley"?

Entre más han intentado las autoridades de Estados Unidos controlar y detener a los mexicanos que cruzan la frontera a lo largo del siglo XX, más personas han llegado. En números absolutos los cruces han incrementado a pesar de que se han ilegalizado. A pesar de las medidas cada vez más duras dirigidas a reducir o eliminar los cruces ilegales, éstos también han incrementado y algunas veces decrecido, así como los de los mexicanos en años recientes, debido a factores que no tienen nada que ver con las medidas diseñadas explícitamente para controlar la frontera.

Las pasadas décadas han demostrado que entre más intenta Estados Unidos controlar militarmente la frontera, más pierde el control. El enorme crecimiento del crimen organizado, del tráfico de drogas y de personas, los secuestros y las muertes violentas e innecesarias en la frontera son el resultado de las políticas erróneas dirigidas a intentar imponer orden.

Los partidarios de la idea de controlar la frontera opinan que sin medidas draconianas que desalienten a los migrantes, oleadas de mexicanos y otros latinoamericanos inundarían la frontera y el país. Se olvidan, quizá, que durante muchas décadas la frontera estaba relativamente abierta y no hubo esas oleadas. El número de inmigrantes indocumentados en Estados Unidos comenzó su acelerado crecimiento después de que el país comenzó a intentar sellar la frontera, en gran medida porque en lugar de salir después de una temporada de trabajo, los migrantes se sintieron obligados a quedarse porque se dieron cuenta de que intentar volver sería más difícil.

Las tendencias recientes demuestran el grado al que los factores estructurales dominan los flujos migratorios. El desaceleramiento e incluso la inversión de la migración desde México, y la alza concomitante de migrantes de Centroamérica, particularmente de Honduras, sugiere que factores aparte de las políticas fronterizas son los que de verdad afectan los flujos migratorios. Las políticas fronterizas pueden modificar por dónde es que las personas intentan cruzar, cuánto costará y cuántos morirán en el proceso, pero parecen tener muy poco efecto en la cantidad de personas que cruzan.

Preguntas más profundas

Si Estados Unidos no puede cerrar la frontera y si una reforma migratoria amplia es una aproximación tan fallida, ¿qué podemos hacer?

Por ahora, nos hemos acostumbrado a la idea de que controlar la frontera es el prerrequisito básico para la seguridad y la soberanía. Tan acostumbrados estamos que rara vez cuestionamos esa idea.

La búsqueda de la aplicación de la ley –a través de la militarización de la frontera, la criminalización de los indocumentados, la detención, deportación y el camino punitivo hacia la ciudadanía basado en pagarle a la sociedad por los supuestos males que se le han infligido– surge de algunas ideas detalladas en el primer capítulo de este libro. Todo el aparato migratorio está basado en el supuesto de que sabemos a dónde pertenecen las personas y que tenemos que legislar su movilidad.

También está basado en algunas presuposiciones incuestionadas acerca de los países. No está bien que un parque público, un pueblo, un condado o un estado discrimine respecto de quién está autorizado para entrar en su espacio. Sin embargo aceptamos que un país haga eso. No está bien tratar distinto a las personas dependiendo de su religión, su raza, su género o muchas otras características. Pero aceptamos el trato distinto a las personas dependiendo de dónde nacieron o de la nacionalidad que tienen (que generalmente se determina por el lugar de nacimiento). Las leyes migratorias de Estados Unidos hacen exactamente eso: discriminan, basadas en la nacionalidad, sobre quién tiene derecho de estar dónde.

Si en realidad queremos enfrentarnos al problema de los indocumentados, o de la llamada migración "ilegal", para empezar tenemos que analizar más a fondo por qué Estados Unidos ha ilegalizado ciertas migraciones. Creo que he mostrado que el impulso para ilegalizar la inmigración ha sido erróneo desde el principio. Es sólo la última etapa en un proceso de siglos de inequidad legislada, un proceso que es tanto global como doméstico.

En lugar de lo que ahora pasa por ser una reforma integral, algunas organizaciones están pugnando por lo que llaman una "estrategia cultural" que desafía las bases nacionalistas –y racistas– de las nociones populares sobre los inmigrantes. La nueva generación de jóvenes indocumentados –los DREAMers discutidos en el capítulo 7– han tomado este camino. Rinku Sen enfatiza que su objetivo va más allá de lograr la ciudadanía para ellos: el objetivo mayor es desafiar la cultura antiinmigrante. "Los DREAMers, jóvenes, hábiles con las redes sociales y con inclinaciones artísticas, han compensado su falta de poder político contando sus historias de muchas maneras y en muchos foros". Con sus historias, han buscado reestructurar el debate completamente.[534]

El Centro de Investigación Aplicada lanzó su campaña Drop-the-I-Word (es decir, ilegal) en 2010 como un intento más para cuestionar los términos del debate generalizado acerca de la inmigración, y con esto directamente contradicen el consejo de Westen.

Su punto es que el término mismo, "ilegal" (o "inmigrante ilegal"), "abre la puerta a la discriminación racial y a la violencia e impide un debate honesto y respetuoso sobre inmigración", y que "ningún ser humano es ilegal"; los partidarios de esta postura han retado a que los políticos, los medios y otros dejen de utilizarlo.[535] Para 2013, una gran cantidad de medios noticiosos importantes habían cambiado su uso. "Inmigrante ilegal no siempre es preciso porque implica que alguien migró ilegalmente cuando el hecho es que muchas de las personas que están en el país ilegalmente lo están porque su documentación expiró después de que ya estaban aquí", explicó la Associated Press cuando su nuevo manual de estilo recomendaba no utilizar el término.[536] El *New York Times* y el *Los Angeles Times* siguieron el ejemplo.[537]

En diciembre de 2012, el columnista méxico-americano Ruben Navarrette firmó una columna controversial en la que regañaba a los DREAMers –e implícitamente a los demás que ponían en duda los términos oficiales del debate– por actuar como "niños mimados". "No piden, exigen", se quejó Navarrette. "Estos niños quieren todo [...] lo que algunos parecen querer en realidad es el boleto dorado: la ciudadanía estadounidense". Están "embriagados de pretensión", escribió, y "alienarán a sus partidarios".[538]

En mi propia universidad, la estatal de Salem, en Massachusetts, un grupo que apoyaba a los estudiantes indocumentados participó en un debate similar hace algunos años. ¿Debería la universidad admitir y apoyar abiertamente a los estudiantes indocumentados? ¿O debería abrir de manera silenciosa la puerta trasera? Uno de los consejeros de preparatoria nos previno que el clima antiinmigrante en su escuela era tan nocivo que prefería aconsejar a los estudiantes de manera individual y prefería que no hubiera un evento público en su escuela. Uno de los profesores estaba preocupado porque si discutíamos públicamente el tema, ¿no estaríamos poniendo en peligro a nuestros estudiantes indocumentados? Otro respondió: "¿Conoces algún ejemplo histórico en el que el cambio social se haya dado gracias a que las personas se quedaron calladas?".

Esa pregunta me ha acompañado a lo largo de los años y parece resurgir una y otra vez, como en la columna de Navarrette. Hay quienes de verdad creen que la mejor manera de ayudar a los indocumentados es con acuerdos por debajo de la mesa que puedan beneficiar a algunos sin ocuparse de los problemas estructurales mayores, como las relaciones internacionales desiguales, una economía basada en mano de obra que se mantiene barata gracias a la marginación legal, políticas migratorias restrictivas, discriminación e inequidad ante la ley. La historia muestra, sin embargo, que ya sea que estemos intentando cambiar la política exterior, las estructuras económicas domésticas y globales, o las leyes que discriminan, Frederick Douglass acertó cuando dijo que el cambio "debe ser una lucha. El poder no concede nada sin exigir. Nunca lo ha hecho y nunca lo hará".[539]

Aunque la estrategia cultural es una manera importante de llamar la atención y de abrirse a un debate real sobre las políticas migratorias, también tenemos que encarar los factores globales y económicos de fondo que han contribuido a los problemas actuales. En los términos más inmediatos, como sociedad hemos creado la *inmigración ilegal* al hacer que la inmigración sea ilegal. En términos mayores, hemos creado la inmigración ilegal al fomentar un sistema global que basa la prosperidad de unos cuantos en la explotación de muchos y la ejerce, en la era moderna, a través de fronteras y ciudadanías excluyentes. Está en nosotros cambiarlo.

AGRADECIMIENTOS

Muchas personas han contribuido con sus ideas y retroalimentación, y me ofrecieron espacios para presentar y discutir el material de este libro. La idea surgió en un café en Filadelfia, donde Sandi Aritza me ayudó a pensar en el esquema. Gayatri Patnaik de Beacon Press apoyó el proyecto con mucho entusiasmo. Andy Klatt de la Universidad de Tufts, Gus Cochran y Juan Allende en el Agnes Scott College, María Cruz-Saco en Connecticut College, Rob Young en la Universidad de Oregon, y Victor Silverman en Pomona College me dieron la oportunidad de presentar mi trabajo en proceso y de recibir retroalimentación. Gustavo Remedi, de la Universidad de la República en Montevideo y Victor Sílverman en Pomona College en California, cada uno me ofreció el inmenso privilegio de impartir una clase relacionada con el tema del libro mientras trabajaba en él. Mis estudiantes en ambas instituciones me conmovieron y me inspiraron con sus respuestas y con sus propias historias de migración. Pomona resultó ser el lugar ideal para terminar de escribir este libro. Estoy especialmente agradecida con Carolyn Angius, Daniella Barraza, David Baxter, Felipe Cárdenas, Monica Dreitcer, Ahtziri Fonseca, Isaac Levy-Rubinett, Morgan Mayer-Jochimsen, Diana Ortiz, Alejandra Rishton, Jeremiah Rishton, Cristina Saldana y Nidia Tapia por su cuidadosa lectura del manuscrito y sus útiles comentarios.

[1] Douglas S. Massey y Karen A. Pren, "Unintended Consequences of US Immigration Policy: Explaining the Post-1965 Surge from Latin America", en *Population and Development Review*, vol. 38, núm. 1 (marzo de 2012), pp. 6-7, http://www.princeton.edu/coverstories/Massey_LatinAmericaImmigrationSurge/Unintended-Consequences.pdf.

[2] Ver Thomas L. Friedman, *La Tierra es plana: Breve historia del mundo globalizado en el siglo XX, I*, Martínez Roca, 2006.

[3] Varios autores y organizaciones han sugerido este concepto, por ejemplo, ver Joseph Nevins, *Dying to Live: A Story of US Immigration in an Age of Global Apatheid*, San Francisco, City Lights Publishers, 2008.

[4] Evan Pellegrino, "Factory Justice? An Effort to Prosecute Illegal Immigrants is Expensive and Time-Consuming-but Proponents Say It's Worthwhile", en *Tucson Weekly*, 11 de febrero de 2010.

[5] Algunas veces la diferencia se aplicaba pagándoles a los mexicanos en plata y a los "hombres blancos" en monedas más valiosas de oro (ver Rachel St. John, *Line in the Sand: A History of the Western US-Mexico Border*, Princeton, NJ, Princeton University Press, 2012, p. 72.)

[6] Charles C. Teague, "A Statement on Mexican Immigration", en *Saturday Evening Post* (10 de marzo de 1928), reproducido en Francisco E. Balderrama y Raymond Rodíguez, *Decade of Betrayal: Mexican Repatriation in the 1930's*, Albuquerque, University of New Mexico Press, 2006, p. 26.

[7] Massey y Pren, "Unintended Consequences", 18.

[8] Ver Frank Bardacke, "The Wet Line", en *Trampling Out the Vintage: Cesar Chavez and the Two Souls of the United Farm Workers*, Nueva York, Verso, 2012.

[9] "California's 1971 Employer Sanctions Law", en *Rural Migration News*, vol I, núm. 3 (julio de 1995), http://migration.ucdavis.edu/rmn/more.php?id=62_0_4_0.

[10] Peter Brownell, "The Declining Enforcement of Employer Sanctions", en *Migration Information Source*, septiembre de 2005, http://migrationinformation.org/usfocus/display.cfm?ID=332.

[11] Élizabeth Llorente, "Immigration Summit: Are Undocumented Workers Really Taking 'American' Jobs?", en *Fox News Latino*, 12 de junio de 2012, http://latino.foxnews.com/latino/politics/2012/06/12/immigration-summit-are-undoc-workers-really-taking-american-jobs/.

[12] United States Sentencing Commision, "Overview of Federal Criminal Cases: Fiscal Year 2011", septiembre de 2012, p. 4, http://www.ussc.gov/Research/Research_Publications/2012/FY11_Overview_Federal_Criminal_Cases.pdf. El gobierno federal y la mayoría de las demás fuentes oficiales utilizan el término "hispano" para categorizar a las personas de descendencia latinoamericana o española. Para muchos latinoamericanos el término resulta torpe u ofensivo, ya que borra a las poblaciones indígenas y africanas de Latinoamérica y crea una categoría sociológica insignificante que aglutina a los latinoamericanos hispanohablantes con los españoles de Europa. Muchos activistas latinos prefieren el término "latino" como uno más incluyente a todas las etnias latinoamericanas. En este libro, uso el término "hispano" cuando me refiero al uso que el gobierno u otras fuentes dan al término; en los demás casos, utilizo "latino".

[13] Michelle Alexander, *The New Jim Crow: Mass Incarceration in the Age of Colorblindeness*, Nueva York, New Press, 2010, p. 2.

[14] *Ibidem*, p. 13.

[15] *Ibidem*, p. 4.

[16] Ver, *op. cit.*, p. 148. Alexander cita a Bruce Western, *Punishment and Inequality in America*, Nueva York, Russell Sage Foundation, 2006, p. 90.

[17] Alexander, *The New Jim Crow*, p. 139. Cita a Webb Hubbell, "The Mark of Cain", en *San Francisco Chronicle*, 10 de junio de 2001; Nora Demleitner, "Preventing Internal Exile: The Need for Restrictions on Collateral Sentecing and Consequences", en *Stanford Law and Policy Review* II, núm. I (1999), pp. 153-163.

[18] Alexander, *op. cit.*, p. 194

[19] Ver Eric Schlosser, "The Prison-Industrial Complex", en *Atlantic*, diciembre de 1998.

[20] Manuel D. Vargas, "Immigration Consequences of New York Criminal Convictions", 8 de noviembre de 2011, citando a Padilla V. Kentucky, 130 S. CT. 1473, 1478 (2010), http://blogs.law.columbia.edu/4cs/immigration.

[21] Nicholas De Genova, *Working the Boundaries: Race, Space and "Illegality" in Mexican Chicago*, Durham, NC, Duke University Press, 2005, p. 214.

[22] Anatole France, *El lirio rojo*.

[23] "A ojos europeos, la mayoría de los no europeos y casi todos los no cristianos, incluidos los pueblos 'avanzados' como los turcos, eran clasificados como 'bárbaros'", escribe Anthony Pagden en *The Fall of Natural Man: The American Indian and the Origins of Comparative Ethnology*, Cambridge, UK, Cambridge University Press, 1982, pp. 13-14.

[24] Citado en Steven Stoll, *The Great Delusion: A Mad Inventor, Death in the Tropics, and the Utopian Origins of Economic Growth*, Nueva York, Hill and Wang, 2008, p. 113.

[25] Karl Jacoby, *Shadows at Dawn: An Apache Massacre and the Violence of History*, Nueva York, Penguin, 2008, p. 109.

[26] Discurso pronunciado en la Universidad de Columbia, 15 de abril de 1907. Citado por Howard Zinn, *La otra historia de los Estados Unidos*, México, Siglo XXI, 1999.

[27] Teemu Ruskola, "Canton Is Not Boston: The Invention of American Imperial Sovereignty", en *American Quarterly*, vol. 57, núm. 3 (septiembre de 2005), p. 860. Sobre la relación en general entre la expansión estadounidense, la ciudadanía y la soberanía durante este período, ver también Matthew Frye Jacobson, *Barbarian Virtues: The United States Encounters Foreign Peoples at Home and Abroad*, Nueva York, Hill and Wang, 2000.

[28] Jared Diamond, *El mundo hasta ayer*, Madrid, Debate, 2013.

[29] Ver María Elena Martínez, *Genealogical Fictions: Limpieza de Sangre, Religion and Gender in Colonial Mexico*, Palo Alto, California, Stanford University Press, 2008.

[30] Ver Margaret R. Greer, Walter D. Mignolo, y Maureen Quilligan, eds., *Rereading the Black Legend: The Discourses of Religious and Racial Difference in the Renaissance Empires*, Chicago, University of Chicago Press, 2007.

[31] Aziz Rana, *The Two Faces of American Freedom*, Cambridge, Massachusetss, Harvard University Press, 2010, p. 30.

[32] Ver Jill Lepore, *The Name of War: King Philip's War and the Origins of American Identity*, Nueva York, Vintage, 1999, p. 167.

[33] Rana, *The Two Faces of American Freedom*, p. 47.

[34] Anderson discute, como otros han hecho, que "en Europa Occidental, el siglo XVIII representa no sólo el amanecer de la era del nacionalismo, sino también el ocaso de los modos religiosos de pensar" (Benedict Anderson, *Imagined Communities: Reflections on the Origin and Spread of Nationalism*, Nueva York, Verso, 2006, p. 11.

[35] John Torpey, *The Invention of the Passport: Surveillance, Citizenship and the State*, Cambridge, Cambridge University Press, 2000, I, p. 3. Está haciendo un juego con la definición multicitada del sociólogo Max Weber sobre el estado como el que tiene "el monopolio sobre el uso de la violencia".

[36] Ver James Loewen, *Sundown Towns: A Hidden Dimenson of American Racism*, Nueva York, New Press, 2005.

[37] "Bajo la Ley de Naturalización de 1802, todavía en vigor durante la mayor parte del siglo XIX, para conseguir la ciudadanía formal, los extranjeros simplemente necesitaban residir en el país por cinco años, declarar su intención de ser naturalizados por lo menos tres años antes de ser admitidos a la ciudadanía (pero en cualquier momento después de establecer su residencia), realizar un juramento de lealtad a la Constitución federal y dar una mínima prueba de buen carácter. Este proceso estaba disponible únicamente para 'personas blancas libres'" (Rana, *The Two Faces of American Freedom*, pp. 115-116). Las mujeres, a su vez, eran ciudadanas sin derecho a votar. "En lugar de ser un derecho que acompañaba a todos los sujetos de un poder soberano, el sufragio era concedido sólo a categorías específicas de ciudadanos" (p. 229).

[38] *Ibidem*, p. 237.

[39] *Ibidem*, p. 239.

[40] Mae Ngai, *Impossible Subjects: Illegal Aliens and the Making of Modern America*, Princeton, Nueva Jersey,

Princeton University Press, 2004, p. 9.

[41] *Ibidem*, pp. 7-8.

[42] Helen B. Marrow, *New Destination Dreaming: Immigration, Race and Legal Status in the Rural American South*, Palo Alto, California, Stanford University Press, 2011, p. 253.

[43] *Ibidem*, p. 244.

[44] Jacqueline Stevens, *States without Nations: Citizenship for Mortals*, Nueva York, Columbia University Press, 2010, pp. 52-53.

[45] *Ibidem*, p. 51. Ver también Joseph Nevins, *Dying to Live: A Story of US Immigration in an Age of Gloabl Apartheid*, San Francisco, City Lights Publishers, 2008.

[46] Ver James C. Scott, *The Art of Not Being Governed: An Anarchist History of Upland Southeast Asia*, New Haven, Yale University Press, 2009.

[47] Rana, *The Two Faces of American Freedom*, p. 188.

[48] Alexander, *The New Jim Crow*, p. 207. Cita a Loïc Wacquant, "From Slavery To Mass Incarceration: Rethinking the 'Race Question' in the United States", en *New Left Review*, segunda serie, núm. 13 (febrero de 2002), p. 53.

[49] Nicolas De Genova, *Working the Boundaries: Race, Space, and "Illegality" in Mexican Chicago*, Duke University Press, 2005, p. 123.

[50] El regaño de que los indocumentados deben "hacerlo de la manera correcta" es extraordinariamente común en el discurso antiinmigrante. Ver, por ejemplo, la declaración de Mike Huckabee en *On the Issues*, http://www.ontheissues.org/celeb/Mike_Huckabee_Immigration.htm.

[51] Ver Kelly Lylte Hernández, *Migra! A History of the US Border Patrol*, Berkeley, University of California Press, 2010, pp. 26-27.

[52] Buró de Inmigración y Naturalización, *Immigration Laws and Regulations of July 1, 1907*, p. 14.

[53] Marian L. Smith, "INS-US Immigration and Naturalization Service History", en *United States Citizenship*, http://www.uscitizenship.info/ins-usimmigration-insoverview.html. Ver también Mae Ngai, "The Strange Career of the Illegal Alien: Immigration Restriction and Deportation Policy in the United States, 1921-1965", en *Law and History Review*, vol. 21, núm. 1 (primavera de 2003), pp. 69-107.

[54] Buró de Estadísticas Laborales, *Handbook of Labor Statistics* (septiembre de 1931), p. 281.

[55] Daniel Kanstroom, *Deportation Nation: Outsiders in American History*, Cambridge, Massachusetts, Harvard University Press, 2007, p. 165.

[56] Buró de Estadísticas Laborales, *Handbook of Labor Statistics*, 249

[57] Su historia se cuenta en el sitio de internet del Parque Nacional de Ellis Island, http://www.nps.gov/elis/historyculture/upload/Irving-Berlin.pdf.

[58] Mae Ngai, "How Grandma Got Legal" *Los Angeles Times*, 16 de mayo de 2006.

[59] Mae Ngai, "The Strange Career of the Illegal Alien".

[60] *Ibidem*, p. 107.

[61] Mae Ngai, "How Grandma Got Legal".

[62] Donna Gabaccia, "Great Migration Debates: Keywords in Historical Perspective", en Social Science Research Council, *Border Battles: The US Immigration Debates*, 2006, http://borderbattles.ssrc.org/Gabaccia/index1.html.

[63] Michael Hoefer, Nancy Rytina y Bryan Baker, "Estimates of the Unauthorized Immigrant Population Residing in the United States: January 2011", en Departamento de Seguridad Nacional, Oficina de Estadísticas Migratorias, Estimados de Población, marzo de 2012.

[64] *Idem*.

[65] Douglas S. Massey y Karen A. Pren, "Unintended Consequences of US Immigration Policy: Explaining the Post-1965 Surge from Latin America", en *Population and Development Review*, vol. 38, núm 1. (marzo de 2012), pp. 25, 23, http://wws.princeton.edu/coverstories/Massey_LatinAmericaImmigrationSurge/Unintended-Consequences.pdf.

[66] *Ibidem*, p. 17. Ver también Hoefer, Rytina y Baker, "Estimates of the Unauthorized Immigrant Population Residing in the United States".

[67] Massey y Pren, "Unintended Consequences", p. 24.

[68] Jeffery Passel y D'Vera Cohn, "Unauthorized Immigrant Population: National and State Trends, 2010",

parte II, en *Pew Hispanic Center*, 1º de febrero de 2011, http://www.pewhispanic.org/2011/20/ii-current-estimates-and-trends/.

[69] Jeffery Passel, D'Vera Cohn, y Ana Gonzalez-Barrera, "Net Migration from Mexico Falls to Zero–and Perhaps less", en *Pew Hispanic Center*, 23 de abril de 2012, http://www.pewhispanic.org/2012/04/23/vi-characteristics-of-mexican-born-immigrants-living-in-the-u-s-/.

[70] Jennifer Cairns, Francis Smart, William Kanderl y Steven Zahniser, "Agricultural Employment Patterns of Immigrant Workers in the United States", documento preparado para presentarse en la reunión anual conjunta de la Agricultural & Applied Economics Association 2010, AAEA, CAES y WAEA en Denver, 25-27 de julio de 2010, http://ageconsearch.umn.edu/bitstream/6132772/5_2_2012.pdf.

[71] Victor S. Clark, "Mexican Labor in the United States", en *Buró de Estadísticas Laborales, Bulletin of the Bureau of Labor* (1908), p. 466.

[72] *Ibidem*, p. 485.

[73] Gilbert G. González, "Mexican Labor Migration, 1876-1924", en *Beyond La Frontera: The History of Mexico-US Migration*, ed. Mark Overmyer-Velázquez, Nueva York, Oxford University Press, 2011, p. 31. Unas décadas más tarde, los ferrocarriles estructurarían de manera similar la gran migración de los afroamericanos hacia el norte. Las vías del tren guiaron a los negros desde "Tennessee, Alabama, el occidente de Georgia y el territorio de Florida" hacia Detroit. La línea Illinois Central llevó a "más de un millón de personas de color desde el sur profundo por la arteria central del país [...] hacia un nuevo mundo llamado Medio Oeste [...] junto con las líneas Atlantic Coast y la Seabord Air Line, que corrían entre Florida y Nueva York, y al pacífico sur, vinculando Texas y California", se convirtieron en "los medios históricos de escape, el Ferrocarril No Subterráneo para los nietos de la esclavitud". Después de la Guerra Civil, "los ferrocarriles construyeron vías hacia los recintos más aislados de Mississippi, Arkansas, Tennessee y Louisiana, y sin saberlo hicieron que el norte fuera un prospecto más accesible para los negros del sur desesperados por escapar". Ver también Isabel Wilkerson, *The Warmth of Other Suns: The Epic Story of America's Great Migration*, Nueva York, Vintage, 2010, pp. 178, 190, 191.

[74] González, "Mexican Labor Migration", p. 33.

[75] Eric V. Meeks, *Border Citizens: The Making of Indians, Mexicans and Anglos in Arizona*, Austin, University of Texas Press, 2007, p. 27.

[76] Clark, "Mexican Labor in the United States", pp. 469-470.

[77] *Ibidem*, p. 471.

[78] Paul S. Taylor, *A Spanish-Mexican Peasant Community: Arandas in Jalisco, Mexico*, Berkeley, University of California Press, 1933, p. 13.

[79] *Ibidem*, p. 35.

[80] *Ibidem*, p. 36.

[81] *Ibidem*, p. 44.

[82] González, "Mexican Labor Migration", p. 39.

[83] Taylor, *A Spanish-Mexican Peasant Community*, pp. 36, 40.

[84] Buró del Trabajo de Estados Unidos, *Handbook of Labor Statistics* (1931), p. 281.

[85] Taylor, *A Spanish-Mexican Peasant Community*, p. 41.

[86] *Ibidem*, p. 43.

[87] *Ibidem*, pp. 45-46.

[88] Aristide Zolberg, "A Century of Informality on the US-Mexico Border", en *Social Science Research Council, Border Battles: The US Immigration Debates*, 17 de agosto de 2006, http://borderbattles.ssrc.org/Zolberg.

[89] Lytle-Hernandez, *Migra! A History of the US Border Patrol*, p. 3.

[90] Francisco E. Balderrama y Raymond Rodríguez, *Decade of Betrayal: Mexican Repatriation in the 1930's*, Albuquerque, University of New Mexico Press, 2006, p. 11.

[91] González, "Mexican Labor Migration", p. 34.

[92] *Ibidem*, pp. 38-39.

[93] *Ibidem*, p. 46.

[94] Balderrama y Rodríguez, *Decade of Betrayal*, p. 1.

[95] Ver Deborah Cohen, *Braceros: Migrant Citizens and Transnational Subjects in the Postwar United States*, Cha-

pel Hill, University of North Carolina Press, 2011, p. 2.

[96] Micheal Snodgrass, "Patronage and Progress: The Bracero Program From the Perspective of Mexico", en *Workers across the Americas: The Trasnational Turn in Labor History*, ed. Leon Fink, Nueva York, Oxford University Press, 2011, p. 252.

[97] *Ibidem*, p. 254.

[98] Zolberg, "A Century of Informality".

[99] Snodgrass, "Patronage and Progress", pp. 254-255.

[100] *Ibidem*, pp. 257-260.

[101] *Ibidem*, p. 261.

[102] Michael Snodgrass, "The Bracero Program, 1942-1964", en Overmyer-Velázquez, *Beyond La Frontera*, p. 91.

[103] Mark Overmyer-Velázquez, "Introduction: Histories and Historiographies of Greater Mexico", en *Beyond La Frontera*, p. xxxvii.

[104] Citado en Kanstroom, *Deportation Nation*, p. 219.

[105] *Ibidem*, p. 222.

[106] "Espaldas mojadas" es un término despectivo que se refiere a la idea de que los mexicanos entraron al país cruzando el Río Bravo y evitando los puntos oficiales de entrada.

[107] Cindy Hahamovitchm, *No Man's Land: Jamaican Guestworkers in America and the Global History of Deportable Labor*, Princeton, Nueva Jersey, Princeton University Press, 2011, pp. 124-125.

[108] Don Mitchell, *They Saved the Crops: Labor, Landscape and the Struggle over Industrial Farming In Bracero-Era California*, Athens, University of Georgia Press, 2012, p. 223.

[109] Mae Mgai, *Impossible Subjects: Illegal Aliens and the Making of Modern America*, Princeton, Princeton University Press, 2004, p. 153.

[110] Kanstroom, *Deportation Nation*, p. 224.

[111] Snodgrass, "The Bracero Program", p. 91.

[112] Ver Kanstroom, *Deportation Nation*, p. 161.

[113] David G. Gutiérrez, *Walls and Mirrors: Mexican Americans, Mexican Immigrants and the Politics of Ethnicity*, Berkeley, University of California Press, 1995, p. 154. Ver también Lorena Oropeza, ¡Raza Sí, Guerra No! Chicano Protest and Patriotism during the Viet Nam War Era, Berkeley, University of California Press, 2005, para un análisis de las aspiraciones de ser aceptadas como blancas de las organizaciones de méxico-americanos durante la mitad del siglo.

[114] Massey y Pren, "Unintended Consequences", p. 22.

[115] Overmyer-Velázquez, "Introduction", p. xxxviii.

[116] Oscar J. Martínez, "Migration and the Border, 1965-1985", en Overmyer-Velázquez, *Beyond La Frontera*, p. 110.

[117] *Ibidem*, p. 106.

[118] *Ibidem*, p. 111.

[119] Jorge Durand y Douglas S. Massey, "What We Learned from the Mexican Migration Project", en *Crossing the Border: Research from the Mexican Migration Project*, ed. Jorge Durand y Douglas S. Massey, Nueva York, Russell Sage Foundation, 2007, p. 6.

[120] Overmyer-Velázquez "Introduction", p. xlii.

[121] Helen B. Marrow, "Race and the New Southern Migration, 1986 to the Present", en Overmyer-Velázquez, *Beyond La Frontera*, p. 130.

[122] Philip L. Martin, "Good Intentions Gone Awry: IRCA and US Agricultre", en *Annals of the Academy of Political and Social Science*, vol. 534 (julio de 1994), pp. 50-51.

[123] Ver Roberto Suro, "False Migrant Claims: Fraud on a Huge Scale", en *New York Times*, 12 de noviembre de 1989.

[124] Ver *idem*.

[125] Martin, "Good Intentions Gone Awry", p. 52.

[126] Nicholas De Genova, *Working the Boundaries: Race, Space and "Illegality" in Mexican Chicago*, Durham, Duke University Press, 2005, pp. 237-381.

[127] Durand y Massey, "What We Learned from the Mexican Migration Project", pp. 11-12.

[128] El gobierno mexicano identifica cuatro regiones de emigración: la región tradicional que comprende Aguascalientes, Colima, Durango, Guanajuato, Jalisco, Michoacán, Nayarit, San Luis Potosí y Zacatecas; la región norte, que comprende Baja California, Baja California Sur, Coahuila, Chihuahua, Nuevo León, Sinaloa, Sonora y Tamaulipas; la región central, Distrito Federal, Hidalgo, Estado de México, Morelos, Puebla, Querétaro y Tlaxcala; y la región sur-sureste, Campeche, Chiapas, Guerrero, Oaxaca, Quintana Roo, Tabasco, Veracruz y Yucatán. Ver Consejo Nacional de Población, "Flujos Migratorios EMIF Norte", http://conapo.gob.mx/es/CONAPO/flujos_Migratorios_EMIF_NORTE.

[129] En México, "mestizos" generalmente se refiere a las personas que tienen una mezcla de origen tanto indígena como español.

[130] Ver Overmyer-Velázquez, "Introduction", p. XXXII; Angus Wright, *The Death of Ramón González: The Modern Agricultural Dilemma*, Austin, University of Texas Press, 1990 (edición revisada, 2005), pp. 138, 209; Jeffery Harris Cohen, *The Culture of Migration in Southern Mexico*, Austin, University of Texas Press, 2004; David Bacon, *Ilegal People: How Globalization Creates Migration and Criminalizes Immigrants*, Boston, Beacon Press, 2008, en especial el capítulo 2.

[131] Lynnaire M. Sheridan, *"I Know It's Dangerous": Why Mexicans Risk Their Lives to Cross the Border*, Tucson, University of Arizona Press, 2009, p. 56.

[132] *Ibidem*, p. 57.

[133] De Genova dice que la "ilegalidad" de hoy es algo "producido" por la ley, en lugar de que los produzcan las acciones de los individuos mexicanos (*Working the Boundaries*, capítulo 6, en especial p. 244).

[134] Para un resumen histórico de la migración maya, ver Christopher H. Lutz y W. George Lovell, "Survivors on the Move: Maya Migration in Time and Space", en *The Maya Diaspora: Guatemalan Roots, New American Lives*, ed. James Loucky y Marilyn M. Moors, Filadelfia, Temple University Press, 2000, pp. 11-34.

[135] Ver David McCreery, *Rural Guatemala, 1760-1940*, Palo Alto, California, Stanford University Pres, 1994; Julio C. Cambranes, *Café y campesinos en Guatemala, 1853-1897*, Guatemala, Editorial Universitaria, 1985; Lutz y Lovell, "Survivors on the Move", p. 32.

[136] Lutz y Lovell, art. cit., p. 32.

[137] Elisabeth Burgos, *Me llamo Rigoberta Menchú y así me nació la conciencia*, México, Siglo XXI Editores, 1985, pp. 40-44.

[138] *Ibidem*, p. 45.

[139] Daniel Wilkinson, *Silence on the Mountain: Stories of Terror, Betrayal, and Forgetting in Guatemala*, Durham, Duke University Press, 2004, p. 43.

[140] Patricia Foxen, *In Search of Providence: Transnational Mayan Identities*, Nashville, Vanderbilt University Press, 2007, p. 63.

[141] *Ibidem*, p. 78.

[142] *Ibidem*, p. 99.

[143] *Ibidem*, p. 100. David Stoll describe un fenómeno similar en otro pueblo de Guatemala, en el que los contratistas utilizaron la fuerza, las deudas, el despojo de tierras y la necesidad para reclutar a trabajadores indígenas para que sean la mano de obra migrante desde hace un siglo. Hoy, los coyotes y los contratistas simplemente los reclutan para trabajar en otro país (David Stoll, *El Norte or Bust! How Migration Fever and Microcredit Produced a Financial Crash in a Latin American Town*, Lanham, Rowman & Littlefield, 2013, p. 198).

[144] Stoll describe este proceso en *El Norte or Bust!*, p. 89.

[145] Lutz y Lovell, "Survivors on the Move", p. 33.

[146] Foxen, *In Search of Providence*, p. 149.

[147] *Ibidem*, p. 115.

[148] *Ibidem*, p. 115; Sarah J. Mahler, *American Dreaming: Immigrant Life on the Margins*, Princeton, Princeton University Press, 1995, p. 141.

[149] Erik Camayd-Freixas, *US Immigration Reform and its Global Impact: Lessons from the Postville Raid*, Nueva York, Palgrave Macmillan, 2013, p. 100.

[150] Randal C. Archibold, "In Trek North, First Lure is Mexico's Other Line", en *New York Times*, 6 de abril de 2013.

[151] Ruth Ellen Wasem, *Nonimmigrant Overstays: Brief Synthesis of the Issue*, Congressional Research Service Report for Congres, 22 de mayo de 2006, http://trac.syr.edu/immigration/library/P735.pdf.

[152] Departamento de Seguridad Nacional, Oficina de Estadísticas Migratorias "2010 Yearbook of Immigration Statistics", tabla 26, http://www.dhs.gov/xlibrary/assets/statistics/yearbook/2010/ois_yb_2010.pdf.

[153] Randall Monger, "Non-Immigrant Admissions to the United States, 2011", Departamento de Seguridad Nacional, Oficina de Estadísticas Migratorias, julio de 2012, http://www.dhs.gov/xlibrary/assets/statistics/publications/ni_fr_2011.pdf; Departamento de Estado, "Non-Immigrant Visas Issued, 2007-2011", http://www.travle.state.gov/pdf/FY11NIVDetailTable.pdf. El Programa de Exención de Visas aplica a treinta y siete países, casi todos europeos y permite que los visitantes potenciales sean procesados en la frontera sin que requieran obtener una visa antes de salir hacia Estados Unidos.

[154] En 2009, 126.8 millones de las 163 entradas totales fueron con Tarjetas de cruce local en lugar de entradas con visas de no inmigrante. Ver Ruth Ellen Wasem, *US Immigration Policy on Temporary Admisions*, Congressional Research Service, 8 de febrero de 2011, pp. 15-16, http://www.fas.org/sgp/crs/homeesec/RL31381.pdf.

[155] Pew Hispanic Center, "Modes of Entry for the Unauthorized Migrant Population", 22 de mayo de 2006, http://pewhispanic.org/files/factsheets/19.pdf.

[156] Lynnaire M. Sheridan, *"I Know It's Dangerous": Why Mexicans Risk Their Lives to Cross the Border*, Tucson,University of Arizona Press, 2009, p. 66.

[157] *Ibidem*, p. 61.

[158] *Ibidem*, p. 79.

[159] Ver Florida Fruit and Vegetable Association, "Who Will Harvest the Food?", noviembre de 2011, http://www.ffva.com/imsipublic/content/NavigationMenu2/NewsCenter/HarvesterOnline/Mainfeature1111/default.htm.

[160] Oficina de responsabilidad gubernamental en Estados Unidos, "Report to the Chairman, Committee on Education and Labor, House of Representatives: H-2B VISA PROGRAM Closed Civil and Criminal Cases Illustrate Instances of H-2B Workers Being Targets of Fraud and Abuse", septiembre de 2010, p. 4, http://www.gao.gov/assets/320/310640.pdf.

[161] Gardenia Mendoza Aguilar, "A merced de fraudes con visas", en *Impremedia*, 11 de mayo de 2011, http://www.impre.com/noticias/2011/5/11/a-merced-de-fraudes-con-visas-255317-1.html.

[162] Gardenia Mendoza Aguilar, "El botín de los coyotes: miles deben pagar para tramitar trabajo temporal en EEUU", en *Impremedia*, 9 de mayo de 2011, http://www.impre.com/noticias/2011/5/9/el-botin-de-los-coyotes-legale-254910-2.html.

[163] Dan LaBotz, "Farm Labor Organizer Murdered in Mexico, Labor Contractors Suspected", en *CounterPunch*, 14-16 de abril de 2007, http://www.counterpunch.org/labotz04142007.html.

[164] Mendoza Aguilar, "A merced de fraudes con visas".

[165] Centro Legal contra la Pobreza en el Sur, *Close to Slavery: Guestworker Programs in the United States*, abril de 2011, http://www.splcenter.org/get-informed/publications/close-to-slavery-guestworker-programs-in-the-united-states#.UaIQ-cokSSo.

[166] Jeffery Passel, D'Vera Cohn y Ana Gonzalez-Barrera, "Net Migration from Mexico Falls to Zero –and Perhaps Less", en *Pew Hispanic Center*, 23 de abril de 2012, http://www.pewhispanic.org/2012/04/23/vi-characteristics-of-mexican-born-immigrants-living-in-the-u-s/.

[167] Comisión Nacional de Derechos Humanos (CNDH), "Informe especial sobre secuestro de migrantes en México", 22 de febrero de 2011, p. 5, http://www.cndh.org.mx/sites/all/fuentes/documentos/informes/especiales/2011_secmigrantes_0.pdf.

[168] Randal C. Archibold, "In Trek North, First Lure Is Mexico's Other Line", en *New York Times*, 26 de abril de 2013.

[169] Olga R. Rodríguez, "Central American Migrants Flood North Through Mexico to US", en *Huffington Post*, 13 de julio de 2012, http://www.huffingtonpost.com/2012/07/13/central-americans-in-the-united-states_n_1671551.html.

[170] Abril Trigo, *Memorias migrantes: Testimonios y ensayos sobre la diáspora uruguaya*, Rosario, Argentina, Beatriz Viterbo Editora, 2003, p. 190.

[171] Maxine L. Margolis, *Little Brazil: An Ethnography of Brazilian Immigrants in New York City*, Princeton, Princeton University Press, 1993, pp. 49-50.

[172] Samuel Martínez, "Migration from the Caribbean: Economic and Political Factors versus Legal and Ilegal Status", en *Illegal Immigration in America: A Reference Handbook*, ed. David W. Haines y Karen E. Ro-

senblum, Westport CT, Greenwood Press, 1999, pp. 278-279.

[173] Margolis, *Little Brazil*, p. 51.

[174] Kurt Birson, "Mexico: Abuses against US Bound Migrant Workers", en *NACLA Report*, 23 de septiembre de 2010, http://nacla.org/node/6753.

[175] Centro de Derechos Humanos Miguel Agustín Pro Juárez, A. C. (Centro ProDH) *et al.*, "Secuestros a personas migrantes en tránsito por México", pp. 7-8, http://www2.ohchr.org/english/bodies/cmw/docs/ngos/prodh_Mexico_CAT47.pdf.

[176] Sebastian Rotella, "The New Border: Illegal Immigration's Shifting Frontier", en *ProPublica*, 6 de diciembre de 2012, http://www.propublica.org/article/the-new-border-illegal-immigrations-shifting-frontier.

[177] Paul Imison, "The Freight Train That Runs to the Heart of Mexico's 'Drugs War': Riding 'La Bestia' to Freedom or Death", en *Independent*, 2 de febrero de 2013; Archibold, "In Trek North"; Karl Penhaul, "Train of Death' Drives Migrant American Dreamers", en CNN, 25 de junio 2010, http://www.cnn.com/2010/WORLD/americas/06/23/mexico.train.death/. Ver también Sonia Nazario, *Enrique's Journey*, Nueva York, Random House, 2007.

[178] CNDH, "Informe especial", p. 12.

[179] *Ibidem*, pp. 26-27.

[180] *Ibidem*, pp. 28-29.

[181] Centro ProDH, "Secuestros a personas migrantes", p. 1.

[182] *Ibidem*, p. 9.

[183] *Idem*.

[184] CNDH, "Informe especial", p. 37.

[185] La Redacción, "Capturan al responsable de la masacre de indocumentados en San Fernando", en *Proceso*, 17 de junio 2011, http://www.proceso.com.mx/?p=273018; Voz de América, "Detenido por masacre en México", 16 de junio de 2011, http://www.voanoticias.com/content/detenido-masacre-indocumentados-mexico-124079179/100610.html.

[186] El Salvador Noticias.net, "Masacre de 49 supuestos migrantes en Nuevo León, México", 13 de mayo de 2012, http://www.elsalvadornoticias.net/2012/05/13/masacre-de-49-supuestos-migrantes-en-nuevo-leon-mexico/.

[187] Centro ProDH, "Secuestros a personas migrantes", p. 10.

[188] *Ibidem*, p. 13.

[189] Univision.com, "A dos años de masacre de migrantes en San Fernando, Tamaulipas", 22 de agosto de 2012, http://noticias.univision.com/article/1220262/2012-08-22/narcotrafico/reportajes/dos-anio-masacre-san-fernando-tamaulipas.

[190] Ver Joseph Nevins, *Operation Gatekeeper and Beyond: The War on "Illegals" and the Remaking of the US-Mexico Boundary*, 2ª ed., Nueva York, Routledge, 2010, capítulo 5, para una discusión detallada de cómo los políticos de California, comandados por el gobernador Pete Wilson, crearon y manipularon una supuesta "crisis" de "inmigración ilegal".

[191] *Ibidem*, p. 111.

[192] Oficina del Inspector General, "Background to the Office of the Inspector General Investigation", julio de 1998, http://www.justice.gov/oig/special/9807/gkp01.htm.

[193] María Jiménez, "Humanitarian Crisis: Migrant Deaths at the US-Mexico Border", en American Civil Liberties Union, 1º de octubre de 2009, p. 7, https://www.aclu.org/sites/default/files/pdfs/immigrants/humanitariancrisisreport.pdf.

[194] *Ibidem*, p. 21.

[195] Coalición de Derechos Humanos, "Arizona Recovered Bodies Project", http://derechoshumanosaz.net/projects/arizona-recovered-bodies-project/.

[196] Oficina de responsabilidad gubernamental en Estados Unidos, "Illegal Immigration: Border-Crossing Deaths Have Doubled since 1995", agosto de 2006, p. 4, http://www.gao.gov/new.items/d06770.pdf.

[197] Stephan Dinan, "Figures Point to Securer Border, But Risk of Death for Illegals Still High", en *Washington Times*, 22 de marzo de 2012, http://www.washingtontimes.com/news/2012/mar/22/figures-point-to-securer-border-but-risk-of-death-/?page=all.

[198] Patrulla Fronteriza, Sectores Suroeste de la Frontera, "Southwest Border Deaths by Fiscal Year (October

1st through September 30th)", http://www.cbp.gov/sites/default/files/documents/U.S.%20Border%20Patrol%20Fiscal%20Year%20Statistics%20SWB%20Sector%20Deaths%20FY1998%20-%20FY2013.pdf.

[199] Brady McCombs, "No Signs of Letup in Entrant Deaths", en *Arizona Daily Star*, 27 de diciembre de 2009, http://tucson.com/news/local/border/no-signs-of-letup-in-entrant-deaths/article_faf5b437-b728-527b-9eb8-77977d0cdf84.html.

[200] Jiménez, "Humanitarian Crisis", p. 33.

[201] Las Americas Premium Outlets, San Ysidro, California, Yelp.com, http//www.yelp.com/biz/las-americas-premium-outlets-san-ysidro.

[202] Jose Antonio Vargas, "Not Legal Not Leaving", *Time*, 25 de junio de 2012, http://www.time.com/time/magazine/article/0,9171,2117243 00.html#ixzz27acH8fKJ

[203] Veintinueve por ciento llegaron entre 2000 y 2004 y 26 por ciento entre 1995-1999, con otro 14 por ciento que llegó entre 1990 y 1994 y 17 por ciento en la década de los ochenta (Michael Hoefer, Nancy Rytina y Bryan Baker, "Estimates of the Unauthorized Immigrant Population Residing in the United States: January 2011", Departamento de Seguridad Naciona, Oficina de Estadísticas Migratioras, Estimados de población, marzo de 2012).

[204] Jeffrey Passel y D'Vera Cohn, "Unauthorized Immigrant Population: National and State Trends, 2010", parte II, pp. 10-11, 1° de febrero de 2011, http://www.pewhispanic.org/2011/02/01/ii-current-estimates-and-trends/.

[205] Sara Gammage, "El Salvador: Despite End to Civil War, Emigration Continues", Migration Information Source, julio de 2007, http://www.migrationpolicy.org/article/el-salvador-despite-end-civil-war-emigration-continues; Hemispheric Migration Project, Central Americans in Mexico and the United States, Center for Immigration Policy and Refugee Assistance, Washington, DC, Georgetown University, 1998, p. 29.

[206] "Salvadoran TPS to Expire", en *Migration News* 2, núm. 1 (enero de 1995), http://migration.ucdavies.edu/mn/more.php?id=512_0_2_0.

[207] Cecilia Menjívar y Leisy Abrego, "Parents and Children across Borders: Legal Instability and Intergenrational Relations in Guatemalan and Salvadoran Families", en *Across Generations: immigrant Families in America*, ed. Nancy Foner, Nueva York, New York University Press, 2009, p. 165.

[208] Ester E. Hernández, "Relief Dollars: US policies toward Central Americans, 1980s to Present", en *Immigration, Incorporation and Transnationalism*, ed. Elliott Robert Barkan, Piscataway, Transaction Publishers, 2007, p. 215.

[209] *Ibidem*, p. 217.

[210] Menjívar y Abrego, "Parents and Children across Borders", p. 164.

[211] Cecilia Menjívar, "Liminal Legality: Salvadoran and Guatemalan Immigrants' Lives in the United States", en *American Journal of Sociology III*, núm. 4 (enero de 2006), pp. 1000-1001.

[212] US Code, edición 2011, Title 8 –ALIENS AND NATIONALITY. CHAPTER 14. RESTRICTING WELFARE AND PUBLIC BENEFITS FOR ALIENS. SUBCHAPTER IV–GENERAL PROVISIONS. Sec. 1641–Definitions, http://www.gpo.gov/fdsys/granule/USCODE-2011-title8/USCODE-2011-title8-chap14-subchapIV-sec1641.

[213] Steve A. Camarota, *The High Cost of Cheap Labor: Illegal Immigration and the Federal Budget*, Center for Immigration Studies, agosto de 2004, http://cis.org/High-Cost-of-Cheap-Labor.

[214] Ver Edmund H. Mahony, "Fifty INdicted in Identity Theft Ring", en *Hartford Courant*, 11 de enero de 2012.

[215] Ver Marianne McCune, "Puerto Rican Birth Certificates Will Be Null and Void", en National Public Radio, 18 de marzo de 2010, http://www.npr.org/templates/story/story.php?storyId=124827546.

[216] De hecho, estos pagos son subsidios para el sistema de seguridad social, ya que los inmigrantes indocumentados que utilizan números falsos jamás recibirán los beneficios por los que están pagando. La Administración de Seguridad Social calculó que esos pagos sumaron alrededor de 12 mil millones de dólares al año en 2007, y se suman a los entre 120 mil millones y 240 mil millones acumulados a lo largo de los años. Ver Edward Schumacher-Matos, "How Illegal Immigrants Are Helping Social Security", en *Washington Post*, 3 de septiembre de 2010.

[217] Susan Carroll, "Immigrant Drivers in US Now Face an Uncertain Road", en *Houston Chronicle*, 11 de enero de 2011.

[218] Julia Preston y Robert Gebeloff, "Some Unlicensed Drivers Risk More Than A Fine", en *New York Times*, 9 de diciembre de 2010.

[219] *Idem*.

[220] Dennis Romero, "Illegal Immigrants Can Now Drive in L. A. Without Fear of Having Cars Taken by Police", en *LA Weekly Blog*, 28 de febrero de 2010, http://www.laweekly.com/informer/2012/02/28/illegal-immigrants-can-now-drive-in-la-without-fear-of-having-cars-taken-by-police.

[221] Maria Sacchetti, "Framingham, Barnstable No Longer Enforcing US Immigration Laws", en *Boston Globe*, 1° de octubre de 2009.

[222] Mary MacDonald, "Local Officials Disappointed by Governor's 'No' on Secure Communities", en *Milford (MA) Patch*, 8 de junio de 2001, http://milford-ma.patch.com/groups/politics-and-elections/p/local-officials-disappointed-by-governors-no-on-secur1966a27e6b.

[223] Michael John Garcia, *Criminalizing Unlawful Presence: Selected Issues*, CRS Report for Congress, 3 de mayo de 2006, http://trac.syr.edu/immigration/library/P585.pdf.

[224] Servicio de Ciudadanía e Inmigración, "Voluntary Departure", http://www.uscis.gov/. Ver también Michael A. Pearson, Comisionado asociado ejecutivo, Operaciones de campo del Servicio de Naturalización e Inmigración, Declaraciones ante el Comité de Asuntos Gubernamentales y el Subcomité permanente para investigaciones del Senado de los Estados Unidos referente al procesamiento de personas arrestadas por entrar ilegalmente a Estados Unidos entre los puertos de entrada, 13 de noviembre de 2001, http://www.aila.org/content/default.aspx?docid=6549.

[225] Servicio de Ciudadanía e Inmigración, "Deportación", en http://www.uscis.gov/portal/.

[226] Departamento de Seguridad Nacional (DHS), Oficina de Estadísticas Migratorias (OIS), "2011 Yearbook of Immigration Statistics", tabla 39, p. 102, https://www.dhs.gov/sites/default/files/publications/immigration-statistics/yearbook/2011/ois_yb_2011.pdf

[227] Spenser H. Hsu, "Arrests on US-Mexico Border Decline 27%", en *Washington Post*, 21 de mayo de 2009; Lourdes Medrano, "Bullets vs. Rocks? Border Patrol Under Fire for Use of Deadly Force", en *Christian Science Monitor*, 3 de diciembre de 2012; Departamento de Seguridad Nacional, "About Customs and Border Protection: Organization", http://www.cbp.gov/xp/cgov/about/organization/assist_comm_off/.

[228] Departamento de Seguridad Nacional, OIS, "2011 Yearbook", tabla 35.

[229] Encuesta sobre la Migración en la Frontera Norte de México, *Boletín EMIF Norte 2011*, http://www.colef.net/emif/resultados/boletines/Boletin%20NTE%202011.pdf.

[230] Andrew Becker, "Rebranding at ICE Meant to Soften Immigration Enforcement Agency's Image", en *Washington Post*, 17 de junio de 2010.

[231] CNBC, "Billions Behind Bars: Inside America's Prison Industry", 2011, http://www.cnbc.com/id/44762286; Buró de Justicia de Estados Unidos, "Direct Expenditures by Justice Function, 1982-2007 (Billions of Dollars)", http://bjs.ojp.usdoj.ov/content/glance/tables/exptyptab.cfm. La cifra de setenta y cuatro mil millones sale de 2007 y es el dato más reciente.

[232] Leo Ralph Chavez, *The Latino Threat: Constructing Immigrants, Citizens and the Nation*, 2ª ed., Palo Alto, California, Stanford University Press, 2013, p. 24.

[233] *Ibidem*, p. 25.

[234] American Civil Libertis Union, "Immigration Detention", https://www.aclu.org/immigrants-rights/immigration-detention; Chris Krikham, "Private Prisons Profit From Immigration Crackdown, Federal And Local Law Enforcement Partnerships", en *Huffington Post*, 7 de junio de 2012, http://www.huffingtonpost.com/2012/06/07/private-prisons-immigration-federal-law-enforcement_n_1569219.html.

[235] Kirkham, "Private Prisons Profit".

[236] Amnistía Internacional, "USA: Jailed Without Justice", 25 de marzo de 2009, I, http://www.amnestyusa.org/research/reports/usa-jailed-without-justice.

[237] Human Rights First, *Jails and Jumpsuits: Transforming the US Immigration Detention System, a Two-Year Review*, 2011, IV, http://www.humanrightsfirst.org/wp-content/uploads/pdf/HRF-Jails-and-Jumpsuits-report.pdf.

[238] Ver la larga historia de Rodriguez V. Robbins compilada por la ACLU en http://www.aclu-sc.org/rodriguez/.

[239] Amnistía Internacional, "USA: Jailed without Justice", p. 6.

[240] Alistair Graham Robertson, Rachel Beaty, Jane Atkinson y Bob Libal, *Operation Streamline: Costs and Con-secquences*, Grassroots Leadership, septiembre de 2012, p. 2, http://grassrootsleadership.org/sites/default/files/uploads/GRL_Sept2012_Report-final.pdf.

[241] *Ibidem*, p. 5.

[242] *Ibidem*, p. 6.

[243] *Ibidem*, p. 7.

[244] Comisión de Sentencias de Estados Unidos, "Overview of Federal Criminal Cases: Fiscal Year 2011", 1-2, p. 9; TRAC Immigration, "Illegal Reentry Becomes Top Criminal Charge", http://trac.syr.edu/immigration/reports/251.

[245] *Idem*.

[246] *Ibidem*, p. 3.

[247] Jacob Chin, Katherine Fennelly, Kathleen Moccio, Charles Miles y José D. Pacas, "Attorneys' Perspectives on the Rights of Detained Immigrants in Minnesota", AILA Infonet Doc. No. 09111064 (publicado el 11/10/09), énfasis en el original, http://www.aila.org/content/default.aspx?docid=30514.

[248] James M. Chaparro a los Directores las oficinas de campo, "Keep Up the Good Work on Criminal Alien Removals", memorándum, en *Washington Post*, 22 de febrero de 2010, http://media.washingtonpost.com/wp-srv/politics/documents/ICEdocument032710.pdf.

[249] *Idem*.

[250] Ver John Morton a los Directores de las oficinas de campo, "National Fugitive Operations Program", diciembre de 2009, http://www.ice.gov/doclib/detention-reform/pdf/nfop_priorities_goals_expectations.pdf.

[251] Servicio de Inmigración y Control de Aduanas, "Secure Communities: A Modernized Approach to Identifying and Removing Criminal Aliens", enero de 2010, http://www.ice.gov/doclib/secure-communities/pdf/sc-brochure.pdf.

[252] Aarti Kohli, Peter L. Markowitz y Lisa Chavez, "Secure Communities by Numbers: An Analysis of Demographics and Due Process", Chief Justice Earl Warren Institute on Law and Social Policy, Universidad de California, Berkeley, Escuela de Leyes, octubre de 2011, https://www.law.berkeley.edu/files/Secure_Communities_by_the_Numbers.pdf.

[253] Douglas C. McDonald, "Private Penal Institutions", en *Crime and Justice*, vol. 16 (1992), p. 382.

[254] Ver Alfredo Blumstein y Allen J. Beck, "Population Growth in US Prisons, 1980-1996", *Crime and Justice*, vol. 26 (1999). Las tasas de encarcelamiento por violaciones migratorias creción de 0.6 por cada 100 000 en 1980 a 2.7 por cada 100 000 en 1996, un incremento del 350 por ciento (pp. 45-46). Para las tazas de encarcelamiento para delicuentes convictos, "la tendencia más grande a la alza es la de violaciones migratorias, cuya taza de encarcelamiento ha tenido un crecimiento sostenido de 46 a 82 por ciento" (p. 48).

[255] Kirkham, "Private Prisons Profit".

[256] Llewellyn Hinkes-Jones, "Privatized Prisons: A Human Marketplace", en *Los Angeles Review of Books*, 10 de enero de 2013.

[257] "Incarceration, Inc.", en *Phoenix Magazine*, marzo de 2012, http://www.phoenixmag.com/lifestyle/valley-news/201203/incarceration–inc-/1/.

[258] Associated Press, "Private Prison Companies Making Big Bucks on Locking Up Undocumented Immigrants", en *New York Daily News*, 2 de agosto de 2012, http://www.nydailynews.com/news/national/private-prison-companies-making-big-bucks-locking-undocumented-immigrants-article-1.1127465.

[259] The Geo Group, http://www.geogroup.com/; Management & Training Corporation, http://www.mtc-trains.com/corrections/corrections-overview.

[260] Corrections Corporation of America, http://www.correctionscorp.com/about-cca.

[261] Justice Policy Institute, "Gaming the System: How the Political Strategies of Private Prison Companies Promote Ineffective Incarceration Policies", 12 de junio de 2011, http://www.justicepolicy.org/uploads/justicepolicy/documents/gaming_the_system.pdf.

[262] "Incarceration, Inc.". En la última década, la CCA ha gastado 23 millones en cabildeo. Ver Kirkham, "Private Prisons Profit".

[263] Securities and Exchange Commission, Corrections Corporation of America, Forma 10K para el año fiscal que terminó el 31 de diciembre de 2005, citado en Michelle Alexander, *The New Jim Crow. Mass Incarceration in the Age of Colorblindness*, Nueva York, New Press, 2010, pp. 218-219. El reporte anual de la

compañía para 2012 usó prácticamente el mismo leguaje. Ver el extracto del reporte en Justice Policy Institute, "Gaming the System", p. 3. Estos reportes están disponibles en internet en: http://ir.correctionscorp.com/phoenix.zhtml?c=117983&p=irol-reportsannual.

[264] Laura Sullivan, "Prison Economics Help Drive Ariz. Immigration Law", National Public Radio, 28 de octubre de 2010, http://www.npr.org/2010/10/28/130833741/prison-economics-help-drive-ariz-immigration-law.

[265] Justice Policy Institute, "Gaming the System", p. 3.

[266] Sullivan, "Prison Economics Help Drive Ariz. Immigration Law".

[267] Laura Sullivan, "Shaping State Laws with Little Scrutiny", National Public Radio, 29 de octubre de 2010, http://www.npr.org/2010/10/29/130891396/shaping-state-laws-with-little-scrutiny.

[268] *Idem.*

[269] Sullivan, "Prison Economics Help Drive Ariz. Immigration Law".

[270] *Idem.*

[271] *Idem.*

[272] Kirkham, "Private Prisons Profit".

[273] *Idem.*

[274] *Idem.*

[275] Hannah Rappleye y Lisa Riordan Seville, "How One Georgia Town Gambled Its Future on Immigration Detention", en *Nation*, 10 de abril de 2012.

[276] WGP/TRO Copyright 1961 (Renovado) 1963 (Renovado), Woody Guthrie Publications, Inc. & Ludlow Music, Inc., Nueva York. Administrado por Ludlow Music, Inc. Utilizado con permiso.

[277] Jeffrey Passel, *Size and Characteristics of the Unauthorized Migrant Population in the US*, Pew Research Hispanic Center, 7 de marzo de 2006, parte IV, "Unauthorized Migrants: The Workforce", http://www.pewhispanic.org/2006/03/07/iv-unauthorized-migrants-the-workforce/.

[278] Robert Pear, "Judge's Hiring of Illegal Aline in 1980s Did Not Violate Immigration Law", en *New York Times*, 6 de febrero de 1993.

[279] William R. Tamayo, "Immigration and the Civil Rights Movement", en *Double Exposure: Poverty and Race in America*, ed. Chester W. Hartman, Armonk, M. E. Sharpe, 1997, p. 115.

[280] Charles B. Johnson, presidente de la división Pasadena, citado en Hector Tobar, "NAACP Calls for End to Employer Sanctions", en *Los Angeles Times*, 12 de julio de 1990.

[281] Ver Edward R. Roybal, "If You Look 'Foreign', It's 'No Help Wanted'", en *Los Angeles Times*, 15 de abril de 1990; Tobar, "NAACP Calls for End to Employer Sanctions".

[282] Nicholas De Genova, *Working The Boundaries: Race, Space and "Illegality" in Mexican Chicago*, Durham, Duke University Press, 2005, pp. 235-236.

[283] "Remarks by Senator Barack Obama: The American Promise"; Convención Demócrata, Denver, Huffington Post, 8 de agosto de 2008, http://www.huffingtonpost .com/2008/08/28/barack-obama-democratic-c_n_122224.html.

[284] Miriam Jordan, "Fresh Raids Target Illegal Hiring", en *Wall Street Journal*, 2 de mayo de 2012. Ver también Julia Preston, "Obama Administration Cracks Down on Illegal Immigrants' Employers", en *New York Times*, 29 de mayo de 2011.

[285] Departamento del Trabajo, *Findings from the National Agricultural Workers Survey (NAWS) 2001-2002: A Demographic and Employment Profile of United States Farm Workers*, Research Report 9, marzo de 2005, p. 11, http://www.doleta.gov/agworker /report9/naws_rpt9.pdf.

[286] Passel, *Size and Characteristics of the Unauthorized Migrant Population in the US*, calcula 24 por ciento, basado en el Current Population Survey de 2005. Otros cálculos son mucho más altos.

[287] En 2001-2002, el National Agricultural Worker Survey calculó que 53 por ciento carecía de autorización para trabajar en Estados Unidos. Ver Departamento del Trabajo, "Findings from the National Agricultural Workers Survey", p. 11. Aunque éste es el reporte más reciente disponible al público, Daniel Carroll del Departamento del Trabajo ha resumido los resultados hasta el 2009 y muestra que el porcentaje de trabajadores agrícolas que no tienen documentos ha caído sólo un poco, a cerca de 50 por ciento, en años subsecuentes. Ver Daniel Carroll, "Changing Characteristics of US Farmworkers: 21 Years of Findings from the National Agricultural Workers Survey", 12 de mayo de 2011, http://migration.ucdavis.edu/cf/files/2011-may/carroll-

changing -characteristics.pdf.

[288] "Migrant Farm Workers: Fields of Tears", en *Economist*, 16 de diciembre de 2010, http://www.economist. com/node/17722932.

[289] Carroll, "Changing Characteristics of US Farmworkers".

[290] Ver Helen B. Marrow, *New Destination Dreaming: Immigration, Race and Legal Status in the Rural American South*, Palo Alto, California, Stanford University Press, 2011, para una discusión de este fenómeno en Carolina del Norte.

[291] Passel, *Size and Characteristics of the Unauthorized Migrant Population*.

[292] Philip Martin, "Migration and Competitiveness in US Construction and Meatpacking", abril de 2012, http://migration.ucdavis.edu/rs/files/2012/9/ciip/martin -us-construction-and-meatpacking.pdf.

[293] Steve Striffler, *Chicken. The Dangerous Transformation of America's Favorite Food*, New Haven, Yale University Press, 2005, p. 5.

[294] Philip L. Martin, "Good Intentions Gone Awry: IRCA and US Agriculture", en *Annals of the Academy of Political and Social Science*, vol. 534 (julio de 1994), p. 45. Cita a Varden Fuller, *The Supply of Agricultural Labor as a Factor in the Evolution of Farm Organization in California*, Congressional Committee on Education and Labor (LaFollette Committee), 1940, pt. 54, p. 19 809.

[295] Don Mitchell, *They Saved the Crops: Labor, Landscape, and the Struggle over Industrial Farming in Bracero-Era California*, Athens, University of Georgia Press, 2012, p. 11.

[296] *Idem.*

[297] Truman Library, "The Migratory Worker in the American Agricultural Labor Force," *ca.* noviembre 1950, Subject File, Record Group 220, President's Commission on Migratory Labor, p. 1, http://www.trumanlibrary. org/whistlestop/study _collections/migratorylabor/documents/index.php?pagenumber=1&documentdate =1950–11–00&documentid=16–2.

[298] *Ibidem*, p. 3.

[299] Citado en Daniel Kanstroom, *Deportation Nation: Outsiders in American History*, Cambridge, Massachusetts, Harvard University Press, 2007, p. 223.

[300] Truman Library, "The Migratory Worker", p. 15.

[301] Mitchell, *They Saved the Crops*, p. 6.

[302] *Ibidem*, p. 13.

[303] *Ibidem*, p. 242.

[304] *Ibidem*, p. 419.

[305] *Ibidem*, p. 420.

[306] *Ibidem*, p. 422.

[307] Richard A. Walker, *The Conquest of Bread: 150 Years of Agribusiness in California*, Nueva York, New Press, 2004, pp. 74-75.

[308] Douglas S. Massey y Karen A. Pren, "Unintended Consequences of US Immigration Policy: Explaining the Post-1965 Surge from Latin America", en *Population and Development Review*, vol. 38, núm. 1 (marzo de 2012), p. 3, http://wws.princeton .edu/coverstories/Massey_LatinAmericaImmigrationSurge/Unintended -Consequences. pdf.

[309] Mark Overmyer-Velázquez, ed., "Introduction" a *Beyond La Frontera: The History of Mexico-US Migration*, Nueva York, Oxford University Press, 2011, p. XXXVII.

[310] Massey y Pren, "Unintended Consequences", p. 5.

[311] Douglas S. Massey, Jorge Duran y Nolan J. Malone, *Beyond Smoke and Mirrors: Mexican Immigration in an Era of Economic Integration*, Nueva York, Russell Sage Foundation, 2002, p. 45.

[312] Martin, "Good Intentions Gone Awry", p. 53.

[313] *Ibidem*, p. 55.

[314] *Ibidem*, pp. 53-54, 57.

[315] *Ibidem*, p. 56.

[316] David Stoll cita un estudio de veinticuatro contratistas en los noventa, todos antiguos trabajadores migrantes en el campo que habían conseguido su estatus legal a través de IRCA. "Lo máximo en rentabilidad es convertir a los co-nacionales en una fuerza de trabajo cautiva", escribe en *El Norte or Bust! How Migration Fever and Microcredit Produced a Financial Crash in a Latin American Town*, Lanham, Rowman & Littlefield,

2013, p. 197.
[317] "Migrant Farm Workers: Fields of Tears", en *Economist*.
[318] *United Farm Workers' Take Our Jobs Update*, 24 de septiembre de 2010, http:// www.ufw.org/_board.php?mode=view&b_code=news_press&b_no=7812&page= 7&field=&key=&n=680.
[319] Linda Calvin y Philip Martin, *The US Produce Industry and Labor: Facing the Future in a Global Economy*, Departamento de Agricultura, Economic Research Service, Economic Research Report 106, noviembre de 2010, p. 1, http://www.ers.usda.gov/media/135123/err106.pdf.
[320] *Ibidem*, pp. III-IV.
[321] *Ibidem*, p. 1.
[322] *Idem*.
[323] Linda Calvin y Philip Martin, "Labor-Intensive US Fruits and Vegetables Industry Competes", en *A Global Market, Amber Waves*, diciembre de 2010, http://webarchives.cdlib.org/sw1vh5dg3r/http://ers.usda.gov/AmberWaves/December10 /Features/LaborIntensive.htm.
[324] "Kansas Seeks Waiver for Undocumented Workers to Solve Farm Crisis", en Fox News Latino, 30 de enero de 2012, http://latino.foxnews.com/latino/politics /2012/01/30/kansas-seeks-waiver-for-undocumented-workers-to-solve-farm -crisis/.
[325] Departamento de Agricultura de Georgia, "Report on Agricultural Labor, as Required by House Bill 87", enero de 2012, p. 2, http://agr.georgia.gov/Data/Sites/1 /media/ag_administration/legislation/AgLaborReport.pdf.
[326] *Ibidem*, p. 21.
[327] *Ibidem*, pp. 41-43.
[328] *Ibidem*, p. 46.
[329] *Ibidem*, p. 50.
[330] *Ibidem*, p. 63.
[331] *Ibidem*, p. 100.
[332] "Georgia Immigration Law Forces State to Replace Migrant Farm Workers with Criminals", en *Huffington Post*, 22 de junio de 2011, http://www.huffingtonpost .com/2011/06/22/georgia-immigration-law-f_n_882050.html. Philip Martin, *Importing Poverty? The Changing Face of Rural America*, New Haven, Yale University Press, 2009, p. XIII.
[333] Ray Marshall, "Foreword" en *ibidem*, p. IX.
[334] Wright dice que la creación de la pobreza rural en el sur de México es el resultado de las mismas políticas económicas y agrícolas que crearon las plantaciones de exportación en el norte (Angus Wright, *The Death of Ramón González: The Modern Agricultural Dilemma*, Austin, University of Texas Press, 1990, edición revisada, 2005).
[335] *Ibidem*, p. XVI.
[336] Ver, por ejemplo, Eric Schlosser, *Fast Food Nation: The Dark Side of the All- American Meal*, Boston, Houghton Mifflin, 2001-2012.
[337] La caída en el empleo se debió al incremento en la eficiencia y al incremento en las importaciones, así como a la subcontratación. Ver Philip Martin, "Migration and Competitive- ness in US Construction and Meatpacking", ponencia, 24 de abril 2012, http://migration.ucdavis.edu/rs/files/2012/9/ciip/martin-us-construction-and -meatpacking.pdf.1.
[338] *Ibidem*, p. 1.
[339] *Ibidem*, pp. 5-7.
[340] *Ibidem*, p. 16.
[341] *Ibidem*, p. 8.
[342] Joan W. Moore, *In the Barrios: Latinos and the Underclass Debate*, Nueva York, Russell Sage Foundation, 1993, p. 116.
[343] Patrick Jankowski, "Potential Tax Revenues from Unauthorized Workers in Houston's Economy", en *Greater Houston Partnership*, enero de 2012, http://www.houston.org/pdf/research/whitepapers/taxrevenuesundocumentedworkers.pdf. Su estimado se basa en los cálculos del Pew Hispanic Foundation para el nivel nacional.
[344] Workers Defense Project, *Build a Better Texas: Construction Working Conditions in the Lone Star State*, enero

de 2013, http://www.workersdefense.org/Build %20a%20Better%20Texas_FINAL.pdf; Wade Goodwyn, "Construction Booming in Texas, But Many Workers Pay Dearly," National Public Radio, 10 de abril de 2013, http://www.npr.org/2013/04/10/176677299/construction-booming-in-texas-but -many-workers-pay-dearly.

[345] Laurel E. Fletcher, Phuong Pham, Eric Stover y Patrick Vinck, "Re-building After Katrina: A Population-Based Study of Labor and Human Rights in New Orleans", en International Human Rights Law Clinic, Boalt Hall School of Law, University of California Berkeley; Human Rights Center, University of California, Berkeley; y Payson Center for International Development and Technology Transfer, Tulane University, junio de 2006, p. 5, http://www.law.berkeley .edu/files/rebuilding_after_katrina.pdf.

[346] Associated Press, "Study: Immigrant Workers Endure Hazardous Condi- tions, Abuse Post-Katrina", en USA Today, 7 de junio de 2006.

[347] Fletcher et al., "Rebuilding After Katrina", p. 12.

[348] Ibidem, p. 14.

[349] Susan Carroll, "Undocumented Workers Will Be Linchpin of Ike Cleanup", en Houston Chronicle, 25 de septiembre de 2008, http://www.chron.com/news /hurricanes/article/Undocumented-workers-will-be-linchpin-in-Ike-1766107.php.

[350] Martin, "Migration and Competitiveness", pp. 8-9.

[351] Lance A. Compa, Blood, Sweat, and Fear: Workers' Rights in US Meat and Poultry Plants, Nueva York, Human Rights Watch, 2004, p. 7.

[352] Jerry Kammer, "The 2006 Swift Raids: Assessing the Impact of Immigration Enforcement Actions at Six Facilities", en Center for Immigration Studies, marzo de 2009, p. 5, http://www.cis.org/articles/2009/back309.pdf.

[353] Martin, "Migration and Competitiveness", p. 3.

[354] Ver Sherry L. Edwards, director of Legislative and Regulatory Affairs, American Meat Institute, "Operation Vanguard", prepared for the USDA Agricultural Outlook Forum, febrero de 2000, p. 1, http://ageconsearch.umn.edu/bitstream /33429/1/fo00ed01.pdf.

[355] Ibidem, p. 1.

[356] Kammer, "2006 Swift Raids", p. 3.

[357] United Food and Commercial Workers, "Raids on Workers: Destroying Our Rights", p. 18, http://www.icemisconduct.org/.

[358] Kammer, "2006 Swift Raids", p. 3.

[359] Nathanial Popper, "How the Rubashkins Changed the Way Jews Eat in America", en Jewish Daily Forward, 11 de diciembre de 2008, http://forward.com/articles /14716/how-the-rubashkins-changed-the-way-jews-eat-in-ame-/.

[360] Idem.

[361] Maggie Jones, "Postville, Iowa Is Up for Grabs", en New York Times Magazine, 11 de julio de 2012.

[362] Idem.

[363] Nathanial Popper, "In Iowa Meat Plant, Kosher 'Jungle' Breeds Fear, Injury, Short Pay", en Jewish Daily Forward, 26 de mayo de 2006, http://forward.com/articles/1006 /in-iowa-meat-plant-kosher-ejunglee-breeds-fea/.

[364] Jones, "Postville Iowa Is Up for Grabs".

[365] Times Wire Reports, "Guilty Plea in Postville Raid", en Los Angeles Times, 21 de agosto de 2008, http://articles.latimes.com/2008/aug/21/nation/na-briefs21.S2.

[366] Cámara de Representantes, "Statement of Dr. Erik Camayd-Freixas, Federally Certified Interpreter at the US District Court for the Northern District of Iowa, Regarding a Hearing on 'The Arrest, Prosecution, and Conviction of 297 Undocumented Workers in Postville, Iowa, from May 12 to 22, 2008'", ante el Subcomité de Inmigración, Ciudadanía, Refugiados, Seguridad Fronteriza y Derecho Internacional, 24 de julio de 2008, http://judiciary.house.gov/hearings/pdf /Camayd-Freixas080724.pdf.

[367] Ibidem, pp. 10-11.

[368] Jones, "Postville, Iowa Is Up for Grabs".

[369] Liz Goodwin, "Years after Immigration Raid, Iowa Town Feels Poorer and Less Stable", en Yahoo News/ The Lookout, 7 de diciembre de 2011, http://news .yahoo.com/blogs/lookout/years-immigration-raid-

iowa-town-feels-poorer-less -133035414.html.

[370] Helen O'Neill, "Parents Deported, What Happens to US-Born Kids?", en *Associated Press*, 25 de agosto de 2012, http://m.yahoo.com/.

[371] Richard M. Stana, "Employment Verification: Federal Agencies Have Taken Steps to Improve E-Verify, But Significant Challenges Remain", (GAO), diciembre de 2010, http://www .gao.gov/new.items/d11146. pdf.

[372] California e Illinois prohibieron que los estados y las localidades obligaran a los patrones a utilizar el programa. Illinois también intentó prohibir el uso de E-Verify en el estado, pero la ley fue rechazada en la Corte. Ver National Conference of State Legislatures, "E-Verify", http://www.ncsl.org/issues-research/immig/e-verify -faq.aspx.

[373] Stana, "Employment Verification"; GAO, Immigration Enforcement: Weaknesses Hinder Employment Verification and Worksite Enforcement Efforts, GAO-05-813 (Washington, DC, 31 de agosto de 2005); GAO, Employment Verification: Challenges Exist in Implementing a Mandatory Electronic Employment Verification System, GAO-08-895T (Washington, DC, 10 de junio de 2008).

[374] Ver Frank Sharry, "The Truth about E-Verify", en *Huffington Post*, 25 de mayo de 2011, http://www. huffingtonpost.com/frank-sharry/the-truth-about-everify_b _865649.html.

[375] John J. Haydu, Alan W. Hodges y Charles R. Hall, "Economic Impacts of the Turfgrass and Lawncare Industry in the United States", en University of Florida, Institute of Food and Agricultural Sciences, FE 632 (2006), p. 5, http://www .fred.ifas.ufl.edu/economic-impact-analysis/pdf/FE63200.pdf.

[376] Krissah Williams, "Lawn Care Entrepreneur Faces a Changing Racial Landscape", en *Washington Post*, 5 de febrero de 2007, http://www.washingtonpost.com /wp-dyn/content/article/2007/02/04/AR2007020401088.html.

[377] California Landscape Contractors Association, Immigration Reform Center, actualizado a julio de 2010, http://www.clca.us/immigration/view.html#pt8.

[378] En el caso de Kimba Wood, el empleo sucedió antes de que entrara en vigor la Ley de Reforma Migratoria y Control de 1986, que hacía que fuera ilegal contratar a una persona indocumentada. Ver Robert Pear, "Judge's Hiring of Illegal Alien in 1980s Did Not Violate Immigration Law", en *New York Times*, 6 de febrero de 1993.

[379] Maria Cramer y Maria Sacchetti, "More Immigrant Woes for Romney", en *Boston Globe*, 5 de diciembre de 2007.

[380] Michael Falcone, "Housekeeper Nicky Diaz: Meg Whitman Treated Me Like a Piece of Garbage", en *ABC News*, 29 de septiembre de 2010, http://abcnews.go .com/Politics/meg-whitmans-housekeeper-treated-piece-garbage/story?id= 11758365#.UX65GKJ9uCg.

[381] Mike Allen y Jim VandeHei, "Homeland Security Nominee Kerik Pulls Out", en *Washington Post*, 11 de diciembre de 2004.

[382] Pierrette Hondagneu-Sotelo, *Doméstica: Immigrant Workers Cleaning and Caring in the Shadows of Affluence*, Berkeley, University of California Press, 2001, p. 3.

[383] *Ibidem*, p. 7.

[384] *Ibidem*, p. 3.

[385] *Ibidem*, p. 6.

[386] *Ibidem*, p. 9.

[387] *Ibidem*, pp. 3-4.

[388] Para una discusión general de los "nuevos destinos" de los inmigrantes latinoamericanos, ver Douglas Massey, ed., *New Faces in New Places: The Changing Geography of American Immigration*, Nueva York, Russell Sage Foundation, 2008. Un nuevo destino que resalta en el libro es Carolina del Norte, donde la población hispana creció un 111 por ciento entre 2000 y 2010, hasta convertirse en el 8.4 por ciento de la población del estado. 71 por ciento de estos inmigrantes son mexicanos. Carolina del Norte ocupaba el lugar once de los estados con más población latina en el país. Ver North Carolina Department of Health and Human Services, "The Hispanic or Latino Population, 2011", http:// www.ncdhhs.gov/aging/cprofile/Hispanic_Latino2010.pdf. La población hispana del estado de Washington también creció un 71 por ciento, hasta totalizar 755 790. Ver Sharon R. Ennis, Merarys Ríos-Vargas y Nora G. Albert, "The Hispanic Population: 2010", en 2010 Census Brief, mayo de 2011, http://www.census.gov/prod/cen2010/briefs/c2010br -04.pdf.

[389] Michael De Masi, "Nannies a Growth Industry in Slow Economy", en *Business Review*, 15 de julio de 2011, http://www.bizjournals.com/albany/print-edition/2011 /07/15/nannies-a-growth-industry-in-slow. html?page=all.

[390] "More Parents Opting for Nannies over Day Care", en *Arizona Republic*, 10 de septiembre de 2007, http://tucsoncitizen.com/morgue/2007/09/10/62548-more -parents-opting-for-nannies-over-day-care/.

[391] Barbara Presley Noble, "At Work: Solving the Zoe Baird Problem", en *New York Times*, 3 de julio de 1994.

[392] Para la cifra de 81 por ciento, ver Associated Press, "While You Were Sleeping, the Paper Boy Grew Up", 25 de abril de 2006, http://www.msnbc.msn.com/id/12485231 /#.UA7VVvXF-So.

[393] Ver John Moran, "Newspaper Carriers as Independent Contractors", Connecticut Office of Legislative Research, 13 de abril de 2006, http://www.cga.ct.gov /2006/rpt/2006-R-0288.htm.

[394] "S. D. California Certifies 23(b)(3) Class of Newspaper Home Delivery Carriers", 4 de agosto de 2010, California Wage and Hour Law, Archive for the "Employee/Independent Contractor" Category, http:// calwages.com/category /employeeindependent-contractor/.

[395] Volante en posesión de la autora, de enero de 2011.

[396] Ver George J. Borjas, Jeffrey Grogger y Gordon H. Hanson, "Immigration and the Economic Status of African-American Men", en *Economica*, vol. 77 (2010), pp. 255-282, http://www.hks.harvard.edu/fs/gborjas/ publications/journal /Economica2010.pdf.

[397] Ver, por ejemplo, Julie L. Hotchkiss, Myriam Quispe-Agnoli y Fernando Rios-Avila, "The Wage Impact of Undocumented Workers", en Federal Reserve Bank of Georgia, documento de trabajo 2012–4, marzo de 2012; Giovanni Peri, "Immigrants, Skills, and Wages: Measuring the Economic Gains from Immigration", en Immigration Policy Center, marzo de 2006; David Card, "Is the New Immi- gration Really So Bad?", University of California, Berkeley, enero de 2005.

[398] Raúl Hinojosa-Ojeda y Marshall Fitz, "A Rising Tide or a Shrinking Pie: The Economic Impact of Le- galization Versus Deportation in Arizona", Center for American Progress, 24 de marzo de 2011, http://www. americanprogress.org /issues/2011/03/rising_tide.html.

[399] Eric Clark, "Introduction" a *The Real Toy Story: The Ruthless Battle for Today's Youngest Consumers*, Nueva York, Simon & Schuster/Free Press, 2007.

[400] Pew Hispanic Center, "Between Two Worlds: How Young Latinos Come of Age in America", diciembre de 2009, p. 7, http://pewhispanic.org/files/reports/117.pdf.

[401] Cecilia Menjívar, "Liminal Legality: Salvadoran and Guatemalan Immigrants' Lives in the United Sta- tes", en *American Journal of Sociology*, vol. 111, núm. 4 (enero de 2006).

[402] John Santucci, Chris Good y Shushannah Walshe, "Everything Romney Said to Explain Away Loss", en ABC News, 15 de noviembre de 2012, http://abcnews .go.com/Politics/OTUS/obamas-gifts-small-cam- paign-bill-clintons -thoughtsromneys-parting/story?id=17727179#.ULPLkYZ62So.

[403] Human Rights Watch, "Slipping Through the Cracks: Unaccompanied Children Detained by the US Immigration and Naturalization Service" (Human Rights Watch Children's Project, 1997), 2 y la nota 3, http://www.hrw.org/reports /1997/04/01/slipping-through-cracks.

[404] US Department of Justice, Office of the Inspector General, "Unaccompanied Juveniles in INS Custody", 28 de septiembre de 2001, capítulo 1, http://www.justice .gov/oig/reports/INS/e0109/chapter1.htm.

[405] Jacqueline Bhabha y Susan Schmidt, "Seeking Asylum Alone: Unac- companied and Separated Children and Refugee Protection in the US", Harvard University Committee on Human Rights Studies, 2006, p. 6; Women's Refugee Commission y Orrick, Herrington & Sutcliffe LLP, "Halfway Home: Unaccompanied Children in Immigration Custody", febrero de 2009, p. 4, http:// womensrefugeecommission.org/press- room/716-unaccompanied?q=halfway+home; Amy Thompson, "A Child Alone and Without Papers: A Re- port on the Return and Repatriation of Unaccompanied Undocumented Children by the United States", Center for Public Policy Priorities, septiembre de 2008, p. 7, http://www.aecf.org/; Department of Health and Human Services, Office of the Inspector General, "Division of Unaccompanied Children's Services: Efforts to Serve Children", marzo de 2008, https://oig.hhs.gov/oei/reports/oei-07–06–00290.pdf.

[406] Olga Byrne y Elise Miller, "The Flow of Unaccompanied Children through the Immigration System", Vera Institute of Justice, Center for Immigration and Justice, marzo de 2012, p. 6, http://www.vera.org/sites/ default/files/resources/downloads /the-flow-of-unaccompanied-children-through-the-immigration-system.

pdf.

[407] Women's Refugee Commission *et al.*, "Halfway Home", p. 4.

[408] Byrne y Miller, "The Flow of Unaccompanied Children", p. 14.

[409] Julia Preston, "Young and Alone, Facing Court and Deportation", en *New York Times*, 25 de agosto de 2012.

[410] Bhabha y Schmidt, "Seeking Asylum Alone", p. 7.

[411] Byrne y Miller, "The Flow of Unaccompanied Children", p. 5.

[412] Betsy Cavendish y Maru Cortazar, "Children at the Border: The Screening, Protection, and Repatriation of Unaccompanied Mexican Minors", *Appleseed*, 2001, p. 1, http://appleseednetwork.org/wp-content/uploads/2012/05/Children-At -The-Border1.pdf.

[413] Byrne y Miller, "The Flow of Unaccompanied Children", p. 31.

[414] Preston, "Young and Alone".

[415] Terry Greene Sterling, "Undocumented Kids Crossing the US Border Alone in Increasing Numbers", en *Daily Beast*, 23 de marzo de 2013, http://www .thedailybeast.com/articles/2013/03/23/undocumented-kids-crossing-the-u-s -border-alone-in-increasing-numbers.html.

[416] Jessica Jones y Jennifer Podkul, "Forced from Home: The Lost Boys and Girls of Central America", Women's Refugee Commission, octubre de 2012, pp. 1-2, http://wrc.ms/WuG8lM.

[417] *Ibidem*, p. 8.

[418] *Ibidem*, p. 7.

[419] *Ibidem*, p. 1.

[420] *Ibidem*, p. 13.

[421] Seth Freed Wessler, "Shattered Families: The Perilous Intersection of Immigration Enforcement and the Child Welfare System", Applied Research Center, noviembre de 2011, p. 5, http://arc.org/shatteredfamilies; Seth Freed Wessler, "US Deports 46K Parents with Citizen Kids in Just Six Months", en *Colorlines*, 3 de noviembre de 2011, http://colorlines.com/archives/2011/11/shocking_data_on_parents_deported _with_citizen_children.html.

[422] Nina Rabin, "Disappearing Parents: A Report on Immigration Enforce- ment and the Child Welfare System", University of Arizona, Southwest Institute for Research on Women, College of Social and Behavioral Sciences, Bacon Immigration Law and Policy Program, James E. Rogers College of Law, mayo de 2011, p. 31, http://www.law.arizona.edu/depts/bacon_program/pdf/disappearing_parents _report_final.pdf.

[423] John Morton, "Memorandum", 17 de junio de 2011, http://www.ice.gov/doclib /secure-communities/pdf/prosecutorial-discretion-memo.pdf.

[424] Helen O'Neill, "Parents Deported", Associated Press, 25 de agosto de 2012. Ver también Rabin, "Disappearing Parents".

[425] Helen O'Neill, "U.S.-Born Kids of Deported Parents Struggle as Family Life is 'Destroyed'". En *Huffington Post*, 25 de agosto de 2012, http://www.huffingtonpost .com/2012/08/25/us-born-kids-deported-parents_n_1830496.html?utm_hp_ref= immigrants.

[426] Women's Refugee Commission *et al.*, "Halfway Home", p. 9.

[427] Rabin, "Disappearing Parents", p. 10.

[428] *Idem.*

[429] *Ibidem*, p. 28.

[430] O'Neill, "US-Born Kids of Deported Parents".

[431] Julia Preston y John H. Cushman Jr., "Obama Permits Young Migrants to Remain in US", en *New York Times*, 15 de junio de 2012.

[432] Nidia Tapia, "A Take on the Internal US-Mexico Border by an Undocumented Student", ensayo de seminario de posgrado no publicado, Pomona College, mayo de 2013.

[433] La decisión de la Corte y otros documentos relevantes están disponibles a través del Instituto de Información Jurídica de la Escuela de Derecho de la Universidad de Cornell, http://www.law .cornell.edu/supct/html/historics/USSC_CR_0457_0202_ZS.html.

[434] Jose Antonio Vargas, "My Life as an Undocumented Immigrant", en *New York Times Magazine*, 22 de junio de 2011.

[435] Roberto G. Gonzalez, "Learning to Be Illegal: Undocumented Youth and Shifting Legal Contexts in the

Transition to Adulthood", en *American Sociological Review*, vol. 76, núm. 4 (2011), p. 603.

[436] *Ibidem*, p. 605.

[437] Tapia, "A Take on the Internal US-Mexico Border".

[438] Carola Suárez-Orozco, Marcelo M. Suárez-Orozco e Irina Todorova, *Learning a New Land: Immigrant Students in American Society*, Cambridge, Massachusetts, Harvard University Press, 2008, p. 31. Ver también Angela Valenzuela, *Subtractive Schooling: US-Mexican Youth and the Politics of Caring*, Albany, State University of New York Press, 1999. "El récord de aprovechamiento entre [...] los jóvenes inmigrantes es significativamente más alto que el de sus contrapartes de segunda o tercera generación, nacidos en Estados Unidos" (p. 8).

[439] William Pérez, *We Are Americans: Undocumented Students Pursuing the American Dream*, Sterling, Stylus Publishing, 2009, pp. VII-VIII.

[440] Michael A. Olivas, *No Undocumented Child Left Behind: Plyler V. Doe and the Education of Undocumented Schoolchildren*, Nueva York, New York University Press, 2012, p. 66; National Conference of State Legislatures, "Undocumented Student Tuition: Federal Action", mayo de 2011, http://www.ncsl.org/issues-research / educ/undocumented-student-tuition-federal-action.aspx; William Pérez, *Americans By Heart: Undocumented Latino Students and the Promise of Higher Education*, Nueva York, Teachers College Press, 2011, p. 6.

[441] National Immigration Law Center, "Basic Facts about In-State Tuition", mayo de 2013, http://www.nilc.org/basic-facts-instate.html.

[442] Pérez, *We Are Americans*, p. XXVI.

[443] Massachusetts Taxpayers Foundation, "Revenues from Undocumented Immigrants Paying In-State Rates", 18 de julio de 2011, http://www.masstaxpayers.org /sites/masstaxpayers.org/files/In-state%20tuition.pdf.

[444] Las distintas versiones de la ley están disponibles en línea en http://www.dreamactivist.org/text-of-dream-act-legislation/.

[445] Ver Vamos Unidos Youth, "Latino Youth Defines Dream Act as De Facto Military Draft", WESPAC Foundation, http://wespac.org/2010/09/21/dream-act-as -military-draft/.

[446] Jean Batalova y Margie McHugh, "DREAM vs. Reality: An Analysis of Potential DREAM Act Beneficiaries", Migration Policy Institute, julio de 2010, http://www.migrationpolicy.org/pubs/DREAM-Insight-July2010.pdf.

[447] Claudia Anguiano, "Undocumented, Unapologetic, and Unafraid: Discursive Strategies of the Immigrant Youth DREAM Social Movement", Tesis de doctorado, University of New Mexico, 2011, p. XI.

[448] Julia Preston, "Young Immigrants Say It's Obama's Time to Act", en *New York Times*, 30 de noviembre de 2012.

[449] José Antonio Vargas, "Not Legal, Not Leaving", en *Time*, 25 de junio de 2012, http://www.time.com/time/magazine/article/0,9171,2117243-7,00.html.

[450] Daniel Altschuler, "DREAMing of Citizenship: An Interview with Gaby Pacheco", en *Huffington Post*, 15 de diciembre de 2010, http://www.huffingtonpost.com /daniel-altschuler/dreaming-of-citizenship-a_b_797391.html.

[451] Julia Preston, "Advocates of Immigration Overhaul Alter Tactics in New Push", en *New York Times*, 1º de enero de 2010.

[452] Vargas, "Not Legal, Not Leaving", p. 2.

[453] *Ibidem*, p. 9.

[454] Preston, "Young Immigrants Say It's Obama's Time to Act".

[455] Alexander Bolton, "Republicans Seeking Out Hispanics", en *Hill*, 27 de marzo de 2012, http://thehill.com/homenews/senate/218307-republicans-seeking-out-hispanics.

[456] Preston, art. cit.

[457] Peter Wallsten, "Marco Rubio's Dream Act Alternative a Challenge for Obama on Immigration", en *Washington Post*, 25 de abril de 2012.

[458] "Full Transcript of Obama's Speech on His New Immigration Policy", en *Washington Post*, 15 de junio de 2012.

[459] Pew Hispanic Center, "Up to 1.4 Million Unauthorized Immigrants Could Benefit from New Deportation Policy", 15 de junio de 2012, http://www .pewhispanic.org/2012/06/15/up-to-1-4-million-unauthori-

zed-immigrants -could-benefit-from-new-deportation-policy/.

[460] US Citizenship and Immigration Service, "Deferred Action for Childhood Arrivals Process", 16 de agosto-13 de septiembre 2012, http://www.uscis.gov.

[461] US Citizenship and Immigration Service, "Deferred Action for Childhood Arrivals Process", 16 de agosto-10 de octubre 2012, http://www.uscis.gov.

[462] US Citizenship and Immigration Service, "Deferred Action for Childhood Arrivals Process", 15 de agosto de 2012 a 31 de marzo de 2013, http://www.uscis.gov.

[463] Grace Meng, "Immigration Waivers Leave Migrant Children Behind", en *USA Today*, 28 de agosto de 2012.

[464] Oficina de prensa de Robert Menendez, "Menendez, Durbin, Reid, 30 Others Introduce the DREAM Act", 11 de mayo 2011, http://www.menendez.senate.gov /newsroom/press/release/?id=6e1282d4-4ec2-468b-8004-3370ba94a438.

[465] Julianne Hing, "Michelle Rhee Joins Parent Blame Game in DREAM Act Support", en *Colorlines*, 7 de julio de 2011, http://colorlines.com/archives/2011/07 /michelle_rhee_supports_the_dream_act.html.

[466] Tapia, "A Take on the Internal US-Mexico Border".

[467] Seth Freed Wessler, "Dust Off Those Old Immigration Reform Deals? Not So Fast", en *Colorlines*, 13 de noviembre de 2012, http://colorlines.com/archives/2012/11 /republicans_back_immigration_reform_but_advocates_keep_pressure_on_white _house.html.

[468] Julia Preston, "Young Leaders Cast a Wider Net for Immigration Reform", en *New York Times*, 2 de diciembre de 2012.

[469] Kirk Semple, "Undocumented Life Is a Hurdle as Immigrants Seek a Reprieve", en *New York Times*, 3 de octubre de 2012.

[470] Susan Carroll, "Hope Turns to Despair for Many Trying To Stay in US", en *Houston Chronicle*, 26 de noviembre de 2012.

[471] Robert Pear, "Limits Placed on Immigrants in Health Care", en *New York Times*, 17 de septiembre de 2012.

[472] Serena Maria Daniels, "Michigan's Immigrant Youths Put in Legal Limbo", en *Detroit News*, 3 de diciembre de 2012, http://www.detroitnews.com/article /20121203/METRO/212030340#ixzz2E38J3Bv5.

[473] Jorge Rivas, "Did Obama's Victory Speech Include Nod to Dreamers?", en *Colorlines*, 7 de noviembre de 2012, http://colorlines.com/archives/2012/11/did_obamas _victory_speech_ include_nod_to_dreamers.html.

[474] Katherine Benton-Cohen, *Borderline Americans: Racial Division and Labor War in the Arizona Borderlands*, Cambridge, Massachusetts, Harvard University Press, 2009, p. 7.

[475] *Ibidem*, pp. 8-9.

[476] Nicholas De Genova, *Working the Boundaries: Race, Space, and "Illegality" in Mexican Chicago*, Durham, Duke University Press, 2005, pp. 91-92.

[477] *Ibidem*, p. 92, citando a Kitty Calavita, *Inside the State: The Bracero Program, Immigration, and the I.N.S.*, Nueva York, Routledge, 1992, p. 180.

[478] De Genova, *Working the Boundaries*, p. 93.

[479] *Ibidem*, p. 224.

[480] Marc Georges Pufong, "Immigration and Nationality Act Amendments of 1965", en *The Encyclopedia of American Civil Liberties*, vol. 1, ed. Paul Finkelman, Nueva York, Taylor and Francis, 2006, pp. 796-797.

[481] De Genova, *Working the Boundaries*, p. 230.

[482] Douglas S. Massey y Karen A. Pren, "Unintended Consequences of US Immigration Policy: Explaining the Post-1965 Surge from Latin America", en *Population and Development Review*, vol. 38, núm. 1 (marzo 2012), p. 4, http://www.princeton .edu/coverstories/Massey_LatinAmericaImmigrationSurge/Unintended=Consequences.pdf.

[483] *Ibidem*, p. 2.

[484] *Ibidem*, pp. 17-18.

[485] *Ibidem*, pp. 19-20.

[486] *Ibidem*, p. 20.

[487] Ver David Bacon, *Illegal People: How Globalization Creates Migration and Criminalizes Immigrants*, Boston,

Beacon Press, 2008; y David Bacon, *The Right to Stay Home*, Boston, Beacon Press, 2013, para una discusión sobre la manera en la que las políticas estadounidenses promueven la emigración. Para políticas estadounidenses en Latinoamérica en general, ver Greg Grandin, *Empire's Workshop: Latin America, the United States, and the Rise of the New Imperialism*, Nueva York, Henry Holt, 2006.

[488] Jacqueline Stevens, *States without Nations: Citizenship for Mortals*, Nueva York, Columbia University Press, 2010, p. 45.

[489] Quiero agradecer a Oscar Chacón de la NALAAC por compartir sus ideas sobre la historia de las distintas agendas detrás de las reformas migratorias y por permitirme incorporarlas a esta sección.

[490] Joseph Nevins, *Operation Gatekeeper and Beyond: The War on "Illegals" and the Remaking of the US-Mexico Boundary*, 2ª ed., Nueva York, Routledge, 2010, p. 140.

[491] David G. Gutiérrez, *Walls and Mirrors: Mexican Americans, Mexican Immigrants, and the Politics of Ethnicity*, Berkeley, University of California Press, 1995.

[492] Alma Martínez, "Pancho Villa's Head: The Mexican Revolution and the Chicano Dramatic Imagination", en Pomona College Oldenborg Lunch Series, 25 de abril de 2013.

[493] Karen Woodrow y Jeffrey Passel, "Post-IRCA Undocumented Immigration to the United States: An Assessment Based on the June, 1988 CPS", en *Undocumented Migration to the United States: IRCA and the Experience of the 1980s*, ed. Frank D. Bean, Barry Edmonston, y Jeffrey S. Passel, Washington, DC, Urban Institute Press, 1990, p. 51. Señalan que debido a las inconsistencias en la manera en la que los trabajadores temporales del campo son contados en el Censo y en el Community Population Survey, los números no corresponden perfectamente. Unos 1.3 millones fueron legalizados bajo las condiciones de SAW.

[494] Woodrow y Passel, "Post-IRCA Undocumented Immigration", p. 66. Énfasis en el original.

[495] Jeff Stansbury, "L. A. Labor and the New Immigrants", en *Labor Research Review*, vol. 1, núm. 13 (1989), p. 22.

[496] Ver Nancy Cleeland, "AFL-CIO Calls for Amnesty for Illegal US Workers", en *Los Angeles Times*, 17 de febrero de 2000.

[497] "AFL-CIO: End Sanctions", en *Migration News*, vol. 7, núm. 3 (marzo 2000), http:// migration.ucdavis. edu/mn/more.php?id=2037_0_2_0.

[498] Wayne A. Cornelius, "Impacts of the 1986 US Immigration Law on Emigration from Rural Mexican Sending Communities", en Bean, Edmonston y Passel, *Undocumented Migration*, p. 243.

[499] Ver Nevins, *Operation Gatekeeper and Beyond*, p. 105.

[500] Propuesta 187: Texto de la propuesta del ley, http://www.americanpatrol.com /REFERENCE/prop-187text.html.

[501] Ruben J. Garcia, "Critical Race Theory and Proposition 187: The Racial Politics of Immigration Law", en *Chicano-Latino Law Review*, vol. 17, núm. 118 (1995), p. 130.

[502] Nevins, *Operation Gatekeeper and Beyond*, p. 108.

[503] Michelle Alexander, *The New Jim Crow: Mass Incarceration in the Age of Colorblindness*, Nueva York, New Press, 2010, p. 47.

[504] *Ibidem*, p. 42.

[505] *Ibidem*, p. 54.

[506] Nevins, *Operation Gatekeeper and Beyond*, p. 110.

[507] *Ibidem*, p. 4, citando a la Patrulla Fronteriza, "Border Patrol Strategic Plan: 1994 and Beyond", 1994, p. 114.

[508] Nevins, *Operation Gatekeeper and Beyond*, p. 12.

[509] Wade Goodwyn, "Texas Republicans Take Harder Line on Immigration", National Public Radio, 29 de marzo de 2011, http://www.npr.org/2011/03/29/134956690 /texas-republicans-take-harder-line-on-immigration.

[510] "Statement by Gov. Rick Perry on Immigration and Border Security", comunicado de prensa, 29 de abril de 2010, http://governor.state.tx.us/news/press-release/14574/.

[511] "Statement by Gov. Perry Regarding SCOTUS Decision on Arizona Law", comunicado de prensa, 25 de junio de 2012, http://governor.state.tx.us/news/press-release/17373/.

[512] Tim Eaton, "Perry Blasts Arizona Ruling But Ready to Push Sanctuary City Bill Again", en *Austin Statesman*, 25 de junio de 2012.

[513] Texto del discurso sobre migración de Bush, 7 de enero de 2004, disponible en varios sitios de internet, incluido PBS http://www.pbs.org/newshour/bb/law/jan-june04 /workers_bg_01–07.html.ye.

[514] Irene Bloemraad, Kim Voss, y Taeku Lee, "The Protests of 2006: What They Were, How Do We Understand Them, Where Do They Go?", en *Rallying for Immigrant Rights: The Fight for Inclusion in 21st Century America*, eds. Kim Voss y Irene Bloemraad, Berkeley, University of California Press, 2011, pp. 3-4.

[515] Beth Baker-Cristales, "Mediated Resistance: The Construction of Neoliberal Citizenship in the Immigrat Rights Movement", en *Latino Studies*, vol. 7, núm. 1 (primavera 2009), p. 61.

[516] Bloemraad, Voss y Lee, "The Protests of 2006", p. 23.

[517] Ver Sarah Anne Wright, "'Freedom Ride' Focuses Attention on Immigrants' Rights", en *Seattle Times*, 21 de septiembre de 2003. Ver también Randy Shaw, "Building the Labor-Clergy-Immigrant Alliance", en *Rallying for Immigrant Rights*, ed. Voss and Bloemraad, pp. 82-100.

[518] Shaw, "Building the Labor-Clergy-Immigrant Alliance".

[519] John F. Harris, "Bush's Hispanic Vote Dissected", en *Washington Post*, 26 de diciembre de 2004.

[520] Mark Hugo Lopez, "The Hispanic Vote in the 2008 Election", en Pew Hispanic Center, 8 de noviembre de 2008, http://www.pewhispanic.org/2008/11/05/the-hispanic-vote-in-the-2008-election/; Donna St. George y Brady Dennis, "Growing Share of Hispanic Voters Helped Push Obama to Victory", en *Washington Post*, 7 de noviembre de 2012.

[521] Rinku Sen, "Immigrants Are Losing the Policy Fight. But That's Beside the Point", en *Colorlines*, 17 de septiembre de 2012, http://colorlines.com/archives/2012/09 /immigrants_are_losing_the_political_fight_but_thats_beside_the_point.html.

[522] Drew Westen, "Immigrating from Facts to Values: Political Rhetoric in the US Immigration Debate", Migration Policy Institute, 2009, http://www .migrationpolicy.org/pubs/TCM-politicalrhetoric-Westen. pdf.

[523] Stan Greenberg, James Carville, Mark Feierstein y Al Quinlan, "Winning the Immigration Issue: A Report on New National Survey on Immigration", 18 de diciembre de 2007, Greenberg Quinlan Rosner Research, http://www.gqrr.com /articles/2120/4038_Democracy_Corps_December_18_2007_Immigration _Memo.pdf.

[524] Entrevista de Jorge Ramos con el entonces candidato Barack Obama, 28 de mayo de 2008, *This Week*, ABC, 4 de julio de 2010, Politifact.com, http://www.politifact.com/truth-o-meter/promises/obameter/promise/525/introduce-comprehensive-immigration -bill-first-yea/.

[525] "Obama's Remarks to NALEO", 28 de junio de 2008, *Real Clear Politics*, http:// www.realclearpolitics. com/articles/2008/06/obamas_remarks_to_naleo.html.

[526] Carrie Budoff Brown, "Dems' Tough New Immigration Pitch", en *Politico*, 10 de junio de 2010, http:// www.politico.com/news/stories/0610/38342.html.

[527] "Transcript of President Obama's Press Conference", en *New York Times*, 14 de noviembre de 2012, http:// www.nytimes.com/2012/11/14/us/politics/running-transcript-of-president-obamas-press-conference.html.

[528] Gabriel Thompson, "How the Right Made Racism Sound Fair-and Changed Immigration Politics", en *Colorlines*, 13 de septiembre de 2011, http://colorlines.com/archives/2011/09/how_the_right_made_racist_rhetoric_sound_neutral —and_shaped_immigration_politics.html.

[529] Spencer S. Hsu, "Obama Revives Bush Idea of Using E-Verify to Catch Illegal Contract Workers", en *Washington Post*, 9 de julio de 2009.

[530] John Morton, "Civil Immigration Enforcement: Priorities for the Apprehension, Detention, and Removal of Aliens", 30 de junio de 2010, http://www.ice.gov/doclib/detention-reform/pdf/civil_enforcement_priorities.pdf; John Morton, "Memorandum", 17 de junio de 2011, http://www.ice.gov/doclib/secure-communities /pdf/prosecutorial-discretion-memo.pdf.

[531] John Simanski y Lesley M. Sapp, "Immigration Enforcement Actions: 2011", US Department of Homeland Security, Office of Immigration Statistics, septiembre 2012, http://www.dhs.gov/sites/default/files/publications/immigration -statistics/enforcement_ar_2011.pdf.

[532] US Department of Homeland Security, Immigration and Customs Enforcement, "FY 2012: ICE announces year-end removal numbers", 21 de diciembre de 2012, http://www.ice.gov/news/releases/1212/12 1221washingtondc2.htm.

[533] Ben Winograd, "ICE Numbers on Prosecutorial Discretion Keep Sliding Downward", Immigration

Impact, 30 de julio de 2012, http://immigrationimpact .com/2012/07/30/ice-numbers-on-prosecutorial-discretion-sliding-downward/; "ICE Prosecutorial Discretion Program: Latest Details as of June 28, 2012", Syracuse University Transactional Records Access Clearinghouse (TRAC) Immigration, http://trac.syr.edu/immigration/reports/287/.

[534] Sen, "Immigrants Are Losing the Policy Fight".

[535] La campaña se describe en el sitio de internet de *Colorlines*, http://colorlines.com/droptheiword/.

[536] Craig Kopp, "Associated Press Recommends Media Stop Using 'Illegal Immigrant'", WUSF News, 12 de abril de 2013, http://wusfnews.wusf.usf.edu/post/associated-press-recommends-media-stop-using-illegal-immigrant.

[537] Adam Clark Estes, "*L.A. Times* Ban on 'Illegal Immigrant' Puts Everybody Else on the Spot", en *Atlantic Wire*, 1° de mayo de 2013, http://www.theatlanticwire.com/politics/2013/05/new-la-times-ban-illegal-immigrant-puts-everybody-else -spot/64795/.

[538] Ruben Navarrette, "DREAMers Are Pushing Their Luck", en *CNN Opinion*, 19 de diciembre de 2012, http://www.cnn.com/2012/12/19/opinion/navarette-dreamers/index.html.

[539] Frederick Douglass, "West India Emancipation", 3 de agosto de 1857. Reproducido en http://www.blackpast.org/?q=1857-frederick-douglass-if-there-no -struggle-there-no-progress.

ÍNDICE ANALÍTICO

A

incapacidad de inmigrantes para protestar; industria del procesamiento de carnes 86, 141, 157, 159, 164, 166; nanas, reparto de periódicos y jardinería 166.

Consejo Americano de Intercambio Legislativo (American Legislative Exchange Council, ALEC) 131, 132.

Consultorías 226, 232.

Contratistas de mano de obra agrícola (Farm Labor Contractors, FLC) 146.

Contratistas independientes 155, 171, 172, 173.

Consultorías políticas 94, 226, 227, 232.

Corrections Corporation of America (CCA) 129, 130, 132, 133, 249.

"Coyotes" 33, 73, 80, 84, 85, 91, 96, 190, 244, 245.

"Crisis" migratoria 123, 221, 246.

Cristianismo y colonialismo 21, 44, 45, 46, 52,

Cruces fronterizos 72, 101, 211.

Cuerpos de vigilancia 22, 65, 99, 118, 120, 121, 126, 158, 177, 219, 221. *Véase también* Cuerpos de vigilancia local

Cuerpos de vigilancia local 99, 121.

Crimen organizado 99, 100, 101, 233.

"Cultura de la migración" 72, 73, 84, 215, 226.

D

Decimocuarta Enmienda (Constitución estadounidense) 50, 188. *Emnmienda catorce

Defensores de oficio 126, 127.

Delitos migratorios graves 119, 120, 186. *Véase* Violaciones civiles vs. criminales a la ley migratoria

Democracy Corps 227, 230, 260.

Departamento de Seguridad Nacional (De-partment of Homeland Security, DHS) 16, 116, 123, 169, 180, 204, 205, 221, 241, 245, 260

Deportación: 15, 16, 17, 18, 19, 20, 22, 31, 34, 35, 57, 58, 60, 61, 69, 70, 73, 74, 75, 76, 77, 85, 95, 97, 107, 108, 110, 117, 118, 119, 120, 121, 123, 124, 126, 128, 138, 140, 158, 159, 161, 162, 163, 164, 174, 177, 179, 183, 186, 187, 197, 198, 199, 200, 203, 204, 209, 210, 211, 231, 233, 241, 243, 251, 255, 256, 257, 258.
y Programa Bracero 73, 74, 75, 76, 77, 159, 143;
de criminales vs. no criminales 17, 19, 20, 31, 57, 97, 118, 119, 120, 123, 124, 126, 128, 159, 161, 162, 183, 186, 187, 204, 210, 211, 231, 233, 248, 258;
testimonios de deportados 15, 16, 18, 19, 20, 197, 204;
que afectan desproporcionadamente a mexicanos 159, 210;
impacto económico de 22, 34, 57, 61, 74, 95, 121, 123, 158, 174, 251, 255;
efectos en las comunidades 118, 121, 128, 164, 184 203, 266;
para las entradas sin inspección 57, 58, 60 61, 95, 117, 119, 233;
de europeos 22, 58, 60, 61, 76, 77;
cuotas de ICE para 128, 231, 266;
de inmigrantes indigentes 75, 266;
y redadas del INS 74, 75, 158;
procesos legales de 18, 58, 61, 75, 108, 110, 124, 126, 161, 187, 198;
de padres de hijos ciudadanos 15, 18, 34, 164, 177, 179, 183, 184, 186, 187, 203;
justificaciones raciales para 31, 34, 71, 210;
plazos legales para 57, 60, 61;
detenciones de tránsito que llevan a 58, 117, 118, 128, 138, 231;
de ciudadanos estadounidenses; vs. salida voluntaria 119, 120, 124, 128, 180. *Véase también* Sistema de juzgados migratorios 111, 118, 119, 120, 123, 125;
reingreso después de ser removido 125, 128, 185, 186, 231;
salida voluntaria y remoción 119, 120, 124, 127, 128, 180.

Derechos 11, 14, 24, 27, 28, 29, 34, 35, 37, 45, 47, 48, 49, 50, 51, 53, 76, 83, 95, 97, 98, 100, 102, 123, 137, 138, 162, 178, 179, 184, 185, 186, 187, 192, 193, 194, 196, 198, 200, 208, 209, 210, 214, 215, 216, 217, 218, 220, 223, 224, 226, 229, 230, 231, 245, 246:
conferidos a través de la ciudadanía 11, 37, 47,